"微传播"时代高校主流意识形态话语权构建

The Construction of Mainstream Ideological Discourse Power in Universities in the Era of "Micro-communication"

徐礼堂 ◎ 著

中国科学技术大学出版社

内容简介

本书以马克思主义理论为指导，以"微传播"时代意识形态话语权生成与发展的内在机理为研究主线，提出"微传播"时代高校意识形态话语权构建的有效路径。不仅对当前高校意识形态话语权的构建情况进行分析，还结合"微空间"意识形态话语权构建的问题，通过理论探讨与实证研究，探寻高校构建"微空间"主流意识形态话语权的可行路径，为有效解决社会主义意识形态在"微时代"部分"失语"、时常"失声"乃至间或"失踪"的困境提供对策。

本书可供思想政治教育工作者和研究人员、教育管理部门或研究机构的相关人员及相关专业的学生使用。

图书在版编目(CIP)数据

"微传播"时代高校主流意识形态话语权构建 / 徐礼堂著. -- 合肥：中国科学技术大学出版社，2025.1. -- ISBN 978-7-312-06203-2

Ⅰ. G641

中国国家版本馆 CIP 数据核字第 2025YM6907 号

"微传播"时代高校主流意识形态话语权构建
"WEI CHUANBO" SHIDAI GAOXIAO ZHULIU YISHI XINGTAI HUAYUQUAN GOUJIAN

出版	中国科学技术大学出版社
	安徽省合肥市金寨路96号，230026
	http://press.ustc.edu.cn
	https://zgkxjsdxcbs.tmall.com
印刷	合肥市宏基印刷有限公司
发行	中国科学技术大学出版社
开本	710 mm×1000 mm　1/16
印张	14.75
字数	295 千
版次	2025 年 1 月第 1 版
印次	2025 年 1 月第 1 次印刷
定价	60.00 元

前　　言

传播学学者马歇尔·麦克卢汉指出:"媒介是社会发展的基本动力,同时也是区分不同社会形态的标志,每一种新媒介的产生与应用,都标志着我们进入一个新的时代。"基于"三微一端"(即微博、微信、微视频和客户端)的"微传播"媒介形成的新兴话语场域——"微空间",重塑了信息传播生态和舆论格局,影响着整个社会的资源配置方式,成为我国社会发展的新动力,同时也在潜移默化间改变了我们的生活与行为方式,形塑着意识形态新社会样态。"微传播"时代,高校意识形态工作不再具有话语垄断权,互联网"微空间"已成为各种社会思潮竞相争夺话语权的重要场域。历史和现实证明,意识形态阵地有史以来不是占领就是被占领。高校意识形态工作是一项固本铸魂的战略性工程,高校落实立德树人根本任务的重要前提是要牢牢掌握并巩固和拓展这个新阵地,决不能让社会主义主流意识形态话语在这个阵地上"失声"。

面对时代的呼唤,作为高校思想政治理论工作者,需要加强研究,将以习近平同志为核心的党中央关于意识形态话语权建设的新论述、新论断、新要求,切实贯彻落到实处,这也是作为一名思想政治理论工作者应有的自觉。如何发挥"微传播"优势,在"微空间"提升高校主流意识形态话语"音量",急需学者们重点探讨并系统研究。目前,学术界针对新的网络舆论传播场域意识形态话语权构建,运用多学科交叉研究方法进行深入理论分析、采取宏观与微观研究相结合的多维度和多视角进行论述的著作,还比较鲜见。本书正是在加强高校"微空间"意识形态话语权建设的形势紧迫性、现实重要性和自我使命感的背景下完成的。

本书系统梳理了中外学者关于意识形态建设与媒介、网络自媒体关系的主要理论观点,阐明并运用马克思主义意识形态的基本理论,特别是习近平总书记的全媒体理念,分析和研究了"微传播"的特征及其媒介的意识形态属性、"微空间"话语传播规律、"微空间"意识形态话语权构成要素及其生成衡量维度等理论问题。在理论阐释的基础上,以网络信息化时代"微传播"话语机制对高校意识形态建设工作带来的机遇和挑战,以及当前高校意识形态话语权建设现状为研究逻辑起点,对"微传播"时代高校意识形态话语体系的构成、运行、认同等环节与过程进行全面的认识与了解。据此,本书较为系统地探索了"微空间"高校主流意识形态话语权生成与构建的路径与策略。

本书以理论研究为基础、以问题症结为导向、以实践探索为落脚点的基本研究思路,主要包含以下几点:

第一，优良传统传承与时代创新发展相促进的视角。本书以马克思主义经典作家关于意识形态话语权建设的思想和理论为基本依据，辩证地吸收了西方学者的话语权理论、媒介传播效果理论、空间场域理论等，阐述了当代中国关于意识形态话语权建设丰富的思想资源，特别是党的十八大以来习近平总书记对网络空间（媒介）意识形态话语权建设提出的一系列新理念、新观点、新战略，总结弘扬了我国高校意识形态建设工作取得的宝贵成功经验。

第二，纵向系统分析与横向关联探索相融合的理路。本书从意识形态及其话语权理论发展的纵向维度，较为系统地梳理和提炼了西方学者关于意识形态话语权的主要思想观点，对马克思主义经典作家的意识形态理论以及当代中国意识形态话语权建设思想脉络进行了较为全面的梳理。同时，本书整合多学科相关理论，从整体性思维出发对高校主流意识形态话语权生成的系统要素进行全方位、多角度的审视与解读，探析其系统结构、各要素的功能及要素与系统、要素与要素间的相互关系，这加深了我们对"微空间"意识形态话语权构建的理论基础的理解。此外，本书从横向关联维度出发，分析了意识形态话语权构建过程应遵循的原则与机制、客观存在的影响因素、面临的机遇与挑战以及路径与策略等。

第三，内在逻辑把握与现实状况审视相结合的方法。从研究方法上看，本书结合传播学、管理学、政治学、社会学和教育学等多学科知识，分析了媒介与意识形态二者间的内在属性，探寻"微传播"规律与意识形态话语权构建的内在逻辑关系，重点剖析"微空间"意识形态话语体系的内在结构、运作方式及其话语权生成机理、衡量维度，以实现"微传播"的发展与意识形态话语权构建的有机融合，达到趋利避害的效果，实现双赢。同时，本书并非单纯地从理论上研究意识形态话语权的构建问题，而是对当前高校意识形态话语权构建面临的国内外新形势及现状进行了实证分析，探究了"微传播"媒体给高校主流意识形态话语权构建带来的深刻变化及存在的问题与成因，为其构建策略的提出提供立足点、关键点和生长点，使研究分析兼具理论性和实践性。

诚然，学术观点是百花齐放、百家争鸣的，学术研究是一个否定之否定、不断完善的过程。本书的有关议题可以作为批评的"靶子"，以进一步深入探索和拓展研究空间。同时，本书的研究成果既可为思想政治教育领域研究者提供理论参考与借鉴，也可为宣传思想工作者、党政干部和高校学工管理人员带来新的启发。

本书为安徽省哲学社会科学规划项目（项目编号：AHSKY2019D052）、国家社会科学基金一般项目（项目编号：17BKS165）研究成果，并受阜阳师范大学校园舆情与网络思潮研究中心（项目编号：TDJC2021003）、阜阳师范大学重点学科"马克思主义理论"（项目编号：24BSZD02）资助。由于作者水平有限，本书难免存在疏漏之处，敬请各位专家和读者批评指正。

徐礼堂

2024 年 6 月

目　　录

前言 ·· (i)

第一章　绪论 ·· (1)
　第一节　选题缘起与研究价值 ··· (1)
　第二节　国内外研究现状述评 ··· (12)
　第三节　研究思路、框架及方法 ·· (32)

第二章　"微传播"与高校主流意识形态话语权的基本内涵 ········· (35)
　第一节　"微传播"的基本内涵 ·· (35)
　第二节　高校主流意识形态话语权的核心概念 ·························· (63)
　第三节　"微空间"高校主流意识形态话语权内在结构 ················· (73)

第三章　网络环境下高校意识形态话语权建设理论基础 ············· (80)
　第一节　马克思主义经典作家关于意识形态话语权的理论依据 ······ (80)
　第二节　西方其他学者关于意识形态话语权的思想 ····················· (90)
　第三节　当代中国关于意识形态话语权建设的思想指导 ··············· (109)

第四章　"微空间"高校主流意识形态话语权生成机理 ················ (128)
　第一节　"微传播"媒介与意识形态话语权构建的内在关联性 ········ (128)
　第二节　"微空间"意识形态话语体系传播机制及话语权生成 ········ (132)
　第三节　"微空间"高校主流意识形态话语权生成衡量维度 ············ (146)

第五章　高校主流意识形态话语权建设现状审视 ······················ (153)
　第一节　高校主流意识形态话语权建设的成效与经验 ·················· (153)
　第二节　"微传播"时代高校主流意识形态话语权建设存在的
　　　　　主要问题 ·· (177)
　第三节　"微传播"时代高校主流意识形态话语权建设面临的新考验 ······ (188)

第六章 "微传播"时代高校主流意识形态话语权构建理路 （193）
第一节 "微传播"时代高校主流意识形态话语权构建原则 （193）
第二节 "微传播"时代高校主流意识形态话语权构建机制 （197）
第三节 "微传播"时代高校主流意识形态话语权构建策略 （201）

后记 （227）

第一章 绪 论

第一节 选题缘起与研究价值

一、选题缘起

中国互联网络信息中心发布的第45次《中国互联网络发展状况统计报告》显示,截至2020年3月,我国网民达9.04亿,占全球网民用户数的21%,手机网民达8.97亿,互联网普及率达64.5%,数字鸿沟不断缩小。如今,我国已经成为世界新媒体第一大国,并正向新媒体强国迈进。① 新媒体蓝皮书《中国新媒体发展报告(2014)》显示:基于移动互联网的"三微一端"的"微传播"已成为主流传播方式,急剧改变着我国的传播生态和舆论格局,成为我国社会发展的新动力,我国已进入互联网的"新常态"。② 习近平总书记指出,"网民来自老百姓,老百姓上了网,民意也就上了网",要"使互联网这个最大变量变成事业发展的最大增量"。在党的十九大报告中八次提到与互联网相关的内容,并明确指出,"意识形态决定文化前进方向和发展道路",要"牢牢掌握意识形态工作领导权"。③ 高校是"微空间"意识形态工作的重要领域,如何在国内形势的深刻变化、国际格局的深刻调整、传播格局的深刻变革中始终坚持马克思主义的指导地位,巩固和发展当代中国马克思主义意识形态话语权,学习贯彻习近平新时代中国特色社会主义思想,坚持社会主义办学方向,落实立德树人根本任务,是当前摆在高校思想政治工作者面前的重要课题。

因此,以"'微传播'时代高校主流意识形态话语权构建"为研究主题,并非缺乏

---

① 中国互联网络信息中心.第45次《中国互联网络发展状况统计报告》[EB/OL].(2020-04-28)[2020-06-08]. https://www.cac.gov.cn/2020-04/27/c_1589535470378587.htm.
② 唐绪军.中国新媒体发展报告:5[M].北京:社会科学文献出版社,2014.
③ 习近平.决胜全面建成小康社会 夺取新时代中国特色社会主义伟大胜利[M]//习近平.习近平著作选读:第2卷.北京:人民出版社,2023:34.

事实依据的主观臆断,也并非偶然,而是基于"微传播"空间意识形态建设形势紧迫性的考虑和一系列政策的依据,更涉及高校"培养什么样的人、怎样培养人、为谁培养人"这个根本问题,它凸显着时代性与研究价值。具体的研究缘由主要体现在以下几个方面。

(一) 意识形态建设的极端重要战略地位

党的十八大以来,以习近平同志为核心的党中央站在新时代历史方位,高度关注和科学把握我国意识形态建设面临的国际国内复杂形势,以及出现的新情况、新问题和新特点,围绕中国特色社会主义意识形态话语权建设,提出了一系列新观点、新举措和新要求,深刻阐明了意识形态工作"为什么""干什么""怎么干"的基本问题。特别是近年来,我国对网络新媒体在党的宣传思想工作和舆论引导上的规划部署给予高度重视,呈现出专项、多次和密集的特点,对意识形态建设工作进行了全方位的总体布局。

2018年4月20日至21日,习近平总书记在全国网络安全和信息化工作会议上强调,"要加强网上正面宣传,旗帜鲜明坚持正确政治方向、舆论导向、价值取向",要"构建网上网下同心圆,更好凝聚社会共识,巩固全党全国人民团结奋斗的共同思想基础","自主创新推进网络强国建设"。① 互联网,特别是移动互联网,已成为舆论主渠道、主阵地、主战场,是意识形态斗争的最前沿,这些讲话精神指出了若想在新形势下提高网络舆论的引导能力,必须做大做强做活网络主流意识形态话语的传播,牢牢主导和引领网上舆论场。

2018年8月21日至22日,习近平总书记在全国宣传思想工作会议上强调,"要牢牢把握正确舆论导向,唱响主旋律,壮大正能量,做大做强主流思想舆论","坚持营造风清气正的网络空间,坚持讲好中国故事、传播好中国声音。这些重要思想,是做好宣传思想工作的根本遵循,必须长期坚持、不断发展"。② 这是继五年前习近平总书记在全国宣传思想工作会议发表重要讲话之后,党中央对做好宣传思想工作又一次作出的重大部署。

2018年9月10日,习近平总书记在全国教育大会上指出,"思想政治工作是学校各项工作的生命线","坚持社会主义办学方向",把"培养德智体美劳全面发展的社会主义建设者和接班人"作为根本培养任务③,坚持社会主义意识形态的主导地位。

---

① 李叶,秦华.习近平:敏锐抓住信息化发展历史机遇 自主创新推进网络强国建设[EB/OL].(2018-04-21)[2020-06-10]. http://cpc.people.com.cn/n1/2018/0422/c64094-29941696.html.

② 赵建东.习近平:举旗帜 聚民心 育新人 兴文化 展形象 更好完成新形势下宣传思想工作使命任务[EB/OL].(2018-08-22)[2020-06-10]. http://www.xinhuanet.com/politics/leaders/2018/08/22/c_1123310844.htm.

③ 习近平.在全国教育大会上的讲话[N].人民日报,2010-09-11.

2019年1月25日,习近平总书记在中共十九届中央政治局第十二次集体学习时强调,"没有网络安全就没有国家安全;过不了互联网这一关,就过不了长期执政这一关",并指出,"全媒体不断发展,出现了全程媒体、全息媒体、全员媒体、全效媒体,信息无处不在、无所不及、无人不用","宣传思想工作要把握大势,做到因势而谋、应势而动、顺势而为"。① 这些讲话精神明确指出了新形势下党的宣传思想工作在意识形态建设中的重要性,对把握全媒体特点、运用好全媒体、做好网络宣传思想工作提出了新要求,为网络意识形态话语权的建设指明了方向。

以习近平同志为核心的党中央密集、专题召开的这些重要会议,充分体现出在新媒体时代意识形态工作的极端重要性,提出的一系列深刻精辟论断,为意识形态话语权建设提供了行动指南,丰富了指导思想。

(二)"微传播"空间意识形态建设面临的复杂形势

当前,我国经济社会发展正处于百年未有之大变局,特别是新兴网络传媒技术突飞猛进的发展,对我国主流意识形态话语权建设带来很大影响。习近平总书记在党的十九大报告中指出,"中国特色社会主义进入了新时代,这是我国发展新的历史方位",新时代"意识形态领域斗争依然复杂",意识形态领域面临着"重大挑战、重大风险、重大阻力、重大矛盾",实现伟大的梦想,"必须进行具有许多新的历史特点的伟大斗争",要"不断增强意识形态领域主导权和话语权"。②

"微传播"空间是当今新兴话语场域,也是意识形态较量的新战场。当前,舆论环境、媒体格局、传播方式发生着深刻变化,以智能手机、掌上电脑为移动终端的微信、微博、QQ等新型社交媒介所形成的"微空间",日益成为新的舆论传播场域,特别是微信、微博等传播媒介与人们日常生活的融合度越来越高,"微言微语"、微视频已成为人际交流沟通的突出表现形式。中国互联网络信息中心发布的第45次《中国互联网络发展状况统计报告》显示,截至2020年3月,我国短视频用户达7.73亿,占网民整体的85.6%。微信朋友圈使用率达85.1%,QQ空间使用率达47.6%。腾讯公司2019年财报显示,截至2019年9月,微信月活跃账户数增至11.51亿,比2018年的10.83亿上升约6%。③ "微空间"已成为一个极其活跃的信息集散地、思想交锋舆论场、众声喧哗的大擂台,它在为人们信息获取、人际交流提供方便的同时,深刻地影响着人们的行为习惯、思维方式与价值生成。"微空间"话语生产平民化、话语内容碎片化、话语传播群聚化等特性很大程度上解构了传统的

---

① 习近平.加快推动媒体融合发展 构建全媒体传播格局[M]//习近平.论党的宣传思想工作.北京:中央文献出版社,2020:354.
② 《中国共产党第十九次全国代表大会文件汇编》编写组.中国共产党第十九次全国代表大会文件汇编[M].北京:人民出版社,2017.
③ 2019微信数据报告[EB/OL].(2020-01-16)[2020-06-10]. https://www.199it.com/archives/995970.html.

话语交往模式和话语权力结构,以主流声音引领社会舆论的难度越来越大,给主流意识形态话语的理性传播带来挑战。

从国际视角看,政治多极化、经济全球化、社会信息化、文化多元化深入发展,国际领域意识形态话语权的斗争形式变得更加隐蔽与复杂,和平发展大趋势的背后仍隐藏着不和谐的"噪声"与"阴霾",不同社会制度模式和发展道路间的博弈日益加剧。以美国为首的西方资本主义国家凭借网络技术、信息上的垄断地位,采取各种手段不断对我国进行意识形态渗透,极力宣扬意识形态终结论、中国威胁论、中国崩溃论,企图削弱我国马克思主义意识形态的主导地位,以达到"和平演变"之目的。再加上,在国际舆论交锋上我国有时还处于有理说不出或说了也传不开的境地,在不少领域还处于"无语"或"失语"的状态。面对如此复杂的国际舆论斗争局势,着力加强我国主流意识形态话语权建设,已变得更加重要,也更为迫切。

从国内层面看,中国特色社会主义建设进入新的发展阶段,但仍面临着各种长期、复杂和严峻的考验,特别是各种社会矛盾相互叠加、集中呈现,意识形态领域斗争依然复杂。[①] 当前随着经济全球化的深度融入和社会改革渐入深水区,再加上网络信息化,我国的思想文化领域中各种社会思潮相互激荡、相互影响;社会阶层不断分化,不同阶层与群体的利益诉求更加多元;社会关系复杂多变,在市场经济条件下功利主义、实用主义思想倾向明显;一些社会成员理想信念不坚定,思想道德滑坡,腐朽落后的文化思想涌动;一些敌对势力内外勾结,借助自媒体宣扬马克思主义过时论、意识形态淡化论。这些在一定程度上冲击了我国主流意识形态建设,影响了马克思主义意识形态话语权的巩固与发展。

面对国内外各种挑战,如何加强"微传播"空间主流意识形态话语权建设,维护马克思主义在意识形态领域的主导地位,成为新形势下高校意识形态工作面临的一项紧迫任务和一个重大课题。

(三) 推进媒介意识形态话语权研究的发展

关于媒介是否具有意识形态属性的问题,早在20世纪中叶就已被西方马克思主义经典作家所关注和研究。赫伯特·马尔库塞作为法兰克福学派的主要代表,提出了"媒介即意识形态"的著名理论,并对这一理论作出了完整的阐释。他认为,媒介作为技术发展的产物,本身不具有预先设定的任何价值,但它是一种承载和依托,可以使所承载的任何思想观念、价值信仰产生效用,从而具有思想引导和政治控制的功能。法兰克福学派第二代中坚人物尤尔根·哈贝马斯在《作为"意识形态"的技术与科学》一书中指出,"科学技术不仅是第一位的生产力,而且也是一种新的意识形态,不仅实现了人对自然的统治,而且作为意识形态还实现了人对人的

---

① 新华通讯社课题组. 习近平新闻舆论思想要论[M].北京:新华出版社,2017.

统治"①,这就明确指出了技术本身具有的意识形态功能。这些关于媒介技术和意识形态关系的理论研究为本书研究提供了重要的理论依据。

话语权问题是意识形态领域极端重要的问题,它关乎意识形态的领导权和主导权。近年来,关于意识形态话语权的研究已成为传播学、社会学、政治学和哲学等多个社会科学研究领域的热点问题,目前也已取得了较为丰富的研究成果。这一方面是基于我国综合国力不断增强,国际地位不断提高,我国日益走近世界舞台的中央,迫切需要把国家的发展优势转为话语优势,以在国际事务中有效提升我国话语的影响力,用我国特色的话语体系向世界讲好中国故事、传播中国声音、彰显中国智慧,以彻底打破西方话语霸权的国际话语格局,让世界能听到并能听清中国声音。另一方面是基于我国多样化社会思潮的冲击和复杂的舆论生态,特别是自媒体的快速发展给主流意识形态话语权带来的挑战,需要强化正面引导,壮大主流声音,唱响主旋律,凝聚共识,汇聚力量。目前已取得的一些研究成果也为本书研究提供了丰富的理论基础。

随着信息科学技术的创新与发展和新型传播媒介的产生,对于网络新媒体与意识形态建设的关系,学者们也已进行了较为深刻的分析,对网络空间意识形态话语权的特征与功能、面临的机遇与挑战等方面进行了较多的研究。但是以信息传播技术发展的最新传播媒体——"微媒介"为视角,对新形势下意识形态话语权构建方面的理论和实践进行的研究,目前还有待进一步丰富和发展。特别是当前微信、微博、微视频等新型"微媒介"和"微产品"的使用人数急剧增加,普及程度逐渐提高,"微传播"的社会影响力日益增强,我们急需探寻"微传播"规律与意识形态话语权构建间的内在逻辑关系,以实现"微传播"的发展与意识形态话语权构建的有机融合,达到趋利避害的效果,实现双赢。这也是本书研究的初衷。

(四)高校是"微空间"意识形态工作的重要领域

1. 高校意识形态工作是一项固本铸魂的战略性工程

高校是学习、研究、宣传、巩固和发展马克思主义意识形态的重要阵地,肩负着立德树人根本任务,承担着培养担当中华民族复兴大任和德智体美劳("五育")全面发展的时代新人的重要使命。高校意识形态工作是一项固本铸魂的战略性工程,事关"培养什么样的人、怎样培养人、为谁培养人"这一根本问题,事关全面贯彻落实党的教育方针,事关中国特色社会主义后继有人。

历年来党和国家高度重视高校意识形态工作。党的十八大以来,习近平总书记多次在重要会议上和考察学校时对教育工作发表了重要讲话,深刻阐述了高校意识形态建设的重大理论问题和实践问题,为新时代高校意识形态话语权建设指

---

① 王晓升.西方马克思主义意识形态理论[M].北京:社会科学文献出版社,2009.

明了方向。

2014年12月,在第二十三次全国高等学校党的建设工作会议上,习近平总书记指出,"办好中国特色社会主义大学,要坚持立德树人,把培育和践行社会主义核心价值观融入教书育人全过程;强化思想引领,牢牢把握高校意识形态工作领导权"。① 这为高校意识形态工作建设实践提供了具体的行动指南。

2016年12月,习近平总书记在全国高校思想政治工作会议上强调,"要坚持不懈传播马克思主义科学理论,抓好马克思主义理论教育,为学生一生成长奠定科学的思想基础"。② 这明确指出了高校思想政治工作在实现培养目标任务时的极端重要作用。

2018年5月,习近平总书记在北京大学师生座谈会上强调:"高校只有抓住培养社会主义建设者和接班人这个根本才能办好,才能办出中国特色世界一流大学。"③

2019年3月,习近平总书记主持召开学校思想政治理论课教师座谈会时指出,"思想政治理论课是落实立德树人根本任务的关键课程","办好思想政治理论课,最根本的是要全面贯彻党的教育方针,解决好培养什么人、怎样培养人、为谁培养人这个根本问题"。④ 这为新时代高校开设思想政治理论课提供了纲领性指导。

2. "微传播"媒介与高校学生生活和学习深度融合

在"微传播"空间话语生产、传播、接受等过程中,"微民"身份的草根性和大众化特质凸显。话语内容简洁化,话语表达多样化,如图片、简短的音频、视频、文字和表情符号可以灵活组合,话语形式立体多样,富有感染力;话语传播具有实时性和强交互性;话语效应的裂变性与聚合化等特性非常符合当代青年学生的要求。"微传播"深受青年"微民"的喜爱⑤,已成为最受大学生欢迎的网络社交工具与平台,也日益成为主流传播方式。

微博数据中心发布的《2018年微博用户发展报告》显示,18~30岁的用户占比达75%,其中18~22岁的用户占比为35%,23~30岁的用户占比为40%。⑥ 中国互联网络信息中心发布的第45次《中国互联网络发展状况统计报告》显示,我国网

---

① 李文阁,孙煜华,李达.兴国之魂:文化强国背景下的核心价值体系和核心价值观研究[M].北京:人民出版社,2018.
② 中共中央党史和文献研究院.习近平关于社会主义文化建设论述摘编[M].北京:中央文献出版社,2017.
③ 习近平.在北京大学师生座谈会上的讲话[M].北京:人民出版社,2018.
④ 王怡.习近平主持召开学校思想政治理论课教师座谈会[EB/OL].(2019-03-18)[2020-06-16]. https://china.huanqiu.com/article/9CaKrnKj7D3.
⑤ 徐礼堂.高校掌控"微空间"主流意识形态话语权方略[J].吉林师范大学学报(人文社会科学版),2020(4):109-115.
⑥ 新浪微博数据中心.2018微博用户发展报告[EB/OL].(2019-04-11)[2020-06-16]. https://data.weibo.com/report/reportDetail? id=433.

民年龄结构中20~29岁群体占比最大,为21.5%。手机网络新闻客户端、手机网络支付、手机网络购物的用户分别占手机网民的81.0%、85.3%、78.9%。① "微传播"媒介与日常生活联系日益紧密,是青年学生生活和学习中信息传播的主要媒介,在高校师生中已呈现出"无人不微""无时不微""无处不微"的状态。

3. 高校是"微传播"空间意识形态工作的前沿阵地

"微传播"带来的不仅是信息传播方式的变革,更在一定程度上全方位、深层次地影响着高校师生的思想意识、价值观念与行为方式,使高校意识形态工作呈现出新特点、新规律,在给高校意识形态建设带来新机遇的同时,也为高校主流意识形态带来巨大的冲击。"微传播"以其交互性强、信息传播速度快、影响范围广的特性,促进了不同思想文化的交流与碰撞,"微传播"空间拓展了高校开展意识形态教育的新阵地,同时也成为各种舆情形成、发展的集源地,高校也成为西方敌对势力利用"微传播"进行意识形态渗透的前沿阵地。

高校历来是意识形态斗争的主战场,高校师生也是各种势力进行意识形态渗透的重点对象。随着网络信息传播技术的发展,敌对势力对我国高校师生进行西方思想文化、价值观念的意识形态渗透的手段越来越多样化,形式越来越隐蔽化,他们往往凭借网络技术的优势,在"微空间"以学术研讨、学者讲座等文化交流为名,以科研项目合作商谈、资金扶持等资本输出为手段,进行"思想战""文化战",宣扬所谓的"普世价值""新自由主义"等进行"颜色革命",企图瓦解高校师生的理想信念,冲击中国特色社会主义的办学性质。

历史和现实证明,意识形态阵地向来不是占领就是被占领。面对新时代的呼唤,作为高校思想政治理论工作者,需要加强研究,应将以习近平同志为核心的党中央关于高校意识形态话语权建设的新论述、新论断、新要求,切实贯彻落到实处,这也是作为一名高校思想政治理论工作者应有的自觉。

二、研究价值

意识形态工作是党和国家的一项极端重要的工作。② "微传播"媒介形成的新兴话语场域,信息"微传播"、人际"微交往"、"微语系"表达等特性,在一定程度上重新规划了"网络原住民"一代的生活与行为方式,"微空间"已成为青年群体沟通与交流的主要场所,"微传播"已成为一种主流传播方式,这给高校主流意识形态话语权建设带来新的考验。高校意识形态工作是一项战略性、固本铸魂的工程,是落实

---

① 中国互联网络信息中心.第45次《中国互联网络发展状况统计报告》[EB/OL].(2020-04-28)[2020-06-18]. https://www.cac.gov.cn/2020/04/27/c_1589535470378587.htm.

② 中华人民共和国中共中央办公厅,中华人民共和国国务院办公厅.关于进一步加强和改进新形势下高校宣传思想工作的意见[N].中国教育报,2015-01-20.

党的教育培养目标和根本任务的重要保证。加强"微传播"时代高校意识形态话语权建设具有重要的理论价值和现实意义,其研究成果将为高校学工部门及教育系统相关部门的科学决策提供有益参考。

(一) 理论价值

1. 拓展意识形态问题理论研究新视域

意识形态问题一直以来是我国学术界研究的热点话题之一,已取得了丰富的研究成果,学者们主要从全球化发展角度、马克思主义意识形态理论角度、我国经济社会发展角度等方面对意识形态建设进行了系统的分析与研究。随着网络技术的发展,如自媒体的产生,有部分学者开始关注网络自媒体意识形态问题,有关这方面研究的期刊论文很多,但系统的研究专著很少,而从话语权的视角展开研究的则更少。"微传播"是网络技术快速发展的最新成果,是信息时代的新兴传播模式,目前从"微传播"角度探讨"微空间"意识形态话语权建设问题的研究还不多,以高校这个网络新媒介信息传播最前沿阵地、意识形态斗争的重要战场为研究对象的专著还不多见,这既是当前意识形态问题理论研究的薄弱环节,也是最应该关注的问题,这为进一步丰富和发展意识形态理论研究体系提供了新的研究视域。

本书在学习、借鉴、吸收学术界已有的关于意识形态建设与网络自媒体关系的相关理论研究成果的基础上,运用马克思主义意识形态的基本理论特别是习近平新时代中国特色社会主义意识形态话语权建设理论,通过分析和研究"微传播"的特征及其媒介的意识形态属性、"微空间"话语传播规律、"微空间"意识形态话语权构成要素及其衡量维度等问题,完善研究的理论体系,初步形成高校"微空间"意识形态话语权建构研究框架。

2. 推进马克思主义理论时代化和大众化研究

"微空间"的形成已重新架构了人们的生存模式,特别是对青年群体来说,彻底改变了他们的学习、生活与行为方式,这种新变化为高校主流意识形态话语权建设提供了新的发展机遇,同时也带来了新的挑战,因此加强"微传播"时代高校主流意识形态话语权建设的研究,是在新时代推进马克思主义时代化和大众化的必然选择。

理论的生命力在于不断创新。马克思主义时代化,就是把马克思主义同当前时代的发展相结合,体现时代特征,适应时代需要,把握时代脉搏,回应时代挑战。马克思主义理论是在实践的基础上不断创新和发展着的活的理论,不是一个停滞不前、僵死、封闭的思想体系,其必须紧跟时代发展的潮流,不断吸收新的时代内涵,做到与时俱进,才能激发出无限的创造力。面对科技的进步与时代的变迁所带来的意识形态问题,我们应自觉运用马克思主义基本理论对"微空间"意识形态话语权建设进行研究,深化对马克思主义中国化发展规律的认识,从而赋予马克思主义新的时代内涵,不断开创马克思主义发展的新境界。

理论只有被大众掌握,才能变成物质力量。马克思主义大众化,就是把马克思主义科学理论和马克思主义中国化的理论成果同人民群众的实践活动相结合,开拓渠道,创新形式与途径,把抽象的理论、深邃的道理用质朴的语言、人们喜闻乐见的方式讲明白,成为通俗易懂的理论,从而为人们所理解、接受、认同和支持,成为人们内心的信仰。对"微空间"高校意识形态话语权构建的研究是推进马克思主义大众化的有效途径。在马克思主义时代化的进程中构建高校"微空间"意识形态话语体系,必然要对"微空间"意识形态话语体系构成的各要素进行不断创新,紧密结合高校师生的思想和生活实际,才能取得话语权建设实效,从而使马克思主义意识形态被高校师生认同与接受,并在实践中对高校师生发挥凝聚力和引领力的指导作用。

3. 丰富思想政治教育工作理论研究维度

意识形态建设是思想政治教育工作的核心和灵魂,构建"微空间"意识形态话语权是高校思想政治教育工作的重心与指向。研究"微传播"的内涵、特征及其媒介的意识形态属性,"微空间"意识形态话语体系的构成、话语权生成过程与衡量维度等,不仅丰富了意识形态相关理论的研究,而且为"微空间"思想政治教育的主客体及其关系研究、教育过程规律研究以及方法途径研究等提供了新的理论研究维度和新思路。

新时期运用马克思主义与时俱进的理论品格,探索"微空间"意识形态话语权构建,既是对马克思主义意识形态思想的继承与发展,也是针对当前高校思想政治教育工作面临复杂局面的理论新思考,这进一步丰富了新形势下高校思想政治教育工作的理论研究成果。掌握意识形态领域话语权具有根本性和基础性的作用,决定着意识形态工作的领导权和管理权。面对意识形态建设国内外复杂的新态势,"微空间"意识形态话语权构建的研究就成为当前高校思想政治教育工作的重心。

习近平总书记在全国高校思想政治工作会议上指出,"要坚持在改进中加强,提升思想政治教育亲和力和针对性,满足学生成长发展需求和期待","做好高校思想政治工作,要因事而化、因时而进、因势而新"。[①] 为此,加强"微传播"时代高校主流意识形态话语权构建研究就是对这三个要求的理论回应与具体贯彻。思想政治教育工作的关键是要以理服人,靠强制无法得到高校师生的认同,那么构建一个科学、具有说服力的"微空间"意识形态话语权体系也就成为高校意识形态话语权建设的关键,这增强了思想政治教育工作的时代感和实效性。

---

① 习近平.坚持立德树人 实现全程育人[N].人民日报,2016-12-09.

（二）应用价值

1. 有利于巩固马克思主义意识形态在高校的指导地位

凝聚社会共识、构建共同的思想基础是意识形态话语权建设要具有的根本功能。在新时代，受国内外环境因素的影响，思想领域意识形态的斗争、意识形态话语权的争夺更加激烈。高校作为意识形态斗争的前沿阵地，加强新形势下意识形态话语权的构建，可以巩固马克思主义意识形态的主导地位。具体做法如下：

一是提高高校师生对马克思主义意识形态的认同度。本书系统梳理了马克思主义经典作家关于意识形态、话语权及意识形态话语权的相关概念和理论，特别是党的十八大以来习近平总书记关于党的宣传思想工作、意识形态工作和教育工作的重要论述，以及形成的习近平新时代中国特色社会主义思想。同时，对西方学者关于意识形态话语权建设的思想观点，本书进行了辩证分析、比较借鉴。对已有相关研究文献进行全面的归纳总结和深度挖掘，可以促进高校师生对马克思主义意识形态科学内涵的理解与把握，加深他们对我国主流意识形态的认同感。

二是增强高校师生抵御非马克思主义意识形态的渗透意识与能力。本书在研究中通过探讨高校校园"微空间"舆论和信息传播的机理及其影响因素，分析主流意识形态话语在"微传播"时代部分"失语"、时常"失声"乃至间或"失踪"的成因，以及意识形态话语权建设面临的机遇与挑战，可以很好地帮助高校师生解决在意识形态领域存在的一些思想困惑，认清西方意识形态渗透的实质，自觉抵制和回击敌对势力意欲对我国进行西化、分化的图谋，不断增强和扩大马克思主义意识形态的影响力与感召力，积极应对意识形态领域的各种挑战，从而夯实和深化高校师生共同的思想基础。

2. 有利于高校掌握"微空间"意识形态教育规律

"微空间"是信息时代新兴的话语场域，从信息生产与传播角度看，与一般的网络空间相比，"微空间"场域呈现出"五微"的特征，即"微动作"操作、"微语系"表达、"微路径"传播、"微圈子"受众、"微舆论"效应等[①]，从而构建了一种新型的"微空间"话语生成模式与话语体系传播机制。这些特质一方面为高校意识形态教育的开展提供了新的渠道与载体，有利于增强高校意识形态教育工作的时代性，促进高校意识形态教育功能的价值实现。另一方面，也会对青年学生价值观的形成产生一定的冲击。尤其需要强调的是，这些特质正契合如今"00后"的"网络核心原住民"的性格特征，非常适合当今青年人快节奏生活的习惯特点、零碎时间的生活需求。

事实上，"微传播"媒体已成为高校青年学生群体的一种必需的生活载体，它承

[①] 徐礼堂.高校掌控"微空间"主流意识形态话语权方略[J].吉林师范大学学报（人文社会科学版），2020(4):109-115.

载着意识形态的属性与功能。探索构建"微时代"高校主流意识形态话语权,是加强高校"微空间"主流意识形态教育的重要途径。本书首先通过深入分析"微空间"不同于一般网络空间的信息传播特点,以及其信息传播机制对高校师生主流价值观的形成所产生的具体影响和给主流意识形态教育带来的机遇与挑战,然后通过"微媒体"平台的传播优势展开调研,以把握青年学生的意识形态教育现状,并跟踪分析其动态过程,对"微传播"时代高校意识形态话语体系的构成、运行、认同等环节与过程有全面的认识与掌握,探索如何在"微时代"创新意识形态教育话语体系,科学合理地运用"微传播"媒体技术、独特的信息传播格局等优势进行主流意识形态教育,以提高"微时代"下高校意识形态教育的实效性。这样,通过对不同发展环境下高校主流意识形态教育的分析与研究,可以发现不同时期高校学生主流意识形态教育的变化,从而有利于高校更好地把握"微时代"大学生主流意识形态教育的规律。

3. 有利于高校落实党的教育根本任务

习近平总书记在多次重要讲话中强调立德树人是教育的根本任务,并要求各级各类学校必须为党育人、为国育才。2018年5月,在北京大学师生座谈会上,习近平总书记指出,"要把立德树人内化到大学建设和管理各领域、各方面、各环节,做到以树人为核心,以立德为根本"。[①] 立德树人教育根本任务具有鲜明的时代特征,加强"微传播"时代高校意识形态话语权建设,有助于全面落实立德树人根本任务。

一方面,随着经济全球化、后工业社会和"微传播"时代的到来,人类面临的挑战日趋严峻,加强高校德育工作,提高高校师生的道德文明素养,已成为当前高校面临的一项重要的战略任务。分析"微空间"舆论思潮的"微传播"机理,探讨"微传播"话语体系整体要素构成,并把德性元素充分融入其中,将话语权构建的策略设计与道德教育有机融合,创新教育对话的新平台与新机制,不仅有助于高校对"微传播"话语的把控,还实现了思想道德教育工作向学生的"回归",有利于高校培养"五育"全面发展的时代新人。

另一方面,探讨并认清当前高校意识形态国内外的新形势,深入分析"微传播"媒体给高校主流意识形态话语权建设带来的深刻变化,使高校能准确把握"微空间"意识形态话语权建设的立足点、关键点和生长点,从而促进高校"坚持不懈传播马克思主义科学理论,抓好马克思主义理论教育,为学生一生成长奠定科学的思想基础"[②],进一步巩固高校对意识形态工作的领导权、管理权和话语权。

[①] 习近平.在北京大学师生座谈会上的讲话[M].北京:人民出版社,2018:7.
[②] 习近平.加快建设世界一流大学和一流学科[M]//习近平.习近平谈治国理政.北京:外文出版社,2017:377.

第二节　国内外研究现状述评

意识形态是阶级社会特有的社会现象,"只要人类没有超越阶级社会,意识形态领导权或话语权之争就不会停止"。① 所以,意识形态话语权问题研究一直以来都是国内外学者关注和研究的重点,并且从不同的视角和不同的方面进行了比较广泛的研究,从文献搜集的结果来看,研究成果比较丰富。高校是意识形态话语权争夺的重要场域,当前高校意识形态话语权建设既处于新的发展机遇期,又面临诸多现实问题和新考验,系统梳理国内外学者对高校意识形态话语权方面的研究,把握研究的共性热点问题和主题,分析目前研究的缺陷与不足,寻求进一步研究的空间,以期为本书研究提供启示和新的突破点。

一、国内研究现状述评

(一)国内研究现状概述

党的十八大以来,党中央高度重视意识形态工作,习近平总书记反复强调"要牢牢掌握意识形态工作领导权","把握好网上舆论引导的时、度、效,使网络空间清朗起来"。因此,关于意识形态及高校意识形态话语权方面的研究成为学者们关注的热点,也体现出很高的学术研究价值。

为全面认识和把握我国哲学社会科学工作者对高校意识形态话语权方面的研究现状,我们以中国知网文献数据库为主要数据来源,进行高级检索。以"高校"且含"意识形态话语权"为主题检索词,将词频均设置为"1",检索条件设置为"模糊",发表时间截至2019年12月,在剔除重复或无相关性的文献后,共检索出522篇5种不同类别的文献,具体见表1.1。

表1.1　高校意识形态话语权方面的研究文献统计(中国知网收录)

类　　别	中国学术期刊	中国博士学位论文	中国硕士学位论文	中国重要会议论文	中国重要报纸论文
发文量(篇数)	420	12	86	3	1

注:检索时间为2020年3月26日。

---

① 刘先春,郑海宽.马克思主义意识形态优势话语权的当代建构[J].上海行政学院学报,2010(3):10-15.

从表1.1可以看出,国内关于高校意识形态话语权的研究成果主要是发表在学术期刊上的论文,近年来高校意识形态话语权也成为硕士学位论文和博士学位论文的选题研究方向。从检索结果来看,文献涉及的学科领域比较宽泛,主要有思想政治教育、新闻传播、社会学、公共管理、高等教育等。从研究层次来看,主要是基础研究和政策研究,占整体文献的70%以上。发文的数量总体呈逐年上升的趋势,尤其是从2015年开始,发文数量每年快速上升并在2018年达到峰值,如图1.1所示。

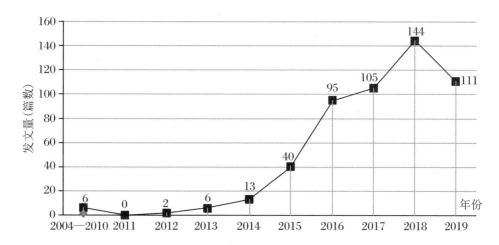

图1.1 我国高校意识形态话语权研究的文献数量变化趋势(中国知网收录)

从图1.1可以看出,我国高校意识形态话语权方面的研究演进趋势,大致可分为三个阶段:

2004—2010年为起始阶段。这一阶段,国内学者们对高校意识形态话语权方面的研究关注不多,文献也很少。2004年,学者张坚强和杜苏[①]首次以"意识形态"和"话语权"为关键词研究高校思想政治教育的实效性。之后,几乎每年都发表一篇论文探讨加强高校意识形态工作的重要性和开展马克思主义意识形态教育的策略。

2011—2014年为探索阶段。这一阶段,成果类别开始丰富多元,相关文献的高频关键词主要有意识形态、教育、社会主义核心价值体系、话语权、高校等,这些都对高校意识形态话语权建设具有重要影响,2013年11月还召开了第三届中国特色社会主义论坛——"牢牢掌握意识形态工作的领导权、管理权、话语权"高层研讨会。[②] 从2014年开始,学者们开始逐渐对高校意识形态话语权建设展开研究。

---

① 张坚强,杜苏. 大众文化背景下高校思想政治教育的困境与创新[J]. 江苏高教,2004(4):4.
② 李德芳,何宏米. 牢牢掌握意识形态工作的领导权、管理权、话语权:第三届中国特色社会主义论坛综述[J]. 红旗文稿,2013(24):40-49.

2015—2019年为发展阶段。这一阶段,高校意识形态及其话语权建设方面的研究成果数量快速增加,从2017年开始文献已超过百篇,主要集中于分析新时期高校思想政治教育工作、意识形态话语体系建设面临的机遇与挑战及其影响因素,并提出相应的建设路径与运行机制,也有部分学者对网络这一新空间的高校意识形态话语权关系重组与权力结构变化进行了研究。从检索的文献来看,研究视角多维,层次较广,领域较宽。我们进一步对期刊发文量进行研究,以主题词为选项进行筛选,刊发此类文章在5篇以上的主要期刊为《学校党建与思想教育》《思想理论教育导刊》《中国高教研究》等。另外,以论文被引用次数进行排序,最高达77次,最低为20次,具体见表1.2。

表1.2 国内代表性学者及发文期刊统计表(中国知网收录)

序号	作者	题目	期刊	年份	被引频次
1	郑永廷、林伯海	坚持高校意识形态工作的领导权与话语权	思想理论教育	2015	77
2	张坚强、杜苏	大众文化背景下高校思想政治教育的困境与创新	江苏高教	2004	55
3	刘经纬、董前程	对完善高校意识形态工作话语体系、掌握话语权的探讨	思想教育研究	2015	43
4	吴琦、袁三标	从话语权视角看高校马克思主义意识形态教育	思想政治教育研究	2008	38
5	李江静	牢牢把握高校意识形态话语权的现实挑战与实践路径	思想教育研究	2015	33
6	陈爱梅、薛翔宇	高校意识形态工作必须掌握网络空间话语权	红旗文稿	2015	33
7	孙杰	牢牢把握党对高校意识形态工作领导权管理权话语权	中国高等教育	2015	32
8	曹和修	高校意识形态话语机制建构——以90后大学生话语体系变化为背景	人民论坛	2015	22
9	王里、朱旗	高校意识形态话语权:内涵、挑战与对策	江苏高教	2017	21
10	黄君录	新媒体时代高校主流意识形态话语权的构建	学校党建与思想教育	2016	20

从代表性期刊和被引频次排名居前的期刊统计分析可以看出,这些文献均来

源于 CSSCI、扩展期刊和中文核心期刊,并且被较高频次地引用,这表明这些研究成果对高校意识形态话语权构建研究具有较高的学术价值,学者们的研究观点在我国哲学社会科学学术界引起了较大的反响,为大多数同仁所认同,形成了新形势下进一步加强高校意识形态话语权建设的重要理论指导。

综合分析国内学者对高校意识形态话语权方面的研究文献,其研究视角和共性研究主题可概括为以下三个方面:

1. 高校意识形态话语权内涵研究

对关键术语的内涵进行科学的界定是开展问题研究的逻辑起点,也是有别于其他领域研究的理论前提。从检索的结果来看,目前国内学术界对"高校意识形态话语权"尚未形成明确的统一概念,主要从话语与权力、话语体系、意识形态政治性和阶级性等角度进行探讨和诠释。

一是从意识形态话语与权力间的关系角度进行解读。"意识形态话语权"实质上包含"意识形态""话语"和"权力"三个关键词,它们之间存在双向互动关系。话语是意识形态内容的外在表现和实现载体,社会话语总是体现话语主体所代表的阶级或集团利益的意识形态内容,而阶级或集团也必然要通过社会主流话语表达来维护和实现自身的根本利益。同时,话语和权力是紧密联系的统一体。"话语即权力",话语是权力体现的重要手段,是一种对社会实践主体进行支配的权势力量;权力通过话语引导和控制来实现自身的利益和目的。高校意识形态话语与权力间具有互动作用,这一点已被国内学者认同,这构成了高校意识形态话语权建设的理论基础。但是,梳理已有研究成果发现,不同的学者在二者如何产生双向互动作用上产生了分歧。

有些学者认为,意识形态话语和权力间是平等的关系,不存在主导与被主导的关系,均有相互构建的作用。例如,学者王里和朱旗[1]、罗淑宇[2]等均认为高校意识形态话语权就是高校采取非强制方式,通过设置合理的议程和有效的话语载体,主动引导高校师生认同马克思主义意识形态话语,从而使高校师生自觉并自愿地接受社会主流意识形态,最终实现党对高校意识形态领域的管理权和领导权。学者刘经纬和董前程[3]进一步指出,高校意识形态话语权不同于意识形态领导权,因为后者是一种基于上下级关系的具有强制性的权力,而前者是一种重在引导和控制社会舆论的具有非强制性的权力,其获得需要有科学性。

也有一些学者认为,权力和权威是话语权获取的基本途径,当话语主体既有权力又有权威时,其所代表的阶级或集团的意识形态内容传播是最有效的,其功能也

---

[1] 王里,朱旗. 高校意识形态话语权:内涵、挑战与对策[J]. 江苏高教,2017(1):4.
[2] 罗淑宇. 运用微信公众号增强高校意识形态工作话语权问题初探[J]. 理论导刊,2017(9):5.
[3] 刘经纬,董前程. 对完善高校意识形态工作话语体系、掌握话语权的探讨[J]. 思想教育研究,2015(9):5.

是最容易实现的。①"高校意识形态话语权,就是高校控制舆论的权力和坚持社会主义发展方向的能力。"②高校通过对其他非主流意识形态话语的影响和渗透,迫使它们被接受并显性或隐性地反映社会主流意识形态话语,从而获得具有绝对优势的话语权。因此,"高校意识形态话语权具有很强的排他性和强制性,限制、排斥其他阶层所主导的意识形态的话语权。"③

此外,随着网络新媒体的发展,网络媒介形成的网络空间重新调整了话语权的分配。关于意识形态话语和权力的互动关系又引起学者们新的争论,学者陈伟球④认为网络新媒体技术的发展与应用,扩大了受众话语权实现的渠道,促进了社会话语权向下转移,普通民众获得了普遍的话语权。学者徐如刚⑤指出,移动网络空间中高校主流意识形态话语权已边缘化,传统自上而下传播的话语体系、话语权优势已在网络空间被悬置、被消解,网络"大 V"、"意见领袖"的一句话胜过传统媒体长篇大论的宣传效果。正因如此,网络空间已成为各国竞相进行话语权争夺的主战场,成为高校意识形态安全的隐形战场。

二是从意识形态话语体系的构成角度进行诠释。任何阶级或集团要维护本阶级的意识形态利益,必然要通过构建适合本阶级或集团利益的话语体系来实现。有些学者从话语体系的构成要素角度对意识形态话语权的内涵进行了研究。学者张丹丹和刘社欣⑥依托系统思维,认为高校意识形态话语权是一个复杂的系统,需要多个要素优化组合、协调运行,从而达到感染受众、引导舆论走向的效果。这些要素包括主体要素、话语内容要素、话语传播要素和客体要素。学者邓验⑦认为除此要素外,还应通过意识形态所处的话语环境要素来分析和研究高校意识形态话语权问题。学者刘经纬和董前程⑧则认为在探索高校意识形态工作规律的基础上,通过合理的议程设置、有效的话语载体、科学的话语内容等形成一个有机的话语体系,可促进高校师生正确的世界观、人生观和价值观的形成,从而实现高校社会主义意识形态话语权。

三是从意识形态的政治性和阶级性角度进行界定。学者刘畅⑨、马荣华和李

---

① 郑永廷,林伯海.坚持高校意识形态工作的领导权与话语权[J].思想理论教育,2015(4):5.
② 刘洪波.高校意识形态话语权研究[J].学校党建与思想教育,2016(11):38-40,55.
③ 谢珊,汤俪瑾.新媒体语境下高校意识形态话语权的建构分析[J].学理论,2019(5):3.
④ 陈伟球.新媒体时代话语权社会分配的调整[J].国际新闻界,2014,36(5):13.
⑤ 徐如刚.论"微"空间中高校主流意识形态的边缘化[J].华中师范大学研究生学报,2016(1):4.
⑥ 张丹丹,刘社欣.高校意识形态话语权建构系统研究[J].系统科学学报,2019,27(4):6.
⑦ 邓验.高校意识形态话语权的"微路径"[J].思想政治工作研究,2015(5):2.
⑧ 刘经纬,董前程.对完善高校意识形态工作话语体系、掌握话语权的探讨[J].思想教育研究,2015(9):5.
⑨ 刘畅.以传统文化复兴工程为契机巩固高校意识形态话语权[J].学校党建与思想教育(下),2017(9):3.

艳①均认为意识形态话语权是占社会统治地位的特定阶级或集团为实现或维护其政治目标、价值标准、行为准则、社会发展理想等,采取一切手段宣传其思想理论体系并将其落实到社会各项工作中的权力。因此,意识形态话语权传播的思想具有鲜明的阶级性,传播的目的具有鲜明的政治性。① 新时期我国高校主流意识形态话语权构建,是为巩固和发展马克思主义理论在我国的根本指导地位,为把我国建设成社会主义现代化强国和实现第二个百年奋斗目标而培养合格建设者和接班人的政治思想保证。

以上这些学者对高校意识形态话语权的概念与内涵从不同的层面进行了多维研究分析,形成了不同的学术观点,为后续学者对其概念的正确理解和把握提供了参考,也进一步丰富了高校意识形态话语权研究的理论体系。

2. 高校意识形态话语权发展现实处境研究

全球化时代的发展使国内外形势复杂多变,高校意识形态面临的情况十分复杂,特别是大数据、网络新媒体技术的广泛应用,给高校意识形态工作领导权、管理权和话语权带来前所未有的发展机遇,同时也带来复杂而严峻的挑战。通过对已有相关文献进行归纳和总结,关于高校意识形态话语权发展处境方面的研究,学者们达成的共识主要如下:

一是新媒体为高校意识形态话语权建设提供有利的条件并产生积极的影响。一些学者认为网络新媒体先进的传播技术、开放的舆论氛围、迅捷且多种途径的信息传播等显著的特征,为高校马克思主义阵地提供了技术平台,为我国主流意识形态话语权建设提供了全新的理念②,催生了青年思想政治话语表达的新空间和新形态③,提供了客观舆论事实的话语内容,在丰富了主流意识形态话语新手段的同时也增强了话语感染力④;扩大了高校意识形态教育的受众面⑤,提高了马克思主义意识形态话语的影响力、时效性和针对性⑥。

二是当前高校意识形态工作面临诸多新问题和新挑战。新形势下高校意识形态工作环境已发生深刻变化,虽然目前高校主流意识形态工作的领导权和话语权运行正确,成效显著,可确保高校在正确的方向上发展,但必须认清面临的新形势和新挑战,这一点已引起相关研究者的高度关注,学者们分别从国内外社会意识形态环境发展的态势、新媒体技术的应用、高校自身改革与发展等视角进行了分析,并达成了共识。

---

① 马荣华,李艳.掌控高校意识形态工作话语权的方略研究[J].思想理论教育导刊,2017(4):4.
② 刘绪平,叶进.机遇、挑战、对策:牢牢把握大数据时代高校意识形态话语权[J].齐齐哈尔大学学报(哲学社会科学版),2019(2):4.
③ 侯勇,纪维维.新媒体视域下青年思想政治教育的话语困境[J].中国青年社会科学,2017,36(2):6.
④ 王虹.自媒体时代主流意识形态话语权的构建[J].安徽行政学院学报,2016,7(6):4.
⑤ 詹勇.新媒体环境下高校意识形态安全工作研究[J].教书育人(高教论坛),2018(3):3.
⑥ 蔡中宏,苏星鸿.新媒体时代高校意识形态管理长效机制的构建[J].云梦学刊,2017,38(4):6.

第一,西方话语霸权的强势渗透,缩减了高校意识形态话语权的空间。学者周茜和佟明燕①、孙杰②、王里和朱旗③、董静和徐建飞④等均认为,全球化发展迅猛,世界各国间经济文化的交流与交锋日益频繁,以美国为首的西方发达资本主义国家,时刻不忘通过其对媒体的垄断歪曲事实并凭借其经济实力,采取各种手段对我国进行资本主义意识形态渗透,极力兜售西方所谓的"普世价值"、新自由主义、历史虚无主义、意识形态终结论等,推行"话语霸权""文化殖民"对马克思主义意识形态话语进行打压,以弱化马克思主义意识形态话语在我国高校的空间和地位,企图否定社会主义意识形态的指导作用与话语体系。

第二,多元化价值社会思潮的冲击,削弱了马克思主义意识形态话语权的主导地位。学者张莉⑤、周茜和佟明燕①等认为,当前社会思想文化领域以多元的思想观念和多元的价值取向并存,多元化的社会思潮以多样性和多变性为特征,代表着不同利益群体的价值选择和取向,这些非主流的社会思潮既包括在我国经济社会改革发展过程中形成的多元化思想,也包括西方国家借助全球化趋势输入到我国的民主价值观。学者郑永廷和林伯海⑥、程健康和孙永秀⑦等指出,在市场经济条件下,市场主体趋利性催生了功利主义、实用主义价值倾向,在利益至上、物欲横流的生存环境下,部分人对物质的占有及非理性的追求就成为他们衡量其人生价值的标尺,产生对马克思主义主流意识形态认识上的淡化与模糊。学者孙杰②、李庆霞⑧等认为,我国社会体制转型中出现的诸多社会矛盾、利益矛盾等所带来的问题相互叠加,各种思潮竞相发声,人们思想活动的多变性、差异性也明显增强,高校师生的价值取向、思想观念和行为方式也难免会受到影响,纷繁复杂的多样化社会思潮也影响了高校思想政治理论课话语体系,导致马克思主义意识形态的一元主导地位逐渐被打破。

第三,自媒体时代的信息传播模式,削弱了马克思主义意识形态话语的权威性。网络自媒体新技术的运用,给传统信息传播模式带来了变革,对主流意识形态

---

① 周茜,佟明燕.当代中国马克思主义意识形态话语权面临的挑战[J].贵州民族大学学报(哲学社会科学版),2014(3):4.

② 孙杰.牢牢把握党对高校意识形态工作领导权管理权话语权[J].中国高等教育,2015(11):3.

③ 王里,朱旗.高校意识形态话语权:内涵、挑战与对策[J].江苏高教,2017(1):4.

④ 董静,徐建飞.困境·缘由·策略:高校马克思主义意识形态话语权建构研究域[J].黑龙江高教研究,2019(1):5.

⑤ 张莉.新媒体视阈下高校意识形态话语权的嬗变与建构[J].西南石油大学学报(社会科学版),2018,20(2):8.

⑥ 郑永廷,林伯海.坚持高校意识形态工作的领导权与话语权[J].思想理论教育,2015(4):5.

⑦ 程健康,孙永秀.全球化背景下我国高校意识形态安全面临的挑战与对策探析[J].渭南师范学院学报,2017,32(18):6.

⑧ 李庆霞.高校思想政治理论课话语权面临的挑战与应对[J].思想理论教育导刊,2016(11):5.

话语权建设带来的消极影响是学者们研究的热点。学者魏晓文和邵芳强[1]、王婕鹏[2]等均认为,自媒体打破了传统媒体话语霸权的神话,消除了传统主流话语传播受时空、手段等所限的弊端,丰富了主流意识形态话语表达的内容和形式,同时也削弱了主流意识形态话语的掌控力,使中西方文化和意识形态的冲突更为直接,这在一程度上解构了高校主流意识形态话语权。学者闫方洁[3]、侯勇和纪维维[4]、王虹[5]等均从自媒体话语传播的主体、内容和方式等角度分析了当前我国高校主流意识形态话语权建设面临的严峻挑战,认为自媒体话语主体多元化使语境主体的权威性消解,话语内容的"堕距化"和话语传播效应的去政治化、娱乐化等现象严重影响了青年群体对主流意识形态话语的认同度。

第四,高校意识形态工作整体建设力度不强,影响了主流意识形态话语的教育效果。学者刘经纬和董前程[6]、陈爱梅和薛翔宇[7]、王里和朱旗[8]、董静和徐建飞[9]等提出,当前高校意识形态话语权建设还存在一些不足,主要如下:一是意识形态的宣传教育与对现实社会问题的解疑释惑相脱节。针对社会转型期存在的社会矛盾和问题、社会主义现代化建设进程中存在的思想困扰和疑惑、广大师生所关心的重大现实社会问题等不能及时作出正确的回应,给出令人信服的解释,甚至还有意回避或遮蔽这些问题,使得马克思主义意识形态宣传教育陷入程序化、模式化和说教化状态,人们自然对社会主义意识形态话语的信服力大打折扣。二是部分高校意识形态话语主体素质不高和存在责任缺失的现象。部分高校意识形态话语主体学习和研究马克思主义意识形态的热情减退,存在形式主义倾向;意识形态话语宣传队伍自身的能力不强、观念滞后;部分教师政治素养不高,在课堂上有意无意地"发牢骚",发表不当言论甚至错误的思想观点,极大地削弱了高校意识形态工作中的话语权和影响力。三是部分高校尚未形成意识形态宣传教育的大格局,对意识形态工作极端重要性的认识还不足,对教师在高校意识形态工作中的关键作用认识还不到位,整体的意识形态建设意识和氛围在弱化。

这些学者立足于高校意识形态工作面临的社会发展环境的变化和高校自身情

---

[1] 魏晓文,邵芳强.论网络背景下的高校意识形态安全建设[J].思想教育研究,2014(6):5.
[2] 王婕鹏.自媒体时代高校主流意识形态话语权的建构[J].淮海工学院学报(人文社会科学版),2016,14(7):5.
[3] 闫方洁.自媒体的后现代叙事及其对主流意识形态话语权的四重挑战[J].东南传播,2015(1):4.
[4] 侯勇,纪维维.新媒体视域下青年思想政治教育的话语困境[J].中国青年社会科学,2017,36(2):6.
[5] 王虹.自媒体时代主流意识形态话语权的构建[J].安徽行政学院学报,2016,7(6):4.
[6] 刘经纬,董前程.对完善高校意识形态工作话语体系、掌握话语权的探讨[J].思想教育研究,2015(9):5.
[7] 陈爱梅,薛翔宇.高校意识形态工作必须掌握网络空间话语权[J].红旗文稿,2015(15):2.
[8] 王里,朱旗.高校意识形态话语权:内涵、挑战与对策[J].江苏高教,2017(1):4.
[9] 董静,徐建飞.困境·缘由·策略:高校马克思主义意识形态话语权建构研究域[J].黑龙江高教研究,2019(1):5.

况的现实逻辑,以问题为导向,对当前高校意识形态话语权发展处境进行了多视角分析,他们的研究观点对当前高校意识形态话语权建设具有一定的指导价值。

3. 高校意识形态话语权发展路径研究

针对当前高校意识形态工作面临的机遇与挑战,许多学者就如何加强高校意识形态话语权建设提出了思路和对策,通过对相关研究文献进行梳理,学者们的研究主要集中于加强马克思主义意识形态的指导地位、高校思政理论课学科话语权建设、高校意识形态话语体系建设、利用网络媒体巩固高校意识形态话语权、高校意识形态保障机制建设等五个方面。

第一,加强马克思主义意识形态的指导地位。学者们认为,面对全球化时代复杂多变的国内外形势,特别是信息传播的网络化,使舆论管控的难度进一步增大,要用马克思主义中国化的最新成果统领高校意识形态阵地,确保高校意识形态安全。[①] 首先,学者们探索了增强高校意识形态教育的路径,试图从主流意识形态教育的接受规律出发,应对传统意识形态教育网络化解构的冲击。学者修宏方和冯德军[②]指出,要把握青年学生的思想动态和教育规律,通过增强其对错误舆论思潮的辨识力和对马克思主义理论的认同力,夯实社会主义主流意识形态的指导地位。学者丁玉峰[③]认为,高校意识形态教育应生活化,通过通俗易懂的阐释,能够有效消解青年学生对意识形态教育的抵触情绪,使教育更具亲和力与针对性,同时这也契合"00后"学生的接受规律。其次,学者们探讨了用主流意识形态引领高校社会思潮精神向导的必要性与紧迫性。一些学者指出,高校社会思潮生成发展的内外环境发生了新变化[④],马克思主义意识形态话语权在高校面临被弱化的情况,我们必须用马克思主义中国化的最新成果武装高校师生的思想,坚守马克思主义意识形态的主导性,凸显其现代性,拓宽其包容性,回归其现实性[⑤]。

第二,高校思政理论课学科话语权建设。学者们认为高校思政理论课是高校意识形态教育的主阵地,是意识形态话语权建设的主渠道。学者们从高校思政理论课所承担的任务、学科话语特点、课程教学模式、队伍建设等方面通过理论视角和经验层面进行了分析。学者魏佳[⑥]认为,高校思政理论课话语权建设要处理好思政理论话语的意识形态性与科学性、理论性与实践性、思想性与政治性、创造性与趣味性这四个方面的关系。要想构建适应新形势发展的思政课话语体系,必须

[①] 程健康,孙永秀. 全球化背景下我国高校意识形态安全面临的挑战与对策探析[J]. 渭南师范学院学报,2017,32(18):6.

[②] 修宏方,冯德军. 当前大学生主流意识形态教育的若干思考[J]. 思想政治教育研究,2010,26(2):4.

[③] 丁玉峰. 关于高校意识形态教育生活化的实践思考[J]. 思想政治教育研究,2018,34(4):5.

[④] 左鹏,厉彦龙. 社会主义核心价值观与高校社会思潮引领[J]. 思想理论教育,2014(11):6.

[⑤] 张荣洁. 论增强高校马克思主义意识形态话语权[J]. 传承,2012(6):3.

[⑥] 魏佳. 高校思想政治理论课话语权建设中需要注意的几个关系[J]. 思想教育研究,2017(1):5.

在课程建设、教学模式、教育思想等方面有新举措①,话语内容要契合学生的实际需求、回应社会现实问题、紧跟时代发展步伐②。学者彭庆红③、王金龙④还指出,建构高校思政理论课话语权,关键在于提高高校思政理论课教师的马克思主义学术水平⑤,要采取多种方式提高队伍素质,建立一支政治可靠、业务精湛、结构合理的思政理论课教师队伍③。

第三,高校意识形态话语体系建设。学者们针对当前高校意识形态工作存在的话语困境及主流话语的说服力、影响力、认同感不强等境况,从意识形态话语规律、话语主体意识、话语理论及话语构成要素等方面探索了高校意识形态话语体系建设,以适应当前时代发展的要求,应对大学生群体话语体系的变化。学者董静和徐建飞⑤、李超民和邓露⑥,梁超、孙翰文和李世江⑦均指出,针对高校马克思主义意识形态话语权建构亟待破解的难题,高校要彰显马克思主义意识形态的话语自信、提升话语效力、优化话语内容、设置话语主题、拓展话语载体、优化话语环境,进一步提升主流意识形态的话语认同感,增强话语影响力。学者马荣华和李艳⑧从理论、阵地和主体培育三个维度,指出高校进行意识形态话语权建设的方略,以应对多元社会思潮的冲击。学者刘经纬和董前程⑨也认为,要从构建话语体系出发,在明确话语规则的基础上探索话语规律,以促进话语转换、创新话语方式、开拓话语渠道等来建设高校意识形态话语权。

第四,利用网络媒体巩固高校意识形态话语权。学者们利用现代传媒技术,立足网络新媒体的舆情特点,探讨其对高校意识形态话语权建设的影响。如何因势而化,创新新媒体传播渠道,占领网络媒体新阵地,进行针对青年舆论政治生态的思想舆论引领,提升主流意识形态话语表达的有效性也是学者们研究的重点。学者们主要在网络思想阵地、自媒体舆论场、微媒体受众、网络话语体系传播等方面达成以下共识:

一是网络思想阵地的建设路径。学者侯欣⑩指出,高校要做好顶层设计,加强

---

① 马波.新形势下创新高校思政课话语体系的路径探究[J].社科纵横,2015(11):5.
② 赵永明.创新高校思想政治理论课话语体系的理路探析[J].思想理论教育导刊,2017(5):4.
③ 彭庆红.论加强与改进高校意识形态工作[J].思想教育研究,2009(8):3.
④ 王金龙.论高校思想政治理论课话语权的建构路径[J].继续教育研究,2018(9):2.
⑤ 董静,徐建飞.困境·缘由·策略:高校马克思主义意识形态话语权建构研究域[J].黑龙江高教研究,2019(1):5.
⑥ 李超民,邓露.自媒体时代如何提升主流意识形态话语权[J].人民论坛,2018(15):4.
⑦ 梁超,孙翰文,李世江.微传播视角下主流意识形态话语权:理论内涵、现实困境及构建理路[J].宜春学院学报,2017,39(11):5.
⑧ 马荣华,李艳.掌控高校意识形态工作话语权的方略研究[J].思想理论教育导刊,2017(4):4.
⑨ 刘经纬,董前程.对完善高校意识形态工作话语体系、掌握话语权的探讨[J].思想教育研究,2015(9):5.
⑩ 侯欣.新媒体视阈下维护高校意识形态安全的四种途径[J].学校党建与思想教育,2017(2):77-78.

网络虚拟空间马克思主义意识形态网络阵地建设,以内容为王,亮剑发声,掌握高校主流意识形态话语权的有效表达和思想引领。学者沈崴[①]认为,自媒体已经成为青年学生最主要的信息集散地,高校要结合新媒体信息传播的特点与方式,将传统宣传载体与自媒体融合成校园新型媒体,使学生时刻都能受到校园媒体意识形态话语的熏染和影响。学者罗淑宇[②]指出,高校应当充分利用微信公众号的意识形态传播属性和独具优势的传播特征,将高校官方微信公众号打造成为主流意识形态话语建设的重要阵地。

二是自媒体舆论场建设。有学者认为,自媒体时代社会舆论瞬息万变,舆论话语权的争斗比以往各个时期都更加严峻和紧迫,增强我国主流意识形态话语权的影响力和控制力,要通过培养"意见领袖"、培养全民"把关人"、发挥议程设置功能等途径,建设主流意识形态话语平台,扩大主流意识形态的"最大公约数",巩固群众基础。[③] 学者叶定剑和靖咏安[④]也认为,要培养和发现有公信力的高校"大 V",发挥校园"意见领袖"的作用,通过"微媒体"营造积极健康向上的校园网络舆论生态。

三是"微媒体"受众。学者杨美丽[⑤]、农毅[⑥]等均认为,加强意识形态话语权构建应适应新媒体时代的特点,结合新时代大学生的行为特征、心理特点、思想动态、利益诉求等方面,从校园网络建设层面提出加强高校意识形态教育的途径和方法。

四是网络话语体系传播的有效性。学者侯勇和纪维维[⑦]、刘星彤和陈燕[⑧]等认为,进一步增强高校意识形态宣传话语体系传播的有效性,要实现话语表达理念的转变,实施话语转变策略,从整合话语主体、深化话语内涵、革新话语方式、强化话语传播、落实话语诉求等方面进行改进,使高校意识形态宣传话语体系在"微传播"时代获得更多青年大学生的关注。

第五,高校意识形态工作保障机制建设。一些学者认为高校意识形态话语权的构建,离不开高校在意识形态领域的动力保障体系,应形成推动意识形态话语权建设的制度、队伍、环境、阵地等保障因子,促进高校意识形态话语权思想引领工作合力的形成。学者王涛和刘修阳[⑨]、罗双燕[⑩]等指出,新时期高校意识形态工作要端正思想认识,开发和优化意识形态教育环境,营造风清气正的思想氛围,完善协

---

① 沈崴."第三课堂"思想政治教育功能研究[J].思想教育研究,2016(7):112-115.
② 罗淑宇.运用微信公众号增强高校意识形态工作话语权问题初探[J].理论导刊,2017(9):5.
③ 凡欣,聂智.自媒体舆论场下我国主流意识形态的话语权控制研究[J].学术论坛,2015,38(7):4.
④ 叶定剑,靖咏安.对加强高校网络宣传思想工作队伍建设的思考[J].学校党建与思想教育,2017(4):1.
⑤ 杨美丽.新媒体时代意识形态话语权的构建[J].人民论坛,2019(3):2.
⑥ 农毅.加强高校意识形态教育的网络话语体系创新探究[J].学术论坛,2016,38(5):4.
⑦ 侯勇,纪维维.新媒体视域下青年思想政治教育的话语困境[J].中国青年社会科学,2017,36(2):6.
⑧ 刘星彤,陈燕.高校官方微信意识形态话语权提升策略[J].出版广角,2018(6):3.
⑨ 王涛,刘修阳.高校主流意识形态教育的问题与对策思考[J].思想理论教育刊,2014(1):13.
⑩ 罗双燕. 新时期高校意识形态工作保障体系探究[J].学校党建与思想教育,2014(2):55-57.

同保障体系,形成高校意识形态话语权建设的大格局。学者王娟①、张晓平和杨皓②、李江静③等认为,现阶段高校意识形态工作要避免"两个孤立",应完善综合动力体系建设,抓好主体队伍、制度建设、理论创新等。也有学者指出,要有效抵御和防范不良文化的渗透,固守网络意识形态竞争的话语权和主导权④,高校要建立网络空间意识形态安全预警的长效机制,筑牢防止错误思潮和西方文化侵蚀的"防火墙"⑤。

这些学者的观点,体现出高校意识形态话语权建设的多维度、宽领域、广范围、多因子,说明其是一项复杂的系统工程,这为当前高校意识形态话语权构建的系统研究提供了有益视角。

(二)国内研究现状述评

综上所述,纵观国内的研究,可以发现意识形态话语权问题是近年来学者们持续关注与研究的热点,这一方面反映了随着我国国际地位不断攀升,国际影响力不断增强,迫切需要加快形成与我国综合国力和国际地位相适应的国际传播力,把国家发展优势转化为话语优势,在重大国际事务中凸显中国声音、表达中国立场、阐释中国主张、提出中国方案,逐步改变"西强我弱"的国际舆论格局。⑥ 另一方面也反映出我国意识形态领域斗争依然复杂多变,各种思想文化相互影响、相互激荡,各种社会矛盾相互叠加、集中体现,特别是网络自媒体的发展带来的信息传播格局的变革。如何适应传媒格局新变革和舆论生态新变化,牢牢把握马克思主义意识形态的领导权、管理权和话语权,是一个极端重要的问题,而高校是意识形态建设的重要领域。学者们围绕高校意识形态话语权的概念、发展面临的挑战以及建设路径等进行了分析与研究,取得了较为丰硕的成果,具体如下:

第一,对意识形态和话语权的相关概念、内涵及意识形态话语与权力、权利间的互动关系取得了较为全面的认识,界定比较清晰;对高校主流意识形态话语权概念的界定虽未达成共识,但从多个视角进行了解读,这有助于后续学者的理解与把握。

第二,对新时代高校主流意识形态话语权建设面临的复杂形势及诸多不利因素带来的挑战,学者们给了高度关注,这为各有关部门认识高校意识形态工作的重要性、加强和改进新时代高校主流意识形态话语权建设,提供了理论支撑和实践

---

① 王娟.试论增强高校意识形态工作话语权领导权管理权的逻辑理路[J].学校党建与思想教育,2016(6):4.
② 张晓平,杨皓.做好高校意识形态工作略论[J].学校党建与思想教育,2017(8):3.
③ 李江静.牢牢把握高校意识形态话语权的现实挑战与实践路径[J].思想教育研究,2015(5):4.
④ 王淑芳.网络意识形态话语权竞争的高校视角[J].渤海大学学报(哲学社会科学版),2016,38(5):4.
⑤ 高世杰.当前高校意识形态安全工作的几点思考[J].思想教育研究,2016(5):4.
⑥ 新华通讯社课题组.习近平新闻舆论思想要论[M].北京:新华出版社,2017.

经验。

第三,对高校主流意识形态话语权建设路径和策略的研究,学者们的成果颇丰,这极大地丰富了高校主流意识形态话语权建设的理论体系,为"微空间"高校意识形态话语权构建的研究奠定了前期基础,提供了理论依据与路径指导。

但从总体上看,在目前有关主流意识形态话语权领域的研究中,从自媒体"微传播"的视角进行研究的成果还较为鲜见,并且已有研究不具有系统性,研究方法也较为单一,理论突破点不足,需要在已有研究的基础上,进一步拓展和深化,以紧跟意识形态工作开展的步伐。从目前来看,研究中的不足之处主要体现在以下几个方面:

一是碎片化、重复性研究较多,整体性系统分析较少。虽然目前我国学术界围绕高校意识形态话语权建设从不同层面展开了大量的研究,取得了丰硕的理论成果,但不可否认的是研究成果多以单篇论文的形式呈现,研究内容多有重复、雷同,对新的网络舆论传播格局意识形态话语权的研究明显不足。另外,大多数学者都着重对高校意识形态话语权建设环境变化带来的负面影响进行研究,未能从问题的整体性进行分析,弱化或忽视新的发展环境带来的新机遇,研究结论不可避免地片面强调某个方面。在如何应对困境或挑战的对策研究上,部分学者提出的建议或路径多存在复制、移植的问题,主要集中于"堵"而不是"疏",有的过于理想化,泛泛而谈,针对性和可操作性不强,缺乏深入的理性分析和必要的理论支撑,无法形成系统完整的有效理论。因此,需要进一步拓宽高校主流意识形态话语权构建研究的深度与广度。

二是定性分析与阐释较多,实证研究较少。学者们主要采取说理性研究方法进行阐述,对高校主流意识形态话语权建设的现状、困境、挑战等进行总结归纳、概括分析,但进行定量分析的研究成果较为少见。新形势下高校主流意识形态话语权建设是一项实践性、可操作性都很强,且具有重大现实意义的研究,需要对高校主流意识形态话语权建设现状、存在的困境、影响因素等进行深入的实证研究,并进行多学科交叉研究,搭建起宏观与微观研究的桥梁。客观准确的调研统计分析数据是现实情况最有说服力的依据,是把握理论建构规律性、现实演变内在机理的最有力的佐证,可有效避免理论研究与现实指向的脱节,也是积极寻求真正问题所在与提出对策间的最有效路径,可极大提高高校主流意识形态话语权构建研究的效度。

三是核心概念内涵及其基础理论研究不足,创新性视域有待加强。学者们虽对高校主流意识形态话语权概念进行了界定,但由于研究领域和角度不同,概念内涵界定形式多样,表述不一,未达成共识,特别是从"微空间"的架构出发,虽然以网络媒体为视角研究意识形态话语权建设的成果较多,但很少有学者对网络传播"微空间"这一概念进行理解与把握,将高校意识形态话语权的概念与"微传播"空间的概念结合起来进行理解与阐释的也尚不多见,这一新型话语传播领域的意识形态话语权研究需要进一步强化,以便给意识形态话语权研究带来新的研究视域,也会产生一定的理论与实践价值。另外,当前对"微媒体"的意识形态特征属性及其意识形态话语权基础理论进行系统阐述的也很少,特别是对习近平总书记的全媒体理念及新时代高校意识形态话语权建设思想等缺乏系统梳理,在研究理论依据的阐述上有些仅运用西方其他学者的学术理论,导致研究成果缺少理论指导实践的针对性和实效性。

正是目前存在的这些不足,为本书的研究留下空间,这就需要我们对"微传播"时代高校主流意识形态话语权构建,从提升研究的深度、广度和效度着手,以问题为导向,以理论为基础,以实践为落脚点进行路径与策略的探寻与分析,深入开展整体性、系统性和全程性研究。

二、国外研究现状述评

自19世纪初法国哲学家、政治家安东尼·德斯蒂·德·特拉西在其论著《意识形态的要素》中首次提出"意识形态"的概念以来,有关意识形态问题的研究就成为西方学者持续关注的热点,涉及西方哲学、政治学、社会学、经济学等研究领域,取得了一系列研究成果。如安东尼奥·葛兰西的《狱中札记》、诺曼·费尔克拉夫的《话语与社会变迁》、赫伯特·马尔库塞的《单向度的人》、尤尔根·哈贝马斯著的《作为"意识形态"的技术与科学》等。国外研究者在研究过程中基于所处时代和所属国家的阶级性质,从不同的学科领域提出了一些新的意识形态理论和一些学术观点。虽然研究的政治背景的差异造成了在认识上不可避免的局限,但这对于当前我国意识形态话语权的研究具有一定的参考价值和借鉴意义。

(一)国外研究现状概述

1. 关于意识形态基础理论的研究

1801年,特拉西在他的著作《意识形态的要素》中指出,"意识形态"属于认识论范畴,是以"观念"为主要研究对象的科学,即"观念科学"。当时他从纯学术的角度提出这一概念,具有中立的性质。随后,意识形态发展成一个十分复杂的概念。近现代以来,众多西方学者主要从政治学、社会学或经济学等角度对意识形态的概念及其相关理论进行解读与阐释。根据研究视角来划分,形成的主要意识形态研究学派如下:

一是以格奥尔格·卢卡奇、卡尔·柯尔施和安东尼奥·葛兰西等学者为代表的意识形态革命论。他们提出用总体性方法来认识社会,形成了以意识形态为中心的革命理论,指出"西欧无产阶级革命其实是一场意识形态领域的革命,意识形态斗争既是关乎阶级命运的政治实践问题,也是阶级主体的自我认知和自我塑造问题"①,他们从意识形态问题入手探讨了当时无产阶级获得革命胜利的路径与方法。

二是以法兰克福学派为代表的意识形态批判论。该学派的代表人物有马克斯·霍克海默、赫伯特·马尔库塞、尤尔根·哈贝马斯等。他们对把资本主义科学技术理解为意识形态的观点进行了猛烈抨击,认为"发达工业社会具有社会操纵、社会欺骗和社会辩护的功能,遏制了社会革命化"②,淡化甚至否定了意识形态的阶级性和政治性。

三是以丹尼尔·贝尔、西摩·马丁·李普塞特、弗朗西斯·福山等为代表的激进主义政治意识形态终结论。从20世纪50年代开始,西方国家陆续出现一股大肆鼓吹意识形态终结论的理论思潮。他们认为西方国家政治意识形态的斗争已越来越弱,否认资本主义还存在矛盾,认为"人们的不同意识、观念将在社会共同意识中统一起来,并使代表不同阶层、利益集团的意识形态最终走向终结"。如美国著名学者、思想家贝尔在其著作《意识形态的终结》中认为,"发端于人道主义传统的普遍性意识形态已经走向衰落……处理国际关系应以民族传统为基础"。③ 李普塞特在《政治人》中指出,"在当代社会,意识形态的社会结构基础也已消失","整个社会利益达成一致的程度……也是阶级差别真正减少的量度"。④ 美国学者福山在其代表作《历史的终结》中指出,"自由民主可能形成'人类意识形态进步的终点'和'人类统治的最后形态',也构成'历史的终结'"。⑤ 他还认为,"人类未来面临的挑战只有经济、技术和环境问题,不会再有'与共产主义和法西斯主义的生与死的斗争'"。⑥ 其实,提出意识形态终结论本身就有一种很浓烈的意识形态的背景。事实上,世界意识形态斗争从未终结过。

除此之外,还有部分西方学者从经济学视角对意识形态进行研究。例如,美国经济学家道格拉斯·C.诺思,他把意识形态作为中性意义概念,将意识形态作为经济绩效考量的内生变量引入资源配置中进行分析,认为成功的意识形态具有节省经济运行成本的功能,是使社会稳定、经济制度有活力的黏合剂⑦,"如果没有思想信念约束个人最大限度地追逐利益,经济组织的活力便会受到威胁"⑧。这种基

---

① 沈朝华.社会总体性视域中的意识形态革命:以卢卡奇、柯尔施、葛兰西为例[J].聊城大学学报(社会科学版),2012(4):5.
② 刘林.试评法兰克福学派意识形态批判理论的得失[J].江西社会科学,2006(4):5.
③ 丹尼尔·贝尔.意识形态的终结:50年代政治观念衰微之考察[M].张国清,译.北京:中国社会科学出版社,2016.
④ 西摩·马丁·李普塞特.政治人:政治的社会基础[M].张绍宗,译.上海:上海人民出版社,1997.
⑤ 弗朗西斯·福山.历史的终结[M].黄胜强,等译.呼和浩特:远方出版社,1998.
⑥ 仲崇东."意识形态终结论"评析[J].天津社会科学,2002(4):51-55.
⑦ 刘英杰,魏澴.论诺思意识形态理论的价值[J].学术交流,2014(9):5.
⑧ 道格拉斯·C.诺思.经济史上的结构和变革[M].厉以平,译.北京:商务印书馆,2011.

于经济学视角的意识形态理论对当前我国意识形态问题的研究给予了有益启示。

综上所述,西方学者对意识形态及相关问题的研究起步早、具有开创性意义且成果较为丰富,这为后来者推动意识形态的研究向纵深方向发展奠定了基础。但我们应该清醒地认识到由于受时代发展所限和阶级思想的影响,西方学者有些意识形态研究观点存在一定的缺陷。例如,意识形态批判论对当代资本主义社会科技异化现象的批判转变为对科技发展本身的否定,并取代对意识形态的批判,这掩盖了造成科技异化现象产生的资本主义社会根源。① 还有意识形态终结论,其本质上是推崇资本主义"普世价值观"意识形态和历史虚无主义,是一种反马克思主义意识形态思潮,是对社会主义国家进行"和平演变"的一种手段,极具理论迷惑性和实践危害性。我们知道,只要有不同社会性质的制度存在,意识形态的对立和冲突就不会终结。

2. 关于意识形态话语权理论的研究

关于"话语权"即话语与权力关系问题的研究,在20世纪初就被西方哲学和社会科学领域的学者们关注,已有较长的研究历史,取得了丰硕的研究成果。在众多话语权的理论中,当属法国著名哲学家和社会思想家米歇尔·福柯的"权力话语"思想最具影响力,被研究者广泛认可并得到一定的发展。

福柯在20世纪70年代出版的《话语的秩序》一书中,首次将"话语"与"权力"相联结,最早提出"话语即权力"的观点和"话语权"的概念,并从"话语"出发审视话语背后复杂的权力关系。

首先,对"话语"的内涵进行解读。在福柯看来,话语是行动与事件的语言,它的作用远远超出语言和言语,每一种"话语"都构成一个相对独立的"单位",且具有特定的实践功能,话语能够决定主体身份的本质,"话语模式与其说是假设和观察或理论和实践之间进行自主交流过程所形成的产物,不如说是在一定时期内决定哪些理论和实践占上风的基础"。② 因此,通过"话语"可以对社会现象进行分析。

其次,在话语的实践运作中审视权力的关系。福柯认为,人的一切活动都是通过"话语"来体现的,人与世界的关系是一种"话语关系","话语背后体现的是社会权力关系,话语遵循、生产着权力,它强化了权力"③,话语本身实际上就是一种权力,"任何话语都是权力运作关系的产物"④。在福柯看来,通过控制和操纵话语符号的含义,可以构建符合权力主体利益的社会秩序,话语权实际上就是统治权,每个话语体系都蕴含相应的政治目的。⑤ 福柯指出:"知识和权力是相互促进的,具

---

① 刘林.试评法兰克福学派意识形态批判理论的得失[J].江西社会科学,2006(4):5.
② 海登·怀特,米歇尔·福柯.话语的秩序[M].渠东,等译.辽宁:辽宁教育出版社,1998.
③ 福柯.性史[M].张延琛,等译.上海:上海科学技术出版社,1999.
④ 王治河.福柯[M].湖南:湖南教育出版社,1999.
⑤ 申文杰.马克思主义意识形态话语权理论阐释与实践探索[M].北京:人民出版社,2017.

有规律性,这种规律形成良性循环。任何权力在增强的过程中都有可能促成某一种知识。"①因此,他主张通过话语的生产、积累、流通等实践功能的发挥来建立和巩固权力关系。

国外学者对意识形态话语权理论从不同的层面进行了比较全面的阐释,大致可归纳为以下三种研究思路:

一是意识形态文化话语权层面。意识形态"文化霸权"或称"文化领导权"思想,最早由意大利共产党杰出领导人、西方马克思主义主要开创者安东尼奥·葛兰西在他的《南方问题的一些情况》这篇未完成的论文中首次提出,后来在他的著作《狱中札记》和他在狱中所写的书信中进行了深度阐释。葛兰西指出,国家政权的统治不仅要有"控制民众使之与一定类型的生产和经济相适应的专政或其他强制机构"②的政治和经济上的领导地位,还要有"精神和道德领导"③上的文化领导权。这里的"文化领导权"强调的是,统治阶级通过非暴力的手段和方式将其文化对被统治阶级进行渗透或宣传教育,使被统治阶级自愿接受"领导",服从或认同统治阶级的意识形态话语,从而使统治阶级的统治获得正当性、合法性、稳固性和持久性。他认为,1917年俄国取得革命的胜利,西方无产阶级革命屡遭失败以及资本主义国家虽然经历几次重大的经济危机,但仍能几近垂死而再能复兴都是因为其重视或占领文化意识形态话语权阵地。葛兰西的"文化领导权"思想是他政治思想与意识形态学说的核心,对西方马克思主义的发展作出了杰出的贡献、产生了深远的影响。此外,美国学者罗宾·洛克夫在他的著作《语言的战争》中提出,无论是国家之间还是国家内部的权势之争实际上都是话语权的争夺,因为"这种基于语言上的争执",其实就是谁"掌握了对社会和政治的控制权","谁去创造和定义我们的文化"。④

二是意识形态政治话语权层面。"结构主义马克思主义"的奠基人、法国哲学家路易·皮埃尔·阿尔都塞对意识形态的政治功能进行了深入和系统的分析,他在《意识形态和意识形态国家机器》一文中提出了"意识形态国家机器"的新概念,并且指出,"意识形态国家机器首先并且主要通过意识形态方式发挥作用","任何一个阶级,如果不在掌握政权的同时通过意识形态国家机器并在这套机器中行使其领导权,那么它的政权就不能持久"。⑤掌握意识形态政治话语权对维护统治阶级政治统治是必要的。英国学者诺曼·费尔克拉夫在其著作《话语与社会变迁》中

---

① 米歇尔·福柯. 规训与惩罚[M]. 刘北成,等译. 上海:生活·读书·新知三联书店,2007.
② 中共中央马克思、恩格斯、列宁、斯大林著作编译局,国际共运史研究所. 葛兰西文选(1916—1935)[M]. 北京:人民出版社,1992.
③ 安东尼奥·葛兰西. 狱中札记[M]. 葆熙,译. 北京:人民出版社,1983.
④ 罗宾·洛克夫. 语言的战争[M]. 刘丰海,等译. 北京:新华出版社,2001.
⑤ 路易·皮埃尔·阿尔都塞. 意识形态和意识形态国家机器:研究笔记[EB/OL]. (2019-12-06)[2020-09-09]. https://ptext.nju.edu.cn/c5/c3/c13429a443843/page.htm.

继承和发展了福柯的"话语与权力"思想,开创了"文本—话语实践—社会实践"三维度话语分析方法,提出作为政治实践活动的话语,不仅是权力斗争的表达形式,更是权力斗争的场所,"权力斗争发生在话语之内或围绕话语来进行";作为意识形态实践的话语"从权利关系的各种立场建立、培养、维护和改变世界意义"。费尔克拉夫把话语看作与社会语境相结合的生产和消费实践活动,使人们意识到话语"介入其中的权力关系和意识形态"和"在文化和社会变化过程中的作用"。[①]

三是意识形态技术与科学话语权层面。法兰克福学派典型代表人物赫伯特·马尔库塞、尤尔根·哈贝马斯在对技术与科学进行合理性批判的过程中,提出技术与科学不仅是"第一位生产力",也是发达工业社会统治阶级进行政治统治合理、合法化的一种新型意识形态,并且技术与科学实力越发达的阶级或集团在意识形态领域中必然占据优势话语地位。马尔库塞在其著作《单向度的人》中提出了技术与科学的意识形态政治功能,并通过分析"技术合理性"如何变成"政治合理性"、如何促进发达工业社会单向度意识形态的形成,指出"技术社会是一个统治系统,这个系统在技术的概念和结构中已经起着作用"。[②] 哈贝马斯在马尔库塞的单向度理论基础上,进一步论证了"技术与科学本身就是意识形态"的观点,他在著作《作为"意识形态"的技术与科学》中以科技进步为新的参照系,论证了国家政权对社会管理的不断合理化与科技进步制度化的关系,指出科技进步的"第一位生产力"效用让大多数人在思想上呈现出"发展科技、生产足够的物质财富的制度就是好制度"的观念。[③] 技术与科学为扩张的政治权,包括一切文化领域的权力,提供了巨大的合理和合法性。因此,技术与科学在意识形态话语权建设上的作用不可忽视,可通过科技手段来巩固和发展马克思主义意识形态话语权。

综上所述,西方学者对话语权理论进行了比较深入的研究,并从文化、政治、技术与科学等不同的层面探讨了其与意识形态话语权的关系,虽然不是直接从话语权视角进行研究,但这些制约和控制社会各领域发展的"软权力",必然会对人们的思想和行为活动产生深刻影响,人们在社会实践中的话语也必然会体现统治阶级的意识形态。

3. 关于网络媒体对意识形态影响的研究

西方学者关于网络对意识形态影响的研究比我国早,最具代表性的学者是社会信息学家曼纽尔·卡斯特教授,从20世纪80年代开始,卡斯特就对网络社会涉及的诸多信息社会学问题进行了深入的探讨与研究,并在20世纪90年代末出版了他的代表性著作《信息时代:政治、经济与文化》三部曲,即《网络社会的崛起》

---

① 诺曼·费尔克拉夫.话语与社会变迁[M].殷晓蓉,译.北京:华夏出版社,2003.
② 赫伯特·马尔库塞.单向度的人:发达工业社会意识形态研究[M].刘继,译.上海:上海译文出版社,2014.
③ 哈贝马斯.作为"意识形态"的技术与科学[M].李黎,郭官义,译.上海:学林出版社,1999.

(1996年)、《认同的力量》(1997年)和《千年终结》(1998年),形成了他的网络社会理论基本体系,深刻揭示了当代社会变迁与社会系统重塑的技术逻辑理路,这在世界上产生了广泛而深刻的学术影响。卡斯特提出,信息时代因网络技术的发展而形成了一个新的社会形态——网络社会,"信息时代的支配性功能与过程日益通过网络组织起来……网络化逻辑的扩散实质地改变了生产、经验、权力与文化中的操作和结果……新信息技术范式却为其(社会组织)渗透扩张、遍及整个社会结构提供了物质基础"。① 网络社会是一个新型社会模式,它"建构了一个流动的空间"②,网络化减少了人们对原有社会认同感的抵制,也不再把社会看作一个有意义的社会系统,但社会通过多种形式的信息化、网络化的处理后,人们对国家、权力、政治、经济、文化等逐渐又形成新的社会认同。网络社会结构的变动会对社会政治、经济形态等产生深刻的影响,同时也显示出一个历史时代的终结。③ 因此,网络社会能产生一种强大的力量,影响着人们对阶级、种族、意识形态话语的认同,影响着社会机制的构建。

也有一些西方学者从其他角度对意识形态进行了研究。例如,英国学者约翰·B.汤普森在其著作《意识形态与现代文化》中,从现代世界大众传播媒介发展的视角研究了现代文化传媒化图景下的意识形态,指出意识形态在文化传媒化的进程中对现代世界的社会与政治生活产生影响,大众传播的快速发展大大扩展了意识形态在现代社会的运作空间,对意识形态的表现形式和功能产生很大影响。④ 美国著名传播学者赫伯特·席勒的《大众传播与美利坚帝国》一书被视作批判传播学领域的经典著作,在该书中席勒批判了美国运用国家权力对大众媒介进行利用和干预,对其他国家实施意识形态渗透的帝国主义行为,以及极力推行意识形态霸权的行动。书中率先提出了"文化帝国主义"的概念,即国家之间在媒介传播与文化传播上存在一种不平衡的关系,深刻揭示了美国传媒公司、企业醉心于利用大众传媒对其他国家的民族文化产生影响。⑤ 此外,还有西方学者对社交网络平台Twitter(推特)的政治影响进行研究。例如,指出美国前总统奥巴马在总统竞选期间通过Twitter获得众多粉丝的支持,为他后来的成功竞选奠定了坚实的群众基础。被称作Twitter治国的美国总统特朗普在Twitter上关注了多个账号,基本是一些政客、媒体主播、财团大亨等。可见,"微传播"平台Twitter对政治意识形态领域的影响不可小觑。

综上所述,西方学者的这些研究视域与研究成果,在一定程度上对我国在网络

---

① 曼纽尔·卡斯特.网络社会的崛起[M].夏铸九,等译.北京:社会科学文献出版社,2006.
② Castells M. The Power of Identity[M]. Oxford: Blackwell,1997.
③ 曼纽尔·卡斯特.千年终结[M].夏铸九,等译.北京:社会科学文献出版社,2006.
④ 约翰·B.汤普森.意识形态与现代文化[M].高铦,等译.南京:译林出版社,2005.
⑤ 赫伯特·席勒.大众传播与美利坚帝国[M].刘晓红,译.上海:上海译文出版社,2006.

信息化时代加强主流意识形态话语权建设提供了学理启示与方法借鉴,但也突出了其阶级局限性,我们应有选择地加以吸收,以丰富和发展我国学术界关于网络媒体视域下意识形态话语权的相关研究。

(二)国外研究现状述评

从19世纪初安东尼·德斯蒂·德·特拉西提出"意识形态"的概念,到20世纪70年代米歇尔·福柯提出"话语即权力"的观点、20世纪80年代初曼纽尔·卡斯特对"网络社会"的意识形态问题进行深入探讨,西方对意识形态、话语权及大众传播媒体等问题的研究已有很长的历史,形成了话语权的基础理论,意识形态的基础理论,网络媒体传播对社会政治、经济、文化影响的基础理论等研究成果,这些成果在形成上具有一定的历史继承性和学科系统性,虽然这些理论在研究过程中出现了批评或否定的学术争鸣现象,出现了不同西方国家学者的理论观点的差异性,但体现出了意识形态研究领域活跃的学术氛围和意识形态话语权建设理论的多样性,形成了西方独有的意识形态学术话语体系。此外,由于国情不同、社会背景及文化的差异,一些国外学者在研究中存在阶级局限性,研究思想有的甚至偏离了马克思主义理论的精神实质,例如,约翰·B.汤普森的意识形态理论中过分夸大文化意识形态的功能,并认为意识形态问题的产生是资本主义社会宏大叙事的产物,用对意识形态功能的分析替代对意识形态及其相关社会本质的分析,自然无法真正揭示资本主义意识形态的性质。同时,从研究视角和研究方法上看也存在一定的研究缺陷,具体如下:

在研究视角上,忽视全球化视角下意识形态话语权问题的整体性研究,只是以发达资本主义国家为对象进行研究,隐含着西方霸权主义的优越心理,并在西方自由民主主义的外衣笼罩下,有为西方意识形态渗透和扩展、开展"颜色革命"等企图提供合理化之嫌。

在研究方法上,部分研究仅采用定量分析法,并且样本选取的代表性不全,分析的基本上都是西方发达国家的实时数据或现象,没有对拥有不同社会制度的国家及发展中国家存在的社会现实问题进行样本选取,研究结论或观点存在一定的局限性。

因此,本书研究在全球化和时代变迁的大背景下,以国内学者关于高校意识形态话语权建设理论与实践的研究为基础,积极汲取国外相关研究的有益成果,结合网络时代的特征对"微传播"领域高校意识形态话语权构建进行补充研究。

第三节 研究思路、框架及方法

一、研究思路及框架结构

"微传播"时代高校意识形态工作不再具有话语垄断权,互联网"微空间"已成为各种社会思潮竞相争夺话语权的重要场域,高校落实立德树人根本任务的重要前提是要牢牢掌握并巩固和拓展这个新阵地,决不能让社会主义主流意识形态话语"失声"。因此,如何发挥"微传播"的优势,在"微空间"提升高校主流意识形态话语的"音量",以推动当代马克思主义时代化和大众化,急需学者们重点探讨并进行深入研究。

本书以高校主流意识形态话语权构建为研究对象,以网络信息化时代"微传播"话语体系出现的新特点对高校意识形态建设工作带来的机遇和挑战以及当前高校意识形态话语权建设现状为研究逻辑起点,在习近平总书记的全媒体理念与意识形态工作全方位总体布局的新时代背景下,以高校在"微空间"主流意识形态话语权生成发展机理、建构路径和举措为主要研究内容,以全面落实立德树人根本任务,不断巩固壮大主流思想舆论,使高校牢牢把握"微空间"意识形态话语权为研究目的。即围绕"概念界定、理论诠释及生成机理(是什么)—现状审视(怎么样)—成因分析(为什么)—建设理路(怎么办)"的基本思路进行研究。研究内容的总体框架如下:

第一章为绪论。首先阐述了本书选题的缘由与研究价值,其次通过梳理国内外相关研究文献,把握高校意识形态话语权建设研究的最新动态,最后整合分析相关资源,寻求新的研究空间与新的研究视角,确定研究思路及方法。

第二章厘清核心概念与内涵。概念的界定与厘清是任何研究开始之前首先要解决的问题。通过对"微传播"、互联网"微空间"、话语权、意识形态话语权、我国主流意识形态话语权、高校主流意识形态话语权等核心概念进行界定,并对话语场域特征进行多维解读,明确了"微传播"与高校主流意识形态话语权的基本内涵;通过对高校"微空间"主流意识形态话语权的构成要素及其相互关系进行分析,厘清"微空间"高校主流意识形态话语权的内在结构,这为"微空间"话语权的生成研究打下坚实的基础。

第三章介绍本书研究的基本指导思想与理论依据。通过对马克思主义经典作家关于意识形态话语权建设的思想进行探究,为本书研究奠定理论基础。同时,本书辩证地吸收西方学者的话语权理论、媒介传播效果理论、空间理论等,为研究的开展提供多维学理支撑。此外,当代中国关于意识形态话语权建设有丰富的思想资源,特别是党的十八大以来习近平总书记对网络空间(媒介)意识形态话语权建设高度重视,多次专门论及,并提出了一系列新思想、新理念和新论断,这为本书研究提供了重要的思想指导。

第四章对高校"微空间"意识形态话语权生成机理进行分析。首先,对"微传播"媒介的意识形态倾向进行分析,明确"微空间"信息、舆论、思潮等表现出的话语必然会烙上鲜明的意识形态属性,在高校校园也概莫能外。其次,通过对"微传播"媒介话语的传播模式和传播特点进行分析,全面把握"微空间"话语的生成与传播规律。最后,根据"微空间"话语权的内在结构,分析衡量其话语权生成维度。

第五章对高校主流意识形态话语权建设现状进行审视。中国共产党历来高度重视高校意识形态建设工作,并将其视为事关党和国家生死存亡的大事来抓。此章主要对高校网络意识形态建设工作已取得的成效与经验进行总结,并通过调研,探寻在"微传播"时代存在的困境与问题,并分析原因之所在,为高校主流意识形态话语权构建提出针对性策略打好基础。

第六章介绍"微传播"时代高校主流意识形态话语权构建的理路。在前面几个章节的理论探讨与现实境遇分析的基础上,主要围绕"谁来构建""怎么构建""构建什么"的逻辑理路,从构建原则、构建机制和构建策略三个方面提出了整体构建模式。

二、主要研究方法

是否科学选择与准确运用合适的研究方法,对研究来说十分重要,它决定了研究能否顺利进行、研究成果或结论是否具有科学性与实用性。本书研究始终以马克思主义的立场、观点和方法为指导,除了运用归纳总结、逻辑分析、演绎推理等方法外,还主要运用了以下研究方法:

1. 文献研究法

任何研究都不可缺少对现存文献资料的搜集、整理与分析的过程,可从中发现新问题,形成新认知,提出新观点。通过搜集和查阅国内外与意识形态相关的文献资料,学习和借鉴已有研究成果,力求全面把握与本书研究相关的现状和学术动态,为本书研究奠定理论基础,同时也应厘清研究思路,确定研究框架。

2. 多学科综合研究法

意识形态话语权建设是一个多学科交叉的研究领域。本书研究将综合运用马克思主义理论、政治学、社会学、传播学等多个学科的基本理论与知识,通过多维视角的透视,对问题和现象开展有针对性的分析与探讨,以全面、立体地了解和把握研究主旨,增强研究的理论深度。

3. 系统分析法

系统分析法是指运用整体性思维,将研究的问题视为一个系统,对系统要素进行综合分析,以寻求解决问题可行性方案的方法。意识形态话语权构建是一个复杂的系统工程,需要从系统论的视角出发,对其要素与要素之间、要素与整体之间以及要素内部与外部之间的相互关系进行分析,以找出解决现实问题的可行性方案。

4. 定量研究法

通过问卷调查及个案访谈,真实全面地了解"微传播"时代高校主流意识形态话语权的建设现状,采集必要的基础数据为本书研究提供数据支撑;在一段时间内持续观察"微传播"平台动态的信息与数据资料,分析青年学生话语信息的变化情况与发展趋势。

第二章 "微传播"与高校主流意识形态话语权的基本内涵

在对任何学科领域开始研究之前,总要对涉及的核心概念的内涵和外延进行厘清与界定。只有科学地把握概念范畴体系,才能抓住事物的本质属性,从而为理论研究的展开提供基础性前提和根本保证。正如黑格尔所指出的:"真正的思想和科学的洞见,只有通过概念所作的劳动才能获得。"[1]一切研究成果都要在概念中积累,概念不仅是学术探索的成果,其演变过程也往往标志着学术思想的演变,理论需借助于概念的发展而发展。

第一节 "微传播"的基本内涵

"微传播"是新兴话语传播模式,日益成为我国的主流传播形式。诠释"微传播"的基本内涵,首先需要对"微传播"产生的时代背景、存在的形式、当前的发展状况、主要的特征表现及其产生的社会效应等进行探析。同时,"微传播"构建了一个新型网络媒介环境空间——"微空间","微空间"营造出了一个全新的舆论场域和文化场景,具有与其他网络空间不同的话语体系传播特征。

一、"微传播"的源起、发展及概念

(一)"微传播"的源起

1."微传播"的产生及形式

从信息传播技术的发展历程上看,人类的信息传播媒介到目前为止大致经历了5次变革,即从口语传播、文字传播、印刷传播、电子传播到网络传播。每一次传播媒介形态的演变都是一种新技术的发明与诞生。据记载,35000年前,口语符号

---

[1] 黑格尔.精神现象学:上卷[M].贺麟,王玖兴,译.北京:商务印书馆,1979.

系统的出现使人类传播超越了自然界的一切信息传播。公元前13世纪左右,文字符号体系基本形成,使信息传播在时间和空间上发生重大变革,引起了社会结构的变革,使大规模的社会管理和控制成为可能。造纸技术和印刷技术的发明使人们迎来了印刷传播时代,公元105年东汉蔡伦发明了造纸术,宋庆历年间(1041—1048)毕昇发明了胶泥活字印刷术,到17世纪末,蒸汽机技术的发明使印刷术得到改进,致使近代报刊的诞生,并有了书籍、报纸、杂志、信件等传播媒介。1837年,美国摩尔斯发明了电报机;1876年,美国发明家贝尔等人发明了电话机,使信息实现电子有线系统远距离快速传播,也产生了有线广播、有线电视、计算机网络等传播媒介;1895年,意大利无线电发明家马可尼发明了用电磁波传递信号的无线电报,标志着电子传播无线系统的诞生,于是便有了无线广播、无线电视、无绳电话以及卫星传输等传播媒介。① 20世纪60至70年代,国际互联网技术产生并发展,1994年4月20日我国正式连入互联网,从此我国进入网络传播时代,E-mail、BBS、MSN、QQ、博客、个人网页、微博、微信等新的媒介相继出现。

著名传播学家马歇尔·麦克卢汉指出,"媒介是区分不同社会形态的重要标志,每一种新媒介的产生与运用,都宣告一个新的时代的来临"。美国硅谷著名信息技术专栏作家丹·吉尔默在其著作《自媒体:草根新闻,源于大众,为了大众》中把以报纸、广播、电影、电视为代表的传播媒介称为传统媒体,这就是信息传播的1.0时代;把以手机媒体、数字电视、数字报为代表的网络传播媒介称为新媒体,这就是信息传播的2.0时代;把以博客、微博、即时通信工具为代表的传播媒介称为自媒体,这就是信息传播的3.0时代。

1999年2月,腾讯公司自主研发基于互联网的即时通信软件"Tencent Instant Messenger",简称TM或腾讯QQ。该通信软件具有在线聊天、视频通话、传输文件、共享文件、发送邮件等多种功能,并可与多种通信设备终端相连。腾讯QQ一经问世立即火爆,到同年11月,QQ用户注册数已突破6万。②

2006年7月,美国程序设计师杰克·多尔西等人推出在线社交网络服务和微博服务的网站Twitter,该网站只允许用户发送字符数不超过140个的文本消息,很快风靡全球。到2012年,Twitter的注册用户数超过5亿,每天发布超过3.4亿条文本消息,每天的搜索查询量超过16亿。③

2009年8月,新浪网推出"新浪微博",其成为门户网站中第一家提供微博服务的网站。它是一个基于用户关系进行信息分享、交流、传播的领先的社交媒体平

---

① 传播媒介的发展历程[EB/OL].(2018-11-15)[2020-09-09]. https://wenku.baidu.com/view/afd383f3b8d528ea81c758f5f61fb7360a4c2b5e.html.
② QQ[EB/OL].(1999-02-10)[2020-09-09]. https://baike.baidu.com/item/QQ/113306?fr=ge_ala.
③ Twitter[EB/OL].(2006-03-21)[2020-09-09]. https://baike.baidu.com/item/Twitter/2443267?fr=ge_ala.

台。每个用户可以在线创作、关注其他任何用户,对任何一条微博发表评论并转发。新浪微博的出现,让网民拥有了一个独立自主且相对自由的发声渠道,很多第一手新闻资料均来自于网民。自新浪微博上线以来,用户拥有量一直保持增长。2010年10月底,新浪微博注册用户数超过5000万,用户平均每天发布的微博超过2500万条。[1]

2010年4月,"腾讯微博"改版上线,到2011年2月注册用户数突破1亿,腾讯QQ活跃用户量达6.74亿。[2] 而作为微博鼻祖的美国Twitter,从2006年起到2010年底,用户量才为1.95亿。[3]

此外,我国出现的微博还有"网易微博""搜狐微博"等。无论是哪类微博还是腾讯QQ,由于信息发布门槛极低、随时随地可传播信息,并且博友不仅可以上传文字,还可以上传图片和视频,传播方式裂变、信息交互简捷,集"发布""转发""关注""评论""回复""搜索""私信"等功能于一体,用户既可以交友、聊天、分享心情,也可找到志同道合的朋友,因此,深受使用者特别是年轻群体的喜爱。

2010年被称为"中国微博元年",微博开始了迅速发展,截至2010年10月,我国微博服务的访问用户量已达到12521.7万,这标志着"微传播"时代的正式来临。微博已成为公民网络表达的新渠道,2010年网络舆情热度居于前列的50个重大舆情案例中,微博首发的有11个,占22%。[4]

2014年3月27日,"新浪微博"宣布改名为"微博",并设计了新的标识,色彩逐步淡化。若没有特别说明,微博指的就是新浪微博。微博也于2014年4月17日在美国电子证券交易机构纳斯达克正式挂牌上市。同年7月23日,腾讯网络媒体事业群进行战略调整,将腾讯网与腾讯微博团队进行整合,正式宣告了腾讯微博业务在腾讯内部地位的没落。

2011年1月,腾讯公司推出即时交流和服务平台"微信",打破了微博时代的网络狂欢。它是基于智能手机和便携电脑等移动终端打造的一款免费即时网络通信工具,具有跨通信运营商和跨操作系统平台快速发送文字、语音、视频、图片等信息的功能,同时也具有"朋友圈""小程序""微信支付"等功能,用户还可以通过搜索号码、寻找附近的人、扫描二维码的方式添加好友。有了腾讯QQ、腾讯微博用户的基础,微信一经问世,便以其优势功能迅速占领市场,仅推出14个月,微信注册

---

[1] 新浪微博用户数超5000万[EB/OL].(2010-11-16)[2020-09-18].https://tech.sina.com.cn/i/2010-11-16/10314870771.shtml.

[2] 安旸.腾讯微博注册用户数达到2.33亿[EB/OL].(2011-08-19)[2020-09-18].https://www.techweb.com.cn/news/2010-11-17/719928.shtml.

[3] 李斌.腾讯微博称用户过亿 新浪更关注"活跃度"[EB/OL].(2011-02-11)[2020-09-18].https://m.cena.com.cn/infocom/20110211/11660.html.

[4] 2010中国微博年度报告[EB/OL].(2011-08-19)[2020-09-18].https://wenku.baidu.com/view/3ea166baf121dd36a32d828e.html?_wkts_=1722391249941&bdQuery=2010中国微博年度报告.

用户数就超过了1亿。① 2011年4月，微信以英文名 WeChat 正式进入国际市场。

2012年8月，微信公众号平台正式上线，此平台除了可以推送信息，让用户互动、沟通、交流外，还可对特定受众进行定制服务、推送内容等。

2013年11月，官方首度公布的微信运营数据显示，微信上线3年，"已经覆盖全球200多个国家，发布20多种语言版本，海外注册用户超过1亿，国内外月活跃用户超过2.7亿"。其中，微信公众账号在15个月内增长到200多万个，每天保持8000个的增长量及超亿次的信息交互。② 并且，微信的系统功能还在不断升级优化，2020年3月，微信 iOS 7.0.12 版本上线，从1.0测试版到 iOS 7.0.12 版，共历经6次系统改造升级。③ 微信这款"微传播"媒介已成为继微博、QQ 后，又一个成功打造的全方位信息交互平台，已兼具信息属性、媒体属性和生活属性。

作为一种全新的传播类型，"微传播"给现代社会传播方式带来革命性冲击，它汇集了人类传播活动的自我传播、人际传播、组织传播、大众传播等四种传播类型的功能和优势，同时又颠覆了传统的信息传播模式，使人们进入了"信息脱媒"的时代，在去中心化、摆脱信息垄断控制的基础上又融入了个性化、强互动性、即时性等特性，如今"微传播"已经成为人际信息交流的主流传播。

当前，基于各种信息传播新技术的"微传播"种类繁多，表现形式多样。其"微传播"媒介除了 Twitter、MSN 等外，还主要有微博、微信、QQ、微博群、微信群、微信公众号、QQ 群等。表现出的形式主要有微电影、微视频、微课堂、微课程、微政务、微公益、微文化、微社区、微经济、微支付等。随着信息技术的发展、5G 网络的开通以及人们网络社交的需求，"微传播"将不断出现新形式，开辟出更为广阔的天地。

2. "微传播"产生的时代背景

"微传播"之所以能在短时间内发展成为我国具有广泛影响力的传播媒体，与我国当前经济社会转型发展的时代背景息息相关，是网络信息传播技术快速发展、社会生活节奏加快以及网民群体个性需求的必然产物。

(1) 源于网络信息技术的快速发展

随着信息传播技术的快速发展，移动通信网络媒体不断融合，网速不断提升，信息资费逐步下调，网络移动终端设备——智能手机和移动电脑等功能更加齐全，价格不断降低，满足了各类消费层次人群的需求，网络的普及率和移动通信设备的拥有率近年来大幅度提高。中国互联网络信息中心发布的第46次《中国互联网络

---

① 可心．马化腾：微信注册用户达到2亿[EB/OL]．(2012-09-11)[2020-09-20]．https://m.techweb.com.cn/internet/2012-09-11/1235473.shtml．

② 镜宇．官方公布微信发展概况：月活跃账户2.7亿，公众号超过200万[EB/OL]．(2013-11-18)[2020-09-20]．https://www.36kr.com/p/1641803776001．

③ 微信[EB/OL]．(2011-01-18)[2020-09-20]．https://baike.baidu.com/item/微信/3905974?fr=ge_ala．

发展状况统计报告》显示,截至2020年6月,我国网民已达9.40亿,互联网普及率达67.0%,手机网民达9.32亿,网民使用手机上网的比例达99.2%。① 这为"微传播"的产生和发展提供了很好的物质基础。

在网络虚拟社会形态中,传统的社会话语权格局遭到解构,网民特别是"草根"阶层表达观点、意见的渠道更加通畅,信息来源方式、途径也多种多样,信息传播更加快捷,需求也日益多样化和个性化。而"微传播"媒介的技术操作极其简单、方便,或触碰或点击即可完成,功能也不断完善,用"微媒介"进行信息传播、接收、搜索、参与评论、交友等一切"微活动"所耗的时间和人力成本及费用都很低,满足了"微民"的多样化和个性化需求,使网民在"微传播"空间尽情地展示自我和释放自我。

(2) 符合经济社会新常态发展的形势

当前,我国正处于向经济社会新常态过渡发展的进程中,经济转型的速度正在不断加快,但发展还存在不充分、不协调的矛盾和问题,再加上长期快速发展中积累的矛盾以及全球化发展的进程,易导致社会阶层的分化、社会规范和社会价值取向的多元化,还有一些人受西方思想和文化的渗透与影响,存在功利主义和享乐主义倾向,造成社会主义核心价值观迷失,社会上不时出现贪污腐败、滥用职权、在网上发表不当言论等现象。这些社会问题正是"微传播"空间的舆情热点问题,一经出现,瞬间迅速传开,产生舆情效应。这体现出了"微传播"平台操作主体广泛、技术门槛低、信息发布便捷、迅速产生巨大影响力等特点。2020年6月26日,某大学研究生季某某在境外Twitter发表大量侮辱国家和民族、美化日军侵略的帖子,引起网友极大的愤慨。该大学立即成立调查组,要求该生删除在境外社交平台上发表的相关言论并公开道歉,依据校规校纪作出了开除其学籍的处理。如今,微博、微信等"微传播"平台,已成为网民维护权益、揭露腐败或黑幕、抵制消极腐朽思想文化、制造舆论等的重要阵地。

此外,随着经济社会发展,生活节奏加快,人们在工作和生活之余的空闲时间零散,而人们每天接触的信息又是海量的,很少有大量集中的时间来专门筛选有用的信息,因此每个人接触的有用信息是很匮乏的,这就迫切需要一种过滤机制来帮助人们筛选信息,将信息分门别类并以简洁的形式呈现。"微传播"正满足了这种功能和公众信息获取的心理需求。它可以通过一张图片、一段视频或音频、一句话甚至一个符号等简短的形式表达丰富的内涵,既方便传播、接收迅速快捷,也可通过搜索功能查找用户想要的或感兴趣的话题与信息。同时,随着经济社会文化的发展,社会法治体系不断健全,人们的法治意识、政治参与意识也在不断增强,对决策民主化、政治透明化、信息多样化等需求越来越强烈,"微传播"的出现同样能满

---

① 中国互联网络信息中心.第46次《中国互联网络发展状况统计报告》[EB/OL].(2020-09-29)[2020-10-10]. https://www.cac.gov.cn/2020-09/29/c_1602939918747816.htm.

足人们这些愿望,随着"微传播"的迅猛发展,它不仅改变了人们的生活与思维习惯,也促进了舆情表达的社会化进程。

(3) 契合新生代网民群体的特征需求

第46次《中国互联网络发展状况统计报告》显示,截至2020年6月,从网民年龄构成来看,20～29岁、30～39岁的网民占比分别为19.9%、20.4%,均高于其他年龄段,网民中中学生群体占比最高,达23.7%,其次为自由职业者,达17.4%。手机网络新闻客户端用户规模为7.20亿,占手机网民的77.2%。[①] 2019年微信数据报告显示,2019年微信的月活跃账户数已超过11.5亿,用微信进行"聚会桌游"、交友、发布朋友圈、看动漫、刷朋友圈等是年轻人每天午饭前或下班后的习惯。[②]《中国微博用户行为研究报告》显示,截至2020年3月,30岁以下的年轻人有66.6%的微博用户更青睐App客户端,微博是用户使用的网络服务中占比最高的,达70.0%,并且有64.6%的微博用户参与过热门话题的讨论,每天3次以上访问微博的用户占26.9%,用户黏性强。[③] 可见,年轻群体是我国网民的主体,他们基本是"90后""00后"的新生代,是"网络原住民",自带网络基因,成长于经济全球化、科技信息化的时代背景下,具有显著的代际特点。他们"注重自我的情感体验与价值实现,渴求融入小众化兴趣圈层,彰显个性,寻求存在感、认同感和归属感",具有个性化的兴趣爱好与表达方式,日常话语体系中常见网络流行语,喜爱"以图传意",喜用短小精悍的短句交流等。[④]

"微传播"使大众传播进入"人人都有麦克风"的时代,公众话语权得到极大的释放,信息传播渠道日趋多样化与扁平化,传播内容呈现"后现代主义"的特质,突破常规的语言规范,以"碎片化"的非言语表情符号或无厘头的混杂表述来表情传意,具有强社交赋能、强舆论效应等特性。"微传播"的这些功能与特点正契合了新生代"微民"的特征需求。虽然新生代"微民"群体具有与新时代同步向前的品质特性,但其也在自我发展与社会进步的进程中产生了矛盾与困惑,因此易受到"微传播"语境中过于自由化和非理性行为裹胁的影响,从而易造成舆情群体极化现象。

(二)"微传播"发展状况

我国自1994年4月20日正式连入互联网成为互联网国家以来,我国互联网

[①] 中国互联网络信息中心. 第46次《中国互联网络发展状况统计报告》[EB/OL]. (2020-09-29)[2020-11-10]. https://www.cac.gov.cn/2020-09/29/c_1602939918747816.htm.

[②] 2019微信年度数据报告出来了!竟然……[EB/OL]. (2020-01-10)[2020-11-10]. https://m.thepaper.cn/baijiahao_5480482.

[③] 2020年中国微博用户行为研究报告[EB/OL]. (2020-04-21)[2020-11-10]. http://www.doc88.com/p-70929098090869.html.

[④] 项久雨. 品读"00后"大学生[EB/OL]. (2019-04-01)[2020-11-10]. http://www.rmlt.com.cn/2019/0401/543507.shtml.

从无到有,由弱变强。党的十八大以来,在习近平总书记关于网络强国重要思想的指引下,我国网络信息技术得到了突飞猛进的发展,体现出中国特色,也充分反映出中国发展速度。互联网深刻地改变着人们的生产和生活方式,在扩大物理空间的同时促进虚拟社会的形成。2010年"中国微博元年"的开启预示着"微传播"时代的正式来临,如今发展已有10余年,探寻"微传播"主要"微媒介"近10年来发展变化的趋势,把握其发展规律,增加网民使用黏性,更好地促进"微传播"的发展,使"微传播"惠民、利民、便民红利充分释放。

1. 我国网民规模发展变化和互联网普及率情况

自1997年起,中国互联网络信息中心每年牵头组织有关单位共同开展我国互联网行业发展状况调查,每次调查都形成了《中国互联网络发展状况统计报告》。历次报告见证了我国互联网行业的发展历程,据其有关数据整理分析,2011—2020年我国网民规模发展变化和互联网普及率变化趋势如图2.1所示。

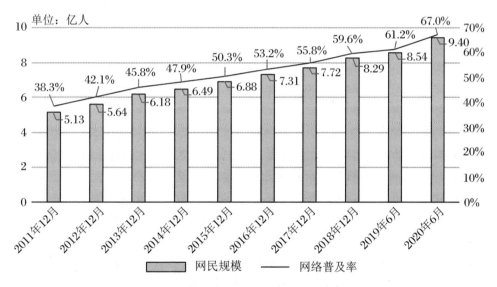

图2.1　2011—2020年我国网民规模发展变化和互联网普及率变化趋势
注:数据来自中国互联网络发展状况统计调查。

从图2.1中可以看出,2011—2020年,我国网民规模和互联网普及率都呈现快速增长趋势,网民从2011年的5.13亿增长到2020年6月的9.40亿,10年间网民规模翻了近一番;互联网普及率由2011年12月的38.3%增长到2020年6月67.0%,以平均每年约3.2个百分点的普及率提升,数字鸿沟不断缩小。截至2020年6月,全球互联网普及平均水平为62.0%,亚洲平均水平为58.8%,[①]我国同期均分别超出5%和8.2%。在保持网民规模平稳增长、互联网普及率不断提升的同

---

① 全球及亚洲互联网普及率来源于http://www.internetworldstats.com/stats.htm。

时,我国网民使用程度也在逐渐加深,分享着互联网发展带来的红利。这主要源于以下因素:

一是我国制定了一系列方针政策,持续加快网络基础设施建设。近年来,我国高度重视互联网发展的基础设施建设,出台了一系列政策措施促进网络基础设施日趋完备。2013年8月8日,国务院印发了《关于促进信息消费扩大内需的若干意见》,明确指出要"加快信息基础设施演进升级""增强信息产品供给能力""提升公共服务信息化水平"[①]等。2014年2月27日,中央网络安全和信息化领导小组成立,习近平总书记任组长并主持召开了第一次会议,就基本普及网络基础设施、依法治理网络空间、维护网民合法权益、有力保障网络安全等进行了部署。2015年5月20日,国务院办公厅印发了《关于加快高速宽带网络建设推进网络提速降费的指导意见》(以下简称《意见》),这对于"加快基础设施建设,大幅提高网络速率""有效降低网络资费,持续提升服务水平"[②]具有重大指导意义。《意见》出台后,我国持续推动网络"提速降费工程",加速实施"网络覆盖工程"。移动流量资费大幅下降,并且"流量当月不清零";移动网络跨省"漫游"已成为历史;城市千兆宽带入户、移动网络扩容升级等,切实改善了网民网络接入环境,网民真正感受到网速更快更稳定。2020年上半年,中央密集部署加快"新基建"进程[③],多个重要领域取得积极进展,5G网络、数据中心等新型基础设施建设已全面展开。

二是新兴信息技术领域保持良好发展势头,自主创新能力不断增强。2014年,我国4G网络应用全面启动,"固网宽带+移动通信"模式大力推广,吸引了更多用户接入移动和固定网络。2018年,我国5G网络领域核心技术研发取得突破性进展,人工智能领域科技创新能力得到加强,云计算领域的云计算服务已逐渐被国内市场认可和接受。2019年6月6日,工业和信息化部正式发放5G网络商用牌照,标志着我国正式进入5G网络开启元年。5G网络以其"超高速、超链接、超大规模、超低时延"等技术特点,将对媒体形态和格局、受众信息获取方式等产生革命性影响。万物皆媒、人机共生的智媒时代正在到来。

三是网络应用模式不断创新,促进了网民规模增长。各大运营商不断丰富完善网络应用,加快网络应用对社会生活的渗透,促进线上线下服务加速融合,同时公共服务线上操作的应用内容不断增加,再加上城市公共场所和公共区域以及公共交通工具等无线网络的应用日益普及,极大地促进了非网民向网民的转化。

基于上述我国数字技术赋能引领信息传播媒介不断创新发展、网络基础设施

---

① 尹深,唐述权. 国务院印发《关于促进信息消费扩大内需的若干意见》[EB/OL]. (2013-08-14)[2020-11-12]. http://politics.people.com.cn/n/2013/0814/c1001-22563427.html.

② 国务院办公厅《关于加快高速宽带网络建设推进网络提速降费的指导意见》[EB/OL]. (2015-05-20)[2020-11-12]. https://www.gov.cn/zhengce/zhengceku/2015-05/20/content_9789.htm.

③ 新基建指新型基础设施建设,以新发展理念为引领,以技术创新为驱动,以信息网络为基础,面向高质量发展需要,提供数字转型、智能升级、融合创新等服务的基础设施体系建设。

建设不断完善等有利因素,多年来我国网民规模一直保持快速增长,特别是移动端的手机网民用户数量迅猛增加。

2. 移动终端手机网民规模发展变化及其主要应用情况

随着我国网络信息科技的不断发展和智能移动终端设备的日益普及,我国真正进入了移动互联网时代。如图 2.2 所示,2011 年到 2020 年 6 月,我国手机网民伴随着网民规模的增长而增长,从 2011 年 12 月的 3.56 亿增长到 2020 年 6 月的 9.32 亿,10 年间增加了 5.76 亿,增速高达 161.8%,手机网民占总体网民的比例从 2011 年的 69.3%增长到 99.2%,净增 29.9%。以智能手机为主流的网络移动终端用户的庞大规模,为"微传播"的产生和发展提供了坚实的物质基础。手机网民数量的快速增长,得益于网络基础设施建设的逐步完善,移动网络速率的大幅提高,流量资费的日益平民化,智能手机价格的持续走低;得益于手机的应用服务对日常生活的渗透进一步加大,服务类别不断多样化,服务场景不断丰富,从而提升了网民对手机应用的使用黏性。图 2.2 展示出了手机网民规模的变化及其使用手机上网的情况。

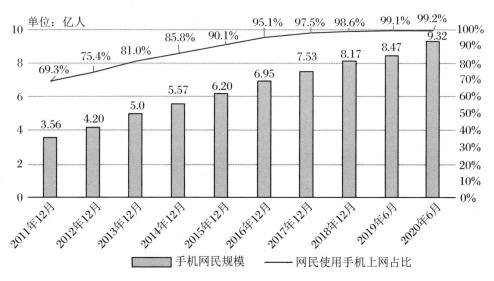

图 2.2 2011—2020 年手机网民规模变化及网民使用手机上网占比

注:数据来自中国互联网络发展状况统计调查。

为进一步分析 2011—2020 年手机网民主要应用规模及其使用手机上网占比的变化趋势,我们选取了 2011 年 12 月、2015 年 12 月和 2020 年 6 月三个具有代表性的时间节点的手机网络应用情况作为样本,具体见表 2.1。

表 2.1　2011—2020 年手机网民主要应用规模变化及使用率情况

应用类别	2011年12月 用户规模（亿）	2011年12月 手机网民使用率	2015年12月 用户规模（亿）	2015年12月 手机网民使用率	2020年6月 用户规模（亿）	2020年6月 手机网民使用率
手机即时通信	2.96	83.1%	5.57	89.9%	9.30	99.8%
手机搜索引擎	2.21	62.1%	4.78	77.1%	7.61	81.6%
手机网络新闻	2.17	60.9%	4.82	77.7%	7.20	77.2%
手机网络视频	0.80	22.5%	4.05	65.4%	—	—
手机网络文学	1.57	44.2%	2.59	41.8%	4.65	49.9%
手机网络音乐	1.63	45.7%	4.16	67.2%	6.36	68.2%
手机网络游戏	1.08	30.2%	2.79	45.1%	5.36	57.5%
手机网络购物	0.23	6.6%	3.40	54.8%	7.47	80.1%
手机网络支付	0.31	8.6%	3.58	57.7%	8.02	86.0%
手机在线教育课程	—	—	0.53	8.6%	3.77	40.4%
手机网上订外卖	—	—	1.04	16.8%	4.07	43.7%

注：数据来自中国互联网络发展状况统计调查。

从总体上看，我国个人手机互联网应用保持快速发展，与日常生活的结合日趋紧密，对各类生活服务的连接持续拓展，基本上实现了衣食住行各类生活场景的全覆盖，并且各类应用用户规模和使用率均呈逐年上升趋势。

第一，手机即时通信、手机搜索引擎、手机网络新闻等基础类应用一直是手机的主流应用，在所有应用类别中的用户规模和使用率均居前列。

手机即时通信在最高渗透率的情况下用户规模和使用率多年来一直保持大幅度增长。从 2011 年 12 月的 2.96 亿用户，增长到 2020 年 6 月的 9.30 亿用户，与同期整体网民规模 9.40 亿基本一致，也就是说几乎每位网民都在使用手机即时通信功能。在手机网民使用率中，手机即时通信从 2011 年 12 月的 83.1% 增长到 2020 年 6 月的 99.8%，在网民的使用率中保持领先。手机即时通信凭借其随时随地进行沟通的便捷性，契合了移动社交的特点，同时融合文字、图像、语音、视频等多种交流方式，还具有多终端同时登录、用户定位、扫描二维码等服务功能，使用户黏性不断加大。再加上近年来我国对网络群体空间的治理，即时通信行业的规范程度得到进一步提升。基于大数据、人脸识别等技术，即时通信推出乘车码等工具，以数字化手段协助社会的生产、生活。

近年来，手机搜索引擎已由单纯的信息服务逐步转型为生态化服务平台，契合用户的场景化、个性化和碎片化等特点。首先,手机搜索方式更加丰富多元,除了基本的文字形式外,还融合了语音和图像识别、人机交互等多种先进技术,给用户带来更便捷、舒适的体验,用户不受手机屏幕触碰的局限,也不受时空的限制。其次,在搜索内容上,结合用户搜索行为偏好以及用户地理位置,提供更加个性化、场景化的精准搜索内容。近年来,大数据技术与智能技术相融合,推动搜索引擎技术不断发展。

随着传统主流媒体加大新媒体端技术的投入,推进媒体融合向纵深发展,极大地丰富了新闻传播的方式与途径,同时随着互联网新闻领域相关法律法规建设的进一步健全,推动行业发展更加规范。手机新闻客户端成为很多国人了解新闻时事的第一信息源。特别是手机端新闻视听功能的推出,不仅增强了互动性,而且非常契合用户碎片化、场景化的需求。

第二,手机网络购物、手机网络支付、手机网上订外卖等电子商务交易类应用在手机端的用户规模和使用率增速最快。

2011年12月到2020年6月,手机网络支付的用户规模从0.31亿增长至8.02亿,10年里用户增加近8亿,手机网民使用率从2011年12月的8.6%暴增到2020年6月的86.0%,整整增加10倍,年增速达90%。用户规模和手机网民使用率均超过了在整体应用领域一直居于第二位、属于基础类应用的手机搜索引擎。截至2020年6月,手机网络支付的用户规模和手机网民使用率仅次于手机即时通信。同时,手机网络购物的用户规模也超过了一直居于第三位、属于基础类应用的手机网络新闻。截至2020年6月,手机网络购物的用户规模和手机网民使用率跃居第三。中国互联网络信息中心发布的第46次《中国互联网络发展状况统计报告》显示,2020年上半年我国移动支付交易规模全球领先,应用场景持续拓展,交易规模连续3年居全球首位。[①] 这得益于:

一是近年来政府部门出台多项政策措施促进电子商务快速发展,加快互联网与流通产业的深度融合。如2015年国务院印发《关于积极推进"互联网+"行动的指导意见》,商务部发布《"互联网+流通"行动计划》等。

二是电子商务领域法律法规逐步完善,行业政策和标准陆续出台。如2014年3月15日,新版《消费者权益保护法》正式实施,将网络购物相关的个人信息保护、追溯责任等内容纳入,保障消费者网络购物的基本权益。2017年《网络餐饮服务食品安全监督管理办法》和《网络零售标准化建设工作指引》发布,对规范网络餐饮服务经营行为和维护网络零售市场秩序具有重要意义。2018年12月,电子商务领域首部法律《电子商务法》正式出台,进一步完善了网络消费领域的法律法规,促进了行业可持续健康发展。

---

① 中国互联网络信息中心. 第46次《中国互联网络发展状况统计报告》[EB/OL]. (2020-09-29)[2020-11-12]. https://www.cac.gov.cn/2020-09/29/c_1602939918747816.htm.

三是移动电子商务整体应用环境的优化。除了商家纷纷通过服务竞争的方式提升用户的网络购物消费体验外,智能手机应用的丰富为网络购物创造了更为便利的条件,促使越来越多的消费者从线下逐渐转移到线上购物。

第三,随着互联网知识产权环境的不断完善,推动了优质网络文化应用的不断提升,丰富了网民的娱乐生活。手机网络文学、手机网络视频、手机网络音乐以及手机网络游戏等网络娱乐类应用的用户规模和使用率多年来也保持稳定增长。

从表2.1中可以看出,2011年12月到2015年12月,手机网络视频的用户规模从0.80亿增长到4.05亿,增速达65%,占手机网民的比例从22.5%提升到65.4%,手机网络视频从2015年开始一直为移动互联网的第五大应用。随着社交元素在手机游戏中的嵌入,增强了用户的手机游戏黏性。随着智能手机和移动互联网等手机使用环境的不断升级,网民可以通过移动设备终端利用碎片化时间观看网络视频、玩网络游戏和读书等。此外,听书作为手机网络文学的衍生功能,得到了迅速发展,这也成为手机娱乐类用户增长的促进因素。

第四,手机在线教育课程等公共服务类应用,自2015年开始用户规模和使用率增长明显。

近年来,大规模开放在线课程(Massive Open Online Course,MOOC)的兴起,带动了在线教育的发展。2015年4月教育部发布了相关文件,推动我国MOOC建设走上"高校主体、政府支持、社会参与"的良性发展道路。在教育部的积极引导下,"爱课程网"的"中国大学MOOC"、清华大学"学堂在线"、上海交通大学"好大学在线"以及多个高校、互联网企业开发的各种类型的MOOC平台纷纷上线。[①]智能设备的普及、移动互联网的发展升级以及一些教育课程的免费开发,促进在线教育用户规模的持续扩大。截至2020年6月,我国手机在线教育用户达3.77亿,占手机网民的40.4%。充分利用线上教育的优质资源,实现教育公平,构建线上线下教育融合化发展机制,形成良性互动格局,是未来教育教学发展的方向。

3. 微博用户规模及政务机构微博发展变化

自2010年微博出现,微博以其大众化的自由传播模式,改变了媒介生态,实现了"信息脱媒",其裂变式的传播速度、多样化的传播方式、突破时空广泛及时交流等特点,尽显个性化的自主传播,深化了人际传播、群体传播和网络传播的内涵,使得微博在2012年快速崛起,一年时间其用户规模暴增。2011年12月微博使用率仅为13.8%,截至2012年12月猛增到48.7%,微博成为我国近一半网民使用的重要"微传播"媒介。具体如图2.3所示。

---

① 方圆震.教育部出台《关于加强高等学校在线开放课程建设应用与管理的意见》[EB/OL].(2015-04-28)[2022-08-08]. https://www.gov.cn/xinwen/2015-04/28/content_2854089.htm.

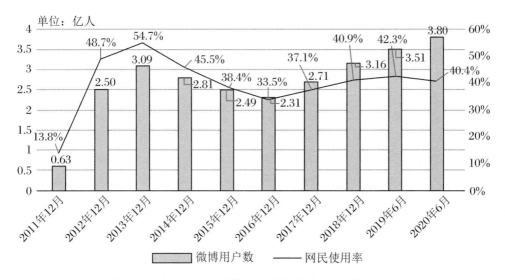

图 2.3　2011—2020 年微博用户数及网民使用率发展变化

注：数据来自中国互联网络发展状况统计调查。

2013 年 12 月微博用户规模持续增长，较上一年底又提升了 6 个百分点，网民使用率达 54.7%，微博用户人数达 3.09 亿，微博已成为我国网民的主流"微媒介"应用。庞大的用户群体，使微博重塑了社会舆论的生产和传播机制，微博成为网络舆论传播的中心。并且，微博用户逐渐移动化，转向手机终端。中国互联网络信息中心发布的第 31 次《中国互联网络发展状况统计报告》显示，截至 2012 年 12 月，我国手机微博用户达 2.02 亿，手机网民中的使用率为 48.2%，微博用户使用手机终端访问微博的占 65.6%，接近微博用户总体人数的 2/3。[①] 微博在手机端的快速发展，源于手机的随身性和微博信息传播交流的及时性，同时也便于用户碎片化时间的使用。

微博目前仍处于平稳发展期，并且微博用户的整体特征明显，20～29 岁的网民、本科及以上学历的网民、城镇网民等对微博的使用率明显高于其他群体。[②] 2014 年，腾讯、网易和搜狐等公司纷纷减少对微博的投入，各微博服务商间的竞争逐步趋缓，用户群体主要向新浪微博倾斜，新浪微博逐步形成一家独揽的格局。随着短视频和移动直播的发展与植入，2016 年微博用户规模和使用率又开始回升。作为公开互动的社交平台，微博具有独特的传播优势和积极的社会影响力，在重大事件中往往成为网络舆论的集散中心。随着微博社交应用功能覆盖领域不断多元化，用

[①] 中国互联网络信息中心. 第 31 次《中国互联网络发展状况统计报告》[EB/OL]. (2013-01-21)[2021-07-08]. https://www.docin.com/p-699343902.html.

[②] 中国互联网络信息中心. 第 39 次《中国互联网络发展状况统计报告》[EB/OL]. (2017-01-22)[2021-07-08]. https://www.cac.gov.cn/2017-01/22/c_1120352022.htm.

户黏性不断增强。截至2020年6月,微博用户达3.80亿,网民使用率达40.4%。

为进一步了解微博用户的活跃度,我们以2019年4个季度的日活跃用户数和月活跃用户数的变化来进行分析,具体如图2.4所示。用户活跃度是反映某个产品运营情况的统计指标,是指在统计周期(通常是月、周或日)内登录或使用某个产品(如网站、App等)的用户数量(去除重复登录的用户)。①

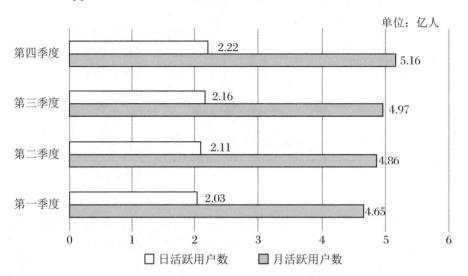

图2.4 2019年4个季度微博月活跃用户数和日活跃用户数变化

注:数据来自新浪科技。

从图2.4可以看出,2019年4个季度微博月活跃用户数和日活跃用户数均大幅上升。截至2019年12月,微博月活跃用户数增至5.16亿,较上年同期净增约5400万,同比增长12%;日活跃用户数增至2.22亿,较上年同期净增约2200万。月活跃用户中约94%为移动端用户。微博首席执行官王高飞表示,微博用户数和活跃度的强劲提升,主要得益于针对微博产品的优化和内容消费体验的提升。② 微博低门槛的平台操作、不对称的用户关系和强社交属性,使微博原创的内容或话题瞬间演化为多方参与并快速传播的信息流。在过去10多年里,微博用户一直保持着相当高的活跃度,成为新闻热点等的主要传播渠道。从发生的各类重大事件来看,几乎都是通过微博登上热搜,无论是热点内容的输出还是品牌事件的曝光,微博完成事件的发酵、深度解读和裂变传播的过程。

根据西瓜数据统计,微博的博主粉丝群体,以年龄为18~24岁的微博用户为

---

① MAU[EB/OL].(2017-06-20)[2021-08-10]. https://baike.baidu.com/item/MAU/960912?fr=aladdin.

② 郭明煜.微博发布2019年第四季度及全年财报[EB/OL].(2020-02-26)[2021-08-10]. https://tech.sina.com.cn/i/2020-02-26/doc-iimxyqvz6003265.shtml.

主,占博主粉丝的48.30%;其次为25~29岁的微博用户,占博主粉丝的27.54%。可以发现,"90后"已成为微博用户的主力军。①

2013年,政府党政机构信息公开制度建设已开始进入微政务时代,政务微博已逐渐成为政府部门发布权威信息、回应民众关切问题的重要平台。截至2013年10月底,经微博平台认证的政务机构微博已达9.2万个,较上一年同期增长104.60%。② 政务机构微博在影响力、传播力和互动性等方面有了较大提升,成为推动社会管理模式创新和社会服务的有效方式。图2.5呈现出了2016—2020年政务机构微博数量的发展变化。

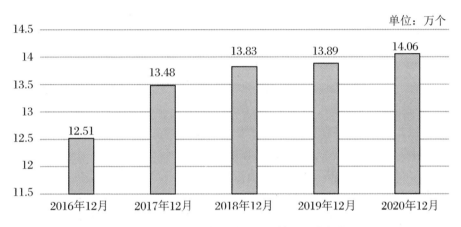

图2.5 2016—2020年政务机构微博数量变化状况

注:数据来自中国互联网络发展状况统计调查。

2016年8月,国务院办公厅印发《关于在政务公开工作中进一步做好政务舆情回应的通知》,要求各地区各部门加强政务公开、做好政务舆情回应,进一步提升治理能力和政务服务效能。③ 截至2016年12月,我国在线政务服务用户达2.39亿,占网民的32.7%。经过新浪平台认证的政府机构微博达12.5万个,较上一年底增长9.06%,在线政务服务使用率已超过线下政务大厅和政务热线的使用率。④

2019年被称为"政务新媒体管理元年",也是微博诞生的第十年。政务微博新媒体使我国政务服务不断走向智能化,已成为政务机构推行政务公开、凝聚社会共识、创新社会治理的重要载体。随着与大数据、人工智能的不断融合,政务机构微博

---

① 2020年Q1季度微博数据分析报告[EB/OL].(2020-04-28)[2021-08-11].https://baijiahao.baidu.com/s?id=1665198895660556250&wfr=spider&for=pc.
② 唐绪军.中国新媒体发展报告:5[M].北京:社会科学文献出版社,2014.
③ 国务院办公厅关于在政务公开工作中进一步做好政务舆情回应的通知[EB/OL].(2016-08-12)[2021-08-11].https://www.gov.cn/zhengce/zhengceku/2016-08/12/content_5099138.htm.
④ 中国互联网络信息中心.第39次《中国互联网络发展状况统计报告》[EB/OL].(2017-01-22)[2021-08-11].https://www.cac.gov.cn/2017-01/22/c_1120352022.htm.

平台服务范围不断扩大,服务内容逐渐精细化,全方位覆盖社会生活的各个方面。

2020年上半年,政务机构微博充分发挥"数字政府"的管理功能,成为优化政务服务的重要渠道。政务微博打通了官方和民间两个舆论场,拉近了政府部门与民众的距离。截至2020年6月,经过新浪平台认证的政务机构微博已达14.06万个。我国31个省(区、市)均已开通政务机构微博,在线政务服务用户达7.73亿,占网民整体的82.2%。①

4. 微信和QQ月活跃用户数发展变化

QQ和微信都是由腾讯公司开发的提供即时通信服务的"微传播"平台。微信自2011年产生以来,随着其公众账号、支付功能、小程序等新服务不断推出,经过10年的发展,已从单纯的通信服务、社交工具演变成多功能的服务平台,已渗透至人们生活的方方面面,用户规模逐年实现强劲增长,用户参与度持续提升。

微信上线后的第三年年底,其全球月活跃用户数达到3.55亿,年增长率为120.50%。如图2.6所示,截至2016年12月,微信的月活跃用户数达8.89亿,比上一年同期增长27.59%。在用户规模上,微信超过同期的QQ,如图2.7所示,截至2016年12月,QQ月活跃用户数为8.69亿,微信成为名副其实的腾讯第一大平台。到2017年底,微信的月活跃用户数接近10亿,且之后几年其增速依然没有放缓,截至2020年6月,微信的月活跃用户数已达12.06亿,与上一年同期相比增长6.44%。

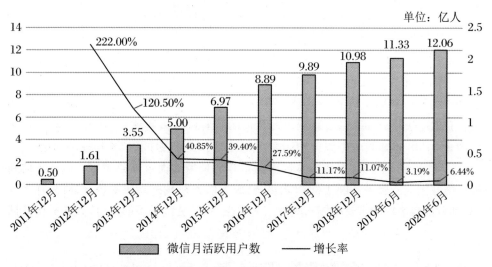

图2.6 2011—2020年微信月活跃用户数变化

注:数据来自腾讯财报。

---

① 中国互联网络信息中心. 第46次《中国互联网络发展状况统计报告》[EB/OL]. (2020-09-29)[2021-08-12]. https://www.cac.gov.cn/2020-09/29/c_1602939918747816.htm.

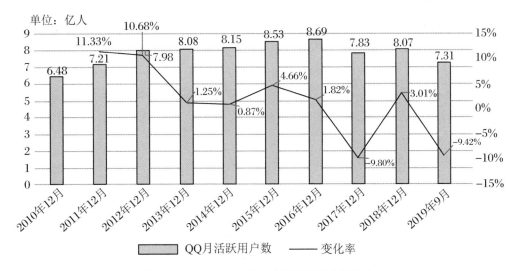

图 2.7　2010—2019 年 QQ 月活跃用户数变化

注：数据来自腾讯财报。

作为头部社交"微平台",广泛渗透的微信已逐渐成为人们生活、工作中的社交工具,目前微信的社交关系链庞大且稳固,用户对其也有一定的依赖。2019年我国网民拥有微信号数量和微信好友数量调查数据显示,97.5%的受访网民都拥有微信号,网民选择微信的三个最主要的原因是"使用便利""功能全面""已养成习惯"。受访网民中,微信好友数量为51～200人的占33.10%,201～500人的占27.20%,好友数量超过1000人的占7.40%。在好友关系方面,在5分制的得分选择中分数靠前的三个分别是"家人亲戚(4.42分)""同学校友(4.25分)""熟人朋友(4.21分)"。并且,微信好友还不断由熟人关系向外拓展,这就促使微信的社交关系链不断扩大且难以被其他社交平台撼动。①

2019年微信数据报告显示,2019年微信小程序平均日活跃用户数达3亿。正是应了这句网络流行语:"放下手机,多和朋友见见面,如果不能线下见面,那我们朋友圈相见。"在深受人们喜爱的"朋友圈"中,很多人都会即兴"晒"出自己的感受。②在2019年全球月活跃用户数App排行榜中,微信居第四,腾讯QQ居第八。③

腾讯QQ作为在我国即时通信和社交网络方面最早出现的"微传播"平台,多年来一直保持较高的用户月活跃度,特别是截至2016年12月底,QQ月活跃用户

---

① 2019年中国网民微信月活跃用户数、微信好友及未来微信发展趋势分析[EB/OL].(2020-02-21)[2021-08-14]. https://m.chyxx.com/view/836124.html.

② Ifanr.2019年微信数据报告[EB/OL].(2020-01-09)[2021-08-14]. https://www.ifanr.com/app/1299482.

③ 2019年全球月活跃App排行榜[EB/OL].(2020-03-13)[2021-08-14]. http://www.inpai.com.cn/news/hlw/20200313/42159.html.

数一直在我国"微传播"App中处于领先地位。QQ在经过了多年的发展后,腾讯公司对其进行了战略调整,2017年QQ开始聚拢年轻用户并朝着娱乐社交休闲平台方向发展,更加注重阅读、游戏、直播等娱乐功能的连接,增强年轻用户的黏度。2019年是QQ诞生20周年,腾讯公司副总裁在腾讯全球数字生态大会上表示,QQ将继续传递有趣生活,传承传统文化,承担社会责任,同时将聚焦社交,在最基础的图片、视频等方面进行持续优化。① 截至2019年第三季度,QQ月活跃用户数为7.31亿。

随着移动互联网的强劲渗透,2012年12月至2020年6月QQ智能终端的月活跃用户数稳步提升,如图2.8所示。特别是2013年,凭借增强用户体验,丰富服务内容,腾讯QQ手机用户群显著扩大。截至2013年12月,QQ智能终端月活跃用户数同比增长73.88%,用户数达4.26亿。腾讯公司公布的2019年第二季度财报指出,手机QQ进行了重要版本更新,加强了语音和视频等不同形式的信息功能,升级了算法,推出的QQ小程序等很受QQ用户欢迎,提高了用户活跃度。① 截至2019年6月,QQ智能终端月活跃用户数达7.07亿。

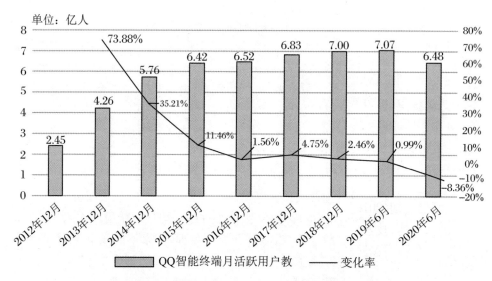

图2.8 2012—2020年QQ月活跃用户数变化

注:数据来自腾讯财报。

5. 微视频的兴起、用户规模的发展及其使用情况

随着网络信息传播技术的持续升级,从网络视频中分离出的微视频产业获得突飞猛进的发展,微视频日益成为受众信息传播、日常表达和文化输出的重要方

---

① 腾讯公布2019年第二季度财报[EB/OL].(2019-08-15)[2021-08-15]. http://science.china.com.cn/2019-08/15/content_40864429.htm.

式。目前,微视频发展形式多样,且还处于快速迭代动态发展中,尚未形成统一的界定标准。

微视频,又称短视频,即短片视频,时长从几秒到几分钟不等,一般在5分钟以内,其基于网络新媒体平台和数字智能应用进行传播,传播内容融合了社会热点、街头采访、技能分享、时尚潮流、公益教育、商业定制等主题。① 不同于微电影,微视频具有制作流程简单、门槛低、参与性强、传播速度快等特点,同时兼具娱乐性、社交性和随意性,比直播更具有传播价值。伴随着移动智能终端的普及和网络提速及资费降低,微视频"短平快"的内容消费模式,深度契合用户"碎片化"的使用场景,推动了日常生活的图像化与视频化。从传播技术的演变历程可以将微视频行业的发展过程分为以下四个阶段:

一是萌芽期(2009—2012年)。随着2009年3G通信技术的正式使用,移动互联网刚刚兴起,国内短视频平台开始出现。如快手,前身为"GIF快手",2012年11月快手从制作动态GIF图片的纯粹应用型工具转型为短视频社区,成为用户记录和分享生活的平台。② 这一时期由于网速、带宽、短视频制作技术等条件的限制,只有少数企业开始使用短视频。

二是成长期(2013—2015年)。2013年12月,4G网络开始使用,我国逐渐进入移动互联网时代,与此同时,国外短视频App大规模上线,成为国内短视频应用模仿的范例。如Twitter旗下的短视频应用Vine上架,支持6秒短视频拍摄;MixBit、Instagram分别推出支持拍摄16秒短视频的功能;Facebook将短视频作为信息流中优先展示的内容,社交网站纷纷将短视频作为重要发展方向。嵌入了社交和移动元素的短视频应用在这一时期迅速发展。国内,新浪微博推出"秒拍";腾讯"微视"8秒短视频软件iOS版1.0初次上线;美图推出"美拍"短视频社区;等等。

三是爆发期(2016—2017年)。2016年,4G网络建设初步完成,在相对成熟的网络带宽、网速、技术、平台和用户等共同作用下,短视频迎来爆发式增长,短视频内容更加多元,开始服务于新闻、政府、专业知识传播等。这一时期,抖音短视频、火山小视频、西瓜视频、好看视频等纷纷上线。2017年,今日头条收购北美音乐短视频社交平台,并与抖音合并,使抖音拥有了"意见领袖"和明星资源,从而实现了用户增长快速。

四是成型期(2018年至今)。经过激烈的市场竞争和行业的大浪淘沙,短视频行业格局初步稳定,抖音和快手成为短视频行业的两巨头,此外,百度旗下的好看视频、全民小视频,腾讯的微视也占据一定的市场份额。随着短视频整体市场的逐

---

① 短视频[EB/OL].(2018-04-11)[2021-08-16]. https://baike.baidu.com/item/短视频/20596678?fr=ge_ala.

② 快手[EB/OL].(2023-11-16)[2023-12-01]. https://baike.baidu.com/item/快手/19678032.

步成熟,内容生产的专业度与垂直度不断加深,优质内容成为各平台的核心竞争力。随着国家"新基建"工程的实施和5G时代的到来,短视频未来将会成为用户进行内容消费的主流渠道,5G带来的万物互联也将会使短视频与更多的应用场景相融合。

随着短视频市场成熟度逐渐提高,短视频用户数一直稳步提升。从图2.9可以看出,截至2020年6月,我国短视频用户数达81786万人,较2020年3月增长4461万人,占网民整体的87.0%。从绝对数量来看,短视频已逐渐成为各类互联网应用的基础功能,在网民中已具有很高的渗透率。青瓜传媒数据显示,2019年中国短视频用户,从年龄来看年轻化趋势明显,35岁以下的用户占79.8%。这一部分人群对短视频的内容质量往往有更高的要求,也追求多元化短规频内容消费方式。①

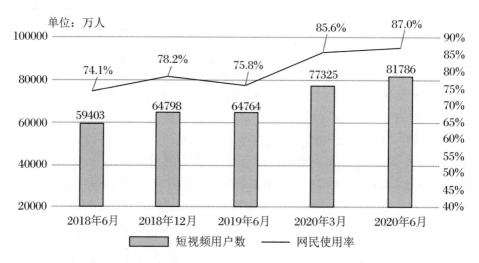

图 2.9　2018 年 6 月至 2020 年 6 月短视频用户数及网民使用率

注:数据来自中国互联网络发展状况统计调查。

短视频可提供大量信息,改变了新闻叙事方式,扩宽了新闻报道渠道。② 此外,生动直观、新颖易懂的优秀短视频作品,突破了语言传播的局限性,更具跨文化传播力,承担起了文化输出的重要使命。

从2018—2020年短视频典型App月活跃用户数来看(图2.10),抖音短视频、快手稳居第一梯队。在2020年6月的短视频排行榜单中,抖音短视频位居榜首,月活跃用户数达6.13亿;快手位居第二,月活跃用户数为4.67亿。2019年全年,

---

① 快手、抖音等短视频竞品分析报告[EB/OL].(2020-05-25)[2021-08-22]. https://wenku.so.com/d/a59dbe816214b2cc74c24ba0a0bdf4c1?src=ob_zz_juhe360wenku.

② 中国互联网络信息中心.第46次《中国互联网络发展状况统计报告》[EB/OL].(2020-09-29)[2021-08-22]. https://www.cac.gov.cn/2020-09-29/c_1602939918747816.htm.

抖音用户打卡6.6亿次,遍及全世界233个国家和地区,记录了176万次迎接新生、18万次高考、38万次毕业和709万场婚礼。① 抖音大多数用户都是内容消费者,而快手用户间的社交互动性较强,更加普惠化。人们常说"刷抖音""玩快手","刷"更多体现的是用户的浏览行为,参与感较弱,而"玩"则体现了用户关注自己喜爱的内容、记录自己的生活等,参与感较强。

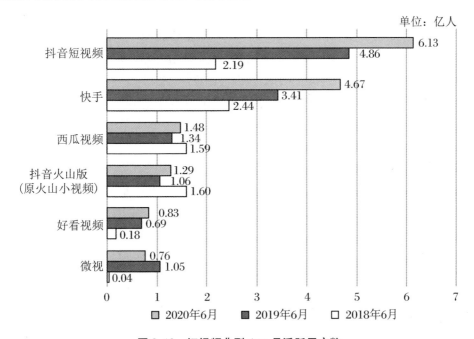

图2.10　短视频典型App月活跃用户数

注:2020年6月的数据来自中国报告网;2019年6月的数据来自亿邦动力网;2018年6月的数据来自比达网。

(三)"微传播"的概念

对于"传播"的定义,国内外学者从不同的侧重点进行了阐述,目前有百种之多,但大多数学者都认为"传播是与他人建立共同的意识"。在传播学中,"传播"被定义为"具有社会性、共同性的人类信息交流的行为和活动"。"微传播"是传播学中的舶来品,是伴随网络传播技术革新而衍生出的一种新型传播媒介,属于网络自媒体传播范畴。它包含以下三层含义:

一是"微"有碎片化之意。"碎片化"一词引入传播学广泛应用于传媒研究是在21世纪以后,其用于描述自媒体传播语境,具有零散性、个性化、去中心化和及时

---

① 抖音发布《2019年抖音数据报告》,日活跃用户已达14亿[EB/OL]. (2020-01-07)[2021-08-22]. https://www.sohu.com/a/365202242_162522.

性等特征,同时反映受众群体多元裂化细分且呈现为碎片化的现象。随着人们生活节奏的加快,无论是信息的接收者还是传播者,都希望以简洁明快的语言信息在碎片化的时间内迅速了解、掌握和传递其内容,适应零散支配的时间需求。

二是信息发布具有自主性。"微信息"的生产、传播、加工等,"微民"可根据个人的喜好来决定,不受任何人的支配,这极大地激发了"微民"参与的热情,体现出强互动性。

三是内容发布具有自由性。发布的"微信息"或"微内容",或是表达当下的一种生活状态、心情和想法,或是转发和评论别人的消息,或是随手拍的"微视频"等,这些都不受时空的限制,只需简单的"微动作"即可完成,因此内容发布往往带有随意性。

目前,学术界对"微传播"的概念界定尚未形成统一定论。学者梁超、孙翰文和李世江认为,"微传播"是一个宽泛的概念,它是以网络信息技术为传播载体,以手机等客户端为传播渠道,向民众提供个性化、便捷化信息服务的新型传播媒介。[1] 学者于孟晨、苏倩和孙钟伟认为,"微传播"是指以手机等"微介质"作为传播渠道,以微博、微信等方式,通过简单的按键和鼠标等"微动作"向"微受众"传播"微内容"。[2] 这些定义是从"微传播"的信息传播属性或传播特征角度来进行内涵界定的。要准确阐释"微传播"的内涵,需要从"微传播"的基本构成要素入手对其进行全面的分析。

"微传播"作为传播大类中的一种,它的构成应包含一般传播所具有的元素,即包括传播主体、传播渠道(或媒介)、传播内容、传播客体(或受众)和传播效果(反馈)等五个基本要素,实施"微传播"行为需要这五个方面相互作用。为此,将"微传播"界定为"微传播"主体通过"微媒介"(如"三微一端")传播碎片化和随性化的"微信息"并实现"微受众"实时互动、高效传播的一种新型传播形式或传播活动。在"微时代"中,"微传播"接地气,贴近"微民"的"微生活",信息传播形态多元,更能满足"微民"的"微需求"。

二、"微传播"的主要特征及社会效应

(一)"微传播"的主要特征

"微"就是"微传播"的核心特质,从信息生产与传播的角度来看,与其他网络传播相比,"微传播"具有独有的属性,主要呈现"七微"的特征:

---

[1] 梁超,孙翰文,李世江.微传播视角下主流意识形态话语权:理论内涵、现实困境及构建理路[J].宜春学院学报,2017,39(11):5.

[2] 于孟晨,苏倩,孙钟伟.微传播对大学生意识形态安全建设的影响及对策探讨[J].理论导刊,2017(2):5.

1. "微语系"表达

"微语系"表达指 140 字以内的微博,几分钟甚至几十秒的微电影,不足 200 字的微小说,或是一两句或一小段话的"微言微语",也可以是一个表情符号、一张图片等"微内容"语系。表达内容虽"微"但传播意思丰富,便于"微民"快速生产、传播、接受和阅读,可随时随地进行互动。

2. "微动作"操作

信息传受双方的现实传播空间存在于键盘、鼠标、手机等"微媒介"中,手指轻轻点击或触碰就可完成对信息的获取、生产、发布、关注或评论等。"微动作"改变了民众的信息传播方式和人际沟通手段,充分体现出"微传播"快速、渗透强、扩散广的特点,也加速了"微传播"的发展。

3. "微路径"传播

凭借智能手机、平板电脑等移动终端及 App 就能实现信息的快速传播。[①]

4. "微圈子"受众

"微圈子"指"小众型"微社区或朋友圈,其中青年"微民"最多。"微传播"受众对象类别细分化,不同"微受众"对应不同的需求,形成不同的"微圈子",信息传播受众明确、需求清晰、定位精准,能更好地满足"微受众"个性化的"微需求"。

5. "微舆论"效应

每个"微主体"发出微不可闻的声音,做着微不足道的事情,产生"微影响",但在强信息交流互动中极易汇"微"成"巨",引发"蝴蝶效应",形成强势的舆论导向,最终以一种"微方式"创造"微动力"影响整个社会的话语传播体系。

6. "微文化"生态

如今生活中处处无"微"不在,产生以微新闻、微电影、微小说等为代表的"微文化"产品,以及以"微"见长的微支付、微广告、微营销、微信用和更具表现力的"微信抢红包"文化、微视频、语音拜年等新兴"微生活"形态,这些在潜移默化间重新定义了我们的生活。

7. "微社会"关系

加拿大著名学者马歇尔·麦克卢汉提出"媒介即讯息"理论,即传播主体拥有什么样的媒介决定了他接收或传递什么样的信息,将处于一种什么样的社会关系当中。"微主体"通过"微媒介"的使用自身被网络化,置身于媒介信息网络与传统社会网络相融合的新型网络社会关系之中。在这个新型网络社会关系中,"微媒介"号码就成为了"微主体"的象征,传播者自身被抽象为不同的独特信息符号,使信息和人达到高度一体化,"微主体"通过"微媒介"号码表达和组织自身的网状媒介关系,即"微社会"关系。

---

① 徐礼堂.高校掌控"微空间"主流意识形态话语权方略[J].吉林师范大学学报(人文社会科学版),2020(4):109-115.

(二)"微传播"产生的社会效应

传媒界著名学者马歇尔·麦克卢汉曾指出,"媒介是推动社会发展的基本动力,是区分不同社会形态的重要标志,每一种新媒介的产生与运用,都宣告一个新的时代来临。""微传播"是顺应时代发展的必然产物,它的产生推动着社会结构的变革和文化发展,对政治、经济、社会、生活等各领域都产生极大的影响。

1. "微传播"产生的积极社会效应

(1) 重塑信息传播格局,丰富"微民"生活形态

"微传播"打破了传统信息传播自上而下的"中心化"模式,使"微民"在一种更加开放、包容、自由、平等的环境中进行沟通与交流,人人都可成为信息源,每个人既是信息的发布者又是信息的接收者,原来处于弱势群体的网民都可获得属于自己的话语权,扩大自身的影响力。并且,可以建立"微民圈层",自由地抒发情怀,讨论感兴趣的话题,提升个人体验;可以基于自己的兴趣、目的和喜好选择自己关注的信息,实现大量碎片化信息的高效聚合。"微传播"突出的信息传播即时性、便捷性和强交互性,激发了"微民"内心潜在的表达欲望,进一步促进"微民"参与到信息发布、传播与交流的活动中,并彰显自我个性。

"微传播"已成为强大的社会化媒体,不仅改变了网民信息的获取方式、阅读习惯,也改变了人们的话语思维方式,丰富了"微民"的生活形态。随着移动智能设备的升级发展,"微传播"媒介的运用已渗透到日常生活和工作的方方面面,形成了独特的"微话语"表达形式。

(2) 打造"微营销"模式,实现低廉成本运营

对于企业来说,"微传播"无疑能产生巨大的商机,打造"微营销"模式,精准定位目标客户,宣传推介企业产品和文化,做好品牌推广,可大大降低运营成本。

企业可根据"微民"的基本信息,如爱好、性别、年龄、消费能力等进行分类别聚合分析,再通过微信公众号精准推送企业产品信息,并运用"微传播"多种形式的传播方式对产品进行宣传介绍,让"微民"更详细、形象地了解自己的产品与服务。对于产品信息,不仅"微民"间可进行转发、评论,让其他"微民"从中了解产品情况,而且若要得到网络"大V"或"意见领袖"的支持,宣传的影响面会迅速扩散,企业产品的可信度会大大提高,营销效果会更好,这与传统的广告或其他网络宣传营销相比,能实现以最小的投入获得最大的产出。一旦遇到有损企业形象或关于产品的负面新闻,"微传播"可作为处理危机公关的平台,在第一时间迅速进行解释澄清,以最大限度地减小负面影响。此外,"微传播"媒介还可作为企业产品售后服务平台的延伸,在线为客户答疑解惑,提高为客户服务的效率,在一定程度上节省了企业运营成本,简化了客户服务流程。

总之,"微营销"模式不但成本低廉、目标精准、效率更高,而且在营销过程中调

动了客户主动参与的积极性,强化了企业与客户间的关系。目前,"微营销"已蓬勃发展,服务于社会生活的各个领域。

(3) 搭建社会监督渠道,促进"微民"民主参政

"微传播"平台开放、透明的言论表达机制,开启了"微民"畅所欲言与平等交流的新时代,拓宽了"微民"公共参与的途径与方式,搭建了"微民"民意表达与民众监督的新渠道。

通过"微平台","微民"可监督政府部门在公共事务和公共决策中的态度与政治倾向,维护自身的合法权益,并提出对一些问题的看法与建议。在一些重大社会事件的报道上,可引发"微民"广泛参与,从自由讨论中更深层次地看清事件的本质与问题,可在一定程度上扩大民众进行社会监督的广度与深度。特别是在对发生的一些社会热点事件的处理上,通过"微民"的围观、关注、热议、转发等形成一个强大的"民间舆论场",从而有力地推动有关部门快速、公平、公正地解决事件,这说明"微传播"在一定程度上起着社会舆论动力的作用。虽然每个单独个体的声音很微弱,但集聚在一起就形成了一种不可忽视的舆论力量,影响政府部门公共决策的进程。

(4) 开启"官微"政务平台,创新政府治理方式

随着"微传播"的发展,政府部门的执政环境发生了深刻的变化,政务微博、政务微信等"微政务"平台为推进政务公开、倾听民情民意、实施阳光行政和创新政府社会治理提供了新路径,对促进政府决策的民主化与科学化、提升政府部门的服务职能、引导新闻舆论导向、树立政府新形象等都具有积极的作用。

开通政府官方微博和微信,运用社交媒体的即时性、交互性和针对性等特征,一方面可通过"官微平台"推送国家的方针政策和政府部门的决策部署,实现政务信息公开;应用"微政务"简化民众业务办理流程,提高政府部门的办事效率,拉近政府与民众的距离,增加民众的满意度,提升政府的公信力,打造服务型政府。另一方面,通过"官微平台"了解众声喧哗的舆情动态,抢占舆论制高点,扼杀流言蜚语,并在第一时间把握突发事件的进展,掌控舆情主动权,以最大限度地安抚民众情绪,传播正能量,化解危机。

(5) 加速主流媒体"微"转型,促进新旧媒体融合

"微传播"时代的到来引起传统媒体的深入转型和发展。移动新闻客户端的"微传播"媒介已成为民众获取新闻资讯的主流渠道,信息传播便捷迅速,符合新闻播报的实时性要求,并已成为一些突发事件和社会热点问题公布的第一站,而且信息报道的现场感、新闻背景的真实性进一步增强,"人人皆媒体"的信息发布方式,使新闻报道从原来的一种专门的职业行为转变为社会大众的公共行为。传统媒体纷纷推出新媒体战略,并加速与新媒体融合,拓展传播空间,创新播报形式,同时"微传播"媒体凭借技术优势整合传统媒体资讯再传播。媒体融合发展已成为传媒

领域一场重大而深刻的变革。①

目前,我国已形成多元媒体共生互融的发展态势,各大主流媒体纷纷创立公众号进入"微传播"领域,如《人民日报》、新华社和央视新闻等创立的"微传播"平台与国家级政务微博、政务微信、政务微视频一起共同组成了"微传播"国家队,依托其公信力、影响力和强大的传播力,对传播主流价值思想、净化舆论环境和促进舆情生态健康发展发挥着重要作用。

2014年8月18日,中央全面深化改革领导小组第四次会议审议通过了《关于推动传统媒体和新兴媒体融合发展的指导意见》,习近平总书记在会上强调,要充分运用新技术、新应用创新媒体传播方式,着力打造一批形态多样、手段先进、具有竞争力的新型主流媒体,形成立体多样、融合发展的现代传播体系。②

2. "微传播"产生的负面社会效应

"微传播"自媒体的特性以及信息传播监管等方面的因素,在给人们带来便捷与希冀的同时,也带来一些负面影响。

(1) 鉴别机制的缺失,易导致"微信息"真伪难辨

"微传播"虽扩大了"微民"的话语空间,但增加了辨识难度。"微传播"低门槛的信息传播,话语主体的大众化与草根性,信息传受一体,人人可以表达、参与、分享,这种非线性的网状话语传播结构,突破了话语传播的"中间关口",打破了传统媒体由中心向边缘扩散、话语权垄断的传播格局③,去除了内容发布的审核机制,降低了对传播者业务能力与职业素养的要求,加速了"草根"群体传播者的泛滥。

(2) "微舆论"极度狂欢,易引起群体情绪激化

"微叙事""形象叙事""娱乐叙事"虽符合"微平台"的高速信息生产以及青年"微民"的心理特征,但冲击了"微民"的认知体系和理性思维。"泛娱乐化"的话语表达方式,零碎的只言片语之间缺乏逻辑性和关联性,割裂了原来话语的整体性,不能形成话语体系,很难构建整体性认知,易造成理解上的偏差,弱化了"微民"理性思维的判断能力,进而影响其价值取向,在一定程度上助推了偏激情绪和非理性观点的蔓延与扩散。再加上,当前我国正处于经济社会转型发展的快速上升期,社会阶层结构和利益格局正在分化,不同利益主体的诉求和先进与落后思想的矛盾

---

① 刘奇葆. 加快推动传统媒体和新兴媒体融合发展[EB/OL]. (2014-04-23)[2021-08-20]. http://politics.people.com.cn/n/2014/0423/c1001-24930310.html.
② 赵光霞,燕帅. 习近平:推动传统媒体和新兴媒体融合发展[EB/OL]. (2014-08-18)[2021-08-20]. http://media.people.com.cn/n/2014/0818/c120837-25489622.html.
③ 徐礼堂. 高校掌控"微空间"主流意识形态话语权方略[J]. 吉林师范大学学报(人文社会科学版),2020(4):109-115.

在"微空间"中被放大①,极易产生偏激情绪。于是,少数别有用心者就利用"微民"情绪化的即时表达和浅阅读产生的偏差,通过"微平台"趁机发布煽动性的极端言论,夸大事态,散布谣言,扭曲某些问题的真相,以引起群体极化,形成舆情危机。如果这时有网络"大 V"或"意见领袖"的参与,其传播力和影响力就会进一步扩大,进而破坏社会的和谐稳定。

(3)"微媒介"依赖症,易造成人际关系冷漠

随着信息传播技术的创新发展和移动通信设备的应用普及,如今微博、微信等"微传播"媒介已占据人们全部的碎片化时间,同时手机智能化的应用功能更加齐全,如看电子书、浏览新闻、聊微信、刷微博、玩游戏、网上购物等,手机在给民众带来便捷的同时,也不知不觉地将民众"囚禁"于其中,"微媒介"依赖症已成为现代通信技术革新的"后遗症",成为人们特别是年轻人的"通病",技术异化现象表现非常突出。亲戚或朋友们在一起,全都低头玩手机,沉默不语,手机成了精神依托;在很多公众场合,大部分人都在手机上看视频、发语音、回微信等。"世界上最遥远的距离,就是我在你身边,而你却在玩手机,对我不问不顾"这句网络流行语真实地刻画了这种情景,形象地描述了在"微传播"时代人们的生产和生活已日益被数字化和符号化,虚拟交往占据了真实生活,人们很少愿意花时间与朋友、父母等促膝交流,人与人之间的现实交往变得越来越少,情感变得越来越淡薄,人际关系也显得越来越不真实,社会生活缺少了应有的生机与活力。这从一定意义上讲,现代的人们正被"微媒介"的虚拟网络所"绑架",微博已成为"危博",微信已变成"危信","微时代"变成了现实人际关系的"危时代"。②

三、互联网"微空间"的概念及其场域特征

(一)互联网"微空间"的概念

网络空间,又称信息空间或赛博空间,由科幻作家威廉·吉布森于20世纪80年代初在其短篇科幻小说《燃烧的铬》中首次提出,意指与现实世界空间对应的、由计算机和通信线路共建的虚拟信息空间,且这个虚拟数字世界影响着人类的现实物质世界。

随着互联网技术的不断更新与发展,互联网与移动通信技术进一步融合,网络应用与服务逐渐由PC端发展到移动终端,产生了移动互联网,于是基于移动互联网技术的人类进行交往实践活动的虚拟共同体——"移动网络空间"便应运而生。

---

① 徐礼堂.高校掌控"微空间"主流意识形态话语权方略[J].吉林师范大学学报(人文社会科学版),2020(4):109-115.

② 王锁明.微传播的社会效应及其治理[J].人民文摘,2014,7(5):101-106.

"微空间"即"微媒介"空间,亦称移动网络空间,其主要依托移动终端通信设备,以微博、微信、QQ等App为技术平台,以"微信息""微新闻""微视频""微表情"等以"微"见长的各种"微产品"为主要内容,用信息符号和数字化展现现实世界的新型网络媒介环境空间。

人类历史上的每一次媒介技术变革,都会形塑出一种新的信息传播结构和新的信息空间。世界著名媒体文化研究者尼尔·波兹曼在其著作《童年的消逝》中指出,"一种信息传播的新方式所带来的社会变迁,绝不止于它所传递的内容,其更大的意义在于,它本身定义了某种信息的象征方式、传播速度、信息的来源、传播数量以及信息存在的语境,从而在更深刻的层面上影响着特定时空中的文化以及对真理的看法"。[1] "微空间"的崛起改变了人们的思维方式与行为习惯,营造出了一个全新的舆论场域和文化场景,影响着整个社会的资源配置方式。

(二)"微空间"场域特征

"微空间"是信息时代新兴的话语场域,构建了一种新型的话语模式,从其信息传播过程和传播环节来看,具有如下话语体系传播特征:

1. 话语主体的平等性与大众化

在传统媒介话语空间中,话语生产主体受身份地位、文化教育水平等一定条件的制约,普通民众一般很少有话语生产机会,并且话语内容还需经过媒体"把关人"的审核。"微空间"创设了一个机会和权力更为均等的言论平台,形成了全新的话语传播方式和人际沟通手段,在话语生产、传播、接受等过程中,"微民"身份的草根性和大众化特质凸显,人人均可以自由化或个性化地与其他"微民"进行信息交流与互动,议程不受媒介设置,每个人可以自由地参与公共事务的讨论,平等地表达自己的思想观点,热点事件也完全是大众选择的结果,脱离了传统媒介话语身份的组织控制,形成了"人人即媒体"的话语传播格局。话语主客体在信息交流的过程中拥有平等的话语权,在话语互动性增强的同时也实现了主客体间角色的转换,使话语权进一步得到有效的实现。

2. 话语形式的多样性与碎片化

"微平台"信息流动性极强,上一秒产生的热点信息很快就被下一条信息所替代,迅速淡出"微民"的视线。信息的高速流动性催生了碎片化话语的产生,区别于传统传播语境的宏大叙事、严肃的知识逻辑,这正符合现代人们快节奏生活、"快餐式"交流和浅层次阅读的习惯,于是海量的只言片语充斥着"微空间"。但有些"微言微语"往往富有丰富的含义、语境和背后的故事,形式虽"碎",意蕴却"深"。碎片化话语语境的形成,在一定程度上也反映出现代社会碎片化的特征和价值体系多

---

[1] 尼尔·波兹曼.童年的消逝[M].吴燕莛,译.桂林:广西师范大学出版社,2004.

元化的时代背景,同时又迎合了差异化的多变受众的需求,体现出信息传播模式的变革。简洁化的话语呈现出多样化的表达形式,图片、简短的音频、视频、文字和表情符号可以灵活组合,使"微空间"的话语形式立体多样,富有感染力,深受青年"微民"喜爱。

3. 话语传播的高效性与交互化

实时强交互性、开放平等性是"微空间"话语传播的典型特征,突破了传统的自上而下、点对面的单向传播模式。与其他媒体相比,"微空间"话语平台可以直接向指定用户进行对话并定向交流信息,也可以直接或者通过转发、评论等形式发送信息至"微朋友圈",吸引更多其他用户关注或转发,最终实现"点对点""点对面""面对点""面对面"等多样性交叉的话语传播模式。信息不再是熟人圈内的传播互动,其可以在极短的时间内实现传播者和受众间以及受众与受众间的交互,使每个人都可成为导演和主角。例如,微信有三种传播方式,即朋友圈传播(信息的发布、转发、点赞、评论)、信息接收(订阅号、服务号等微信公众号)和好友间传播(私聊、群聊)。在这种传播模式中,可以使话语在去中心化的基础上实现"再中心化",突破了传统网络媒体,瓦解了去中心化的话语传播现象。因此,通过"微平台"可以进一步提升对社会热点事件或突发事件的关注度或处理反应速度,及时正确地引导舆论导向。

4. 话语效应的裂变性与聚合化

"微空间"信息传播已不是传统的线性传播方式,而是呈现网状、环状、树状等点对点的模式,其扩散速度、深度、广度是传统媒体无法比拟的。一条信息经过"核裂变式"多重传播,可以积水成渊,个体意识汇聚成整体洪流,形成聚合力量。一人发布信息,通过自己的"微朋友圈"或"粉丝",再在他们的社会"微圈子"中进行裂变式分散传播,一直进行下去,传播广度无限延伸,传播范围瞬间扩大,使传播规模和数量呈几何级增长,热点即刻出现。一条"草根"的信息或一个事件的某个观点经过裂变式多重传播,汇聚成强大的意见流并形成舆论的一致性,最终影响事件的处理和舆论的引导。当然,在话语传播过程中,每个人都以个人的需要或喜好为衡量标准来决定是否转发和评论。[①]

第二节 高校主流意识形态话语权的核心概念

高校主流意识形态话语权是本书研究的关键词之一。本节对"话语权""微空

---

① 徐礼堂.高校掌控"微空间"主流意识形态话语权方略[J].吉林师范大学学报(人文社会科学版),2020(4):109-115.

间'话语权'"意识形态话语权"的概念进行分析,以便科学地把握其内在含义和所表现出的外在特征,同时对"话语权"与"意识形态"之间的内在关系进行厘清,从而为"我国主流意识形态话语权""高校主流意识形态话语权""'微空间'意识形态话语权"概念的内涵与外延界定以及其价值意蕴的分析奠定研究基础。

一、主流意识形态话语权概念分析

(一) 话语权的概念

1. 话语权的内涵分析

从词的构成上看,"话语权"由"话语"和"权"两部分组合而成。因此,阐释"话语权"的内涵需要对"话语"和话语中的"权"的意蕴进行探究。

(1)"话语"的释义

话语产生于人类社会活动的交往实践,是人际交流沟通的媒介工具。国内外学者对"话语"的认识和研究由来已久,按照不同研究者的研究目标、研究方法以及研究侧重点不同,他们对"话语"给予了不同的诠释。主要有以下三种学科领域视角的分析:

一是从语言学角度。"话语"一词最初属于语言学范畴。1952年,美国结构主义语言学家哈里斯在其发表的《话语分析》一文中指出:"语言不是在零散的词或句子中发生的,而是存在于连贯的话语中。"[1]这是最早对"话语"含义的研究,注重强调话语是包含一定语法和音位规则结构的语言符号系统的集合,但没有释义话语中蕴含的意义或内容。《中国百科大辞典》中将"话语"释义为"能够完整地表达一定意识或者思想的文句"[2],强调了话语是言语表达的思想内容,是言语和思想的融合体。

二是从传播学角度。传播学家认为"话语"是言语者表达思想、传播信息内容的媒介或载体,呈现着言语者表达思想的形式。人类的认知及实践活动的过程总要通过"话语"这一中介来传输,任何阶级和集团的思想理论、价值观念、意识形态等都由一定的话语形式表达出来,话语是其承载的工具。

三是从社会学角度。20世纪80年代以来,话语的运用和研究已突破语言学范畴,得到进一步延伸。话语不仅仅是人们交往活动中的言语实体,同时还体现出一定的社会性,蕴含着复杂的权力关系。正如法国哲学家米歇尔·福柯所言:"话语由符号构成,但是话语所做的,不只是使用这些符号以确指事物。"在福柯看来,

---

[1] Brian, David, Hodges, et al. Discourse Analysis[J]. BMJ (Clinical Research ed.), 2008, 337(337): a879.

[2] 中国百科大辞典编委会. 中国百科大辞典[M]. 北京:华夏出版社, 1990.

"话语"反映并构建了话语对象。也就是说,话语主体通过话语实践活动表达所在阶层的政治主张并维护其社会利益,以此确立和巩固其社会地位,并为其他社会成员所认可。因此,话语是形成和构建社会秩序或社会关系的重要方式。英国语言学家诺曼·费尔克拉夫在其1993年出版的话语分析代表作《话语与社会变迁》中,将话语分析和社会理论结合起来,阐释了社会变化的多向度话语分析方法。他指出,从社会意义上看,话语有助于社会身份、社会关系、知识和信仰体系的构建,同时作为社会实践的话语实践,它又是建立、维护和改变权力关系的社会实体,强调了话语的社会功能与价值。

综上所述,我们可以将话语的概念界定为:话语是人类在交往实践中通过一定的语言规则建立的承载意义和内容的建构性的语言符号系统。

(2) 话语中"权"的意蕴

从语义学上看,"权"的内涵包含"权利"和"权力"两个基础语义。其中,"权利"与"义务"相对,属于法律概念,指公民和法人依法行使的权力和享受的权益。"权力"属于社会学词汇,一般指某个特定主体因具有某种优势而产生的对他人或社会的影响力和支配力。因此,对话语中"权"的理解应包含以下两个基本含义:

第一,具有发表见解的话语资格和权利。从法理上看,这是公民的一项基本权利,每个人依法享有陈述观点、表达意见以维护自身利益或意志的资格,平等地享有话语权。这也是目前国内大多数学者对话语权界定的视角。如学者白立新[1]指出,"话语权是指个人或组织说话和发言的资格",郑保卫教授从新闻学的角度认为话语权是"公民运用媒体对其关心的国家事务、社会事务及各种社会现象提出建议和发表意见的权利,是公民的一项不可让与和不可剥夺的民主权利"。[2] 米歇尔·福柯也指出,"人类的一切知识都是通过话语而获得的,人与世界的关系是一种话语关系,任何脱离话语的事物是不存在的。"话语的实践过程是话语主体通过话语与他人、社会和自然建立权利关系的过程。从这个意义上看,话语权正如法国社会学家皮埃尔·布迪厄所指出的,话语"并非单纯的'能说',更意味着有权利说,即有权利通过语言来维护和行使自己的权力"。[3]

第二,具有影响和掌控话语的权力。即话语主体通过一定的方式和手段对话语对象的影响力和支配力,这种话语的影响力和支配力实质上就是话语权力。后现代思想家米歇尔·福柯最早提出"话语即权力"的观点,指出话语一方面体现着社会权力关系,话语的表达和作用的发挥都需要权力的支持,并依靠一定的阶级力量和社会权力来得以实现。另一方面,权力是话语音量的调控器,权力影响、支配和创造着话语。因此,"话语既可以是权力的工具,也可以是权力的结果。话语传

---

[1] 白立新.略论党的意识形态工作话语权的内涵与本质[J].思想政治教育研究,2015(5):4.
[2] 贾奎林.谁在说话?浅析话语权现状[J].新闻爱好者,2007(4):2.
[3] 牛淑婷.从话语权角度看公民利益的维护[J].法制与社会(旬刊),2012(5):2.

递、产生着权力,强化了权力,但同时也削弱了其基础并暴露了它,使它变得脆弱并有可能遭受挫折"。① 故以权力为切入点对话语进行分析,探究话语背后的运行机制,增强话语蕴含的现实力量,牢牢掌握网络"微空间"的话语权,是本书研究的主旨所在。

(3) 话语权的内涵及其特征

通过上述分析,可以把话语权的内涵界定为:话语权是话语主体表达观点、意见的基本话语权利和对话语的掌控、主导权力的有机统一。话语权利是话语权拥有的前提,如果没有表达观点和意见的基本话语资格、能力和权利,就不可能实现对话语的掌控和支配的权力。同时,话语权力是话语权构成的核心,"权利与地位之争就是对话语权力的争夺,语言控制权(即话语权力)实际上是一切权力的核心基础"。② 谁掌握了话语权,谁就拥有了引领社会思潮和控制社会舆论的权力。

从话语权的内涵可以看出,话语权具有三大特征:第一,话语是话语权的载体。话语包含一定阶级或集团的文化和价值观念,通过话语宣传其阶级思想,表达其利益诉求。第二,话语权实质上是一种思想领导权和掌控权。马克思指出:"统治阶级的思想在每一时代都是占统治地位的思想。"③在这里,"占统治地位的思想"实际上就是种话语权。统治阶级主导国家话语权,宣扬其政治观点和主张,从而实现对社会政治、经济、文化的领导和管理。话语权成为统治阶级掌控和巩固统治地位的重要手段。第三,话语权是一种"软权力",具有非强制性。虽然话语权表现为话语的控制力,但这种控制力的实现并非通过命令和强制的方式,而是要构建一套有效的话语体系,通过其自身的说服力、影响力和感染力来引导社会心理和主流价值取向。

2."微空间"话语权概念

随着网络信息传播技术和数字技术的不断发展,互联网已与人们的社会生活深度融合。网络"微空间"已成为人们除了物理空间外的第二生活空间,形成了一个全新的话语场域,为公众搭建了更加自由而开放的话语表达平台。"微空间"话语权同样具有话语权利和话语权力双重属性,但与现实空间中的话语权利和话语权力相比,既有相关性又有很大不同。

"微空间"话语权利是话语主体在虚拟空间中自身基本权利的自主彰显。"微空间"中话语的自由性、平等性和匿名性等传播特点,可实现"微民"表达意愿的话语权利,并从现实空间上的单边输入,变成不同阶层和利益群体多元参与的强互动性,形成现实和虚拟两个空间交相呼应的新的话语传播模式。

"微空间"话语权力是"微民"在"微空间"话语权得以实现的保障,是指"微民"

---

① 福柯.性史[M].张延琛,等译.上海:上海科学技术出版社,1999.
② 罗宾·洛克夫.语言的战争[M].刘丰海,等译.北京:新华出版社,2001.
③ 马克思,恩格斯.马克思恩格斯文集:第1卷[M].北京:人民出版社,2009.

对某一社会现象、问题或某种利益诉求发表言论、表达观点时在排斥异己言语的过程中所产生的话语影响力。法国后结构主义哲学家米歇尔·福柯指出:"在有话语的地方就有权力,权力是话语运作的无所不在的支配力量,社会性的和政治性的权力总是通过话语去运作。"①但"微空间"中话语权力的实现不同于物理空间,"微空间"话语权力的大小、强弱与"微传播"信息技术资源的占有量多少、掌控力的大小以及"微传播"话语体系的构成是否科学直接相关。所以,在现实空间中拥有话语权力,在"微空间"环境中却不一定能拥有相应的话语权力。此外,在现实世界中每个话语主体的影响力往往很有限,但在"微空间"环境中产生共鸣的"微民"意志表达,能瞬间产生舆论声浪,形成强大的影响力。

综上所述,"微空间"话语权的含义为,在一定的"微传播"环境与机制下,产生具有现实影响力的"微话语"主导权、传播权和领导权。主要表现为"微话语"主体整合运用"微传播"信息技术资源,创建有效的"微传播"话语体系,引导"微民"舆论走向,产生一定的现实影响力。

(二) 意识形态话语权的概念

1. 意识形态话语权的内涵分析

马克思、恩格斯在《德意志意识形态》一书中指出,人类的全部社会政治结构和观念的意识形态都产生于人类现实生活的物质实践,其与人类现实生活之间的关系就像在照相机中一样是倒立成像的。②《中国大百科全书》中关于"意识形态"一词的释义如下:意识形态"是社会意识诸形式中构成观念上层建筑中的部分。在阶级社会中,意识形态具有阶级性,集中体现一定阶级的利益和要求"。③ 所以,意识形态是阶级社会的产物,产生于一定的经济基础之上,集中反映一定阶级或集团根本利益的思想观点、价值体系及理论学说。人类社会发展史也就是意识形态形成、发展、变迁的历史。意识形态本身具有阶级属性,揭示了意识形态必然与阶级权力、话语权有着不可分割的关系。

当前在社会科学研究领域,意识形态话语权方面的研究已是一个热点话题。但学者们目前对意识形态话语权概念的界定,尚未达成共识。

意识形态话语权不是"意识形态"和"话语权"两个概念的简单叠加,而是二者的有机统一。一方面,任何一种话语的生产,其内容、形式和倾向都是对某种权力的凸显,而这种权力关系的系统再现,均映射出强烈的意识形态特点。另一方面,所有阶级或集团意识形态的呈现总需借助某种话语体系予以表达,以凝聚社会共识,引领社会发展,即掌握社会意识形态的领导权和管理权。其关系具体表现

---

① 王一川. 语言乌托邦[M]. 昆明:云南人民出版社,1994.
② 马克思,恩格斯. 马克思恩格斯文集:第1卷[M]. 北京:人民出版社,2009.
③ 中国大百科全书编辑部. 简明大不列颠百科全书:第9卷[M]. 北京:中国大百科全书出版社,1986.

如下：

第一，意识形态是构成话语权的重要内容。作为观念上层建筑，意识形态是带有权力色彩的复杂的话语。一定阶级或集团话语权的实现程度取决于代表该阶级或集团利益、体现时代特征和民族文化特色的话语体系的科学性，而该话语体系的根本内容就是该阶级或集团的意识形态，这构成了其话语权的基础和重要内容。没有话语体系支撑的话语权建设，无异于纸上谈兵、空中楼阁。

第二，话语权是意识形态的外在表现形式。在阶级社会中，任何阶级或集团的意识形态必然要通过其话语权表现出来，并借助话语权渗透到社会生活中，实现其指导地位，维护其根本权益。"主义之争、意识形态之争，绝不是思想观念的斗争，而是由谁执政、为谁执政、如何执政的制度选择"[①]，是话语权之争。所以，话语权是任何阶级或集团实现其意识形态思想领导权的方式。

历史和实践证明，掌握国家政权的统治阶级如果不对意识形态国家机器行使其领导权，那么它的政权就难以长久维持。法国马克思主义哲学家阿尔都塞·路西指出，政治统治的合法性不能仅靠暴力方式的"镇压性国家机器"来维持国家对社会的统治，必须通过制度化的"意识形态国家机器"来论证其合理性和正当性，以维持民众对既存政治秩序的理解、认同和信仰，从而将特定阶级或集团的特殊利益变为"多数同意"的普遍性公共利益。由此可见，意识形态话语权已然成为一个国家或阶级必须着重强调且有力掌控的维护其统治地位的"软力量"。

故此，意识形态话语权就是一定阶级或集团从自身利益出发，通过构建一套特定的话语体系，引导社会成员认同和接受其思想观念与价值取向，以引领社会思潮，实现其对社会形态的领导力、控制力和影响力。

2. "微空间"意识形态话语权概念

马克思指出，社会存在决定社会意识。某种社会意识形态的形成与发展总是反映着该意识形态所处的现实社会的属性，有什么样的社会存在形式，就有什么样的社会意识形态。在网络传播技术的社会化发展进程中，"微传播"媒介本身已成为一种社会意识形态新样式，其形成的"微空间"已成为人们的第二生活空间，对人们的认知方式、思维习惯以及价值观念的形成等产生深刻的影响。"微空间"意识形态与传统意识形态相比，具有其自身全新的特征，具体如下：

其一，"微空间"意识形态强技术性。"微空间"是由网络信息传播技术的发展而形成的线上虚拟社会空间，其意识形态生成的场域自然需要一定的硬件和软件技术的支持。硬件技术是其生成的物质基础，如电脑、通信设备等。软件技术，如信息的处理、图像的制作、网页的设计等，为"微民"进行思想交流、信息沟通搭建平台。由此可以看出，要掌握"微空间"意识形态话语权，必须有较强的软件、硬件技

---

① 侯惠勤.马克思主义的意识形态批判与当代中国[M].北京:中国社会科学出版社,2010.

术的保障。

其二,"微空间"意识形态强交互性。"微空间"意识形态是"微民"思想价值观念体系的呈现,在相互不断的信息交流中发生着思想认识的变化。"微民"在"微空间"中的互动类型主要有"微民"个体间的互动,"微民"个体与微信群、QQ 群等群体间的互动以及群体与群体间的互动三种。无论是哪种类型的互动,"微民"在信息交流中往往经历四种情形的思想意识变化过程:一是平等地进行信息交流。"微民"在相互交流中表达自己的观点与想法,了解他人的思想观念,丰富自己的思想意识。二是主动思考,选择改变。在"微民"彼此相互交流的过程中,有与自己的观念相一致的,也有相冲突的。对于不一致的思想观点,"微民"会进行取舍,有些方面经思考后原来的思想意识会发生变化。三是被动地接受并改变。在"微空间"中具有优势地位的"微民",如网络"大 V"、"意见领袖"或有技术优势者,其思想观念往往会强加于其他"微民",促使他人被动地接受其思想。四是取得同化,达成共识。通过不断的信息交流与分享,再加上借助现实生活中"微民"个体某些方面的影响因素,能化解抵触的思想意识,获得思想观念的接受、认同,并纳入自己的认知结构,最终达成共识。

其三,"微空间"意识形态强数据性。"微空间"的信息呈现出数字化、符号化。无论是"微民"的个体身份表示,还是表征"微空间"意识形态的"微民"思想价值体系,皆以具有一定意义的数字、字母、符号等各种形式的数据呈现。"微民"个体可用一种或多种身份符号,扮演各种角色,"行走"于"微空间"中。"微民"交流、表达也使用数据符号,但这种符号不同于传统意义上的符号,它能集文字、声音、图像于一体,冲击"微民"的多种感官,吸引"微民"乐于运用这些数据进行浏览、评论、复制、粘贴等互动。在"微民"这些数据化的交流互动中,其思想认识也在不断地发生变化。正因"微空间"意识形态的强数据性,"微空间"意识形态话语权的建设存在复杂性。

有什么样的社会意识形态,就会存在与之相适应的意识形态话语表达形式。"微空间"意识形态话语是线上与线下、现实与虚拟的融渗,且有着复杂的话语环境。

第一,话语内容是线上与线下两个空间的渗透。传统意识形态产生于现实空间,是客观存在的社会现象,可反映一定的社会经济形态。"微空间"意识形态不是凭空产生的,其话语内容虽呈现于"微空间",但与线下现实空间的社会形态高度融合、渗透。在虚拟"微空间","微民"用数据符号或真实地展现社会现实,或超越现实进行虚拟表示,无论怎样进行描述,都有现实生活的"影子",都是现实生活中的社会现象在"微空间"的反映。同时,在线下空间,人们的思想、行为习惯也会受到线上"微空间"意识形态话语的影响,人们的思想观念、价值体系也会打上"微空间"意识形态的烙印。这样,"微民"的意识形态话语模式重新进行了架构。

第二，话语主客体是现实与虚拟双重身份的融合。"微空间"意识形态话语主客体的现实身份和虚拟身份相互交织。前面提到"微空间"个体或群体都以符号表征身份，并以数据进行交流互动，其互动的行为融合着他们处于现实和虚拟空间时的心理状态、思想情绪以及情感表现。也就是说，当现实生活中的话语个体或群体的心理处于消极状态，对现实生活有不满或负面情绪时，在"微空间"中也会以相应的状态和情绪与别人进行交流，并寻找与其具有相似经历的"微民"个体或群体进行互动，以宣泄情绪，获得情感、思想的共鸣。同样，话语主客体在虚拟"微空间"中互动交流而形成的思想状况，也会影响其在现实生活中的交往行为，充分呈现出虚拟与现实、个体或群体的有机融合。

第三，话语环境中错综纷乱的信息共存。在传统的现实空间中，主流意识形态话语传播环境相对来说比较单一，且主流媒体具有绝对的话语主导权和优先权。在"微空间"中，话语主客体以虚拟的符号形式存在，其身份、行为表现出极大的隐蔽性和不确定性，但话语主客体的地位平等，言论自由、开放，可不受外界任何束缚与压力，信息多元化，缺少主导性，各种意识形态话语都存在于"微空间"中，话语环境极其错综纷乱。并且，"微民"对信息的选择也有着充分的自主权，对信息内容是否关注可自主决定，这给主流意识形态话语的传播效果带来很大影响。

综上所述，"微空间"意识形态话语权的话语场域、生成机理、表现形态等不同于传统意义上的意识形态话语权，它是线上与线下、现实与虚拟的融渗，生成于众声喧哗的复杂环境中。为此，"微空间"意识形态话语权可以定义为作为话语主体的"微民"借助"微传播"媒介，通过构建合适的话语体系，实现一定阶级或集团利益的话语权利和话语权力。

（三）我国主流意识形态话语权概念

在明确意识形态话语权的概念及其价值属性的基础上，我们将进一步探讨什么是主流意识形态及主流意识形态话语权的社会功能、我国主流意识形态话语权的含义。

根据意识形态对社会的影响程度，可将其划分为主流意识形态和非主流意识形态两种类型。无论是什么阶级性质的国家，其思想观念领域怎样复杂多元，都会在其社会的某个发展时期，存在一种在整个社会思想文化体系中占据主导地位、被社会大众广泛认同和接受、引领社会各领域发展的核心价值观念，这种核心价值观念就是该发展阶段的主流意识形态。因此，主流意识形态是一个国家在某一发展阶段占据主导地位的意识形态，被大多数人认可和接受，由统治阶级的权威性维护其主流地位，是统治阶级思想、意志利益的集中体现。

主流意识形态具有价值导向和示范引领的作用，是维护社会政治、经济、文化发展的黏合剂，为统治阶级统治的合理性和合法性起到强大的辩护功能，有利于维护和巩固统治阶级的统治地位。马克思指出,统治阶级"为了达到自己的目的,不得不把自己的利益说成是社会全体成员的共同利益,把统治阶级思想描绘成唯一合乎理性的、有普遍意义的思想"。[①]

自新中国成立以来,我国主流意识形态在马克思主义意识形态理论的指导下,经历了马克思主义理论与我国具体建设实践相结合的继承与发展的过程。当代我国的主流意识形态具体表现为,在马克思主义中国化的历史进程中形成的毛泽东思想、邓小平理论、"三个代表"重要思想、科学发展观等理论与实践成果,以及习近平新时代中国特色社会主义理论体系这一最新理论成果等。

主流意识形态话语生产实质上是统治阶级"思想、观念、意识的生产"。马克思认为,统治阶级"作为思维着的人,作为思想的生产者进行统治,他们调节着自己时代的思想的生产和分配;而这就意味着他们的思想是一个时代的占统治地位的思想"。[①]主流意识形态话语权的社会功能主要在于整合社会多元的价值观念,化解多样化社会思潮的冲突。一方面,主流意识形态话语权在社会意识形态领域话语权中占据主导地位,这里的"主导"并非排他,而是包含引领发展、批判创新、开放包容三个层面,谋求差异之中的共识。首先,随着经济全球化、信息网络化、政治多极化、文化多元化的深入发展,多样化的社会思潮已成为经济社会发展的必然趋势和客观存在的事实,引领符合社会发展规律的正确价值观念,整合多样化的社会思潮,维护主流意识形态话语权威,实现一元主导,自然就成了主流意识形态话语权的重要社会功能的价值体现。其次,对一切非主流的社会思潮,如违背历史发展潮流和社会发展规律的错误思潮,应在批判的基础上进行创新,以丰富主流意识形态话语内容,维护主流意识形态话语权的主导地位。最后,在坚持一元主导的前提下尊重差异,包容多样性,积极借鉴、吸收其他中性的各种非主流社会思潮和社会文化中的有益部分,以促进主流意识形态话语权建设。另一方面,主流意识形态话语权代表绝大多数人的阶级立场,广泛引导社会成员拥护现行社会制度,化解多样化的思想冲突,将社会各阶层的力量整合在一起,形成强大的凝聚力,形成无序之中的有序。

由此,我国主流意识形态话语权可概括为在马克思主义理论及马克思主义中国化建设实践中形成的、占主导地位的中国特色社会主义理论体系所具有的话语权利和话语权力。它指导着我国社会主义建设、改革和发展的实践,对全体社会成员在思想和行动上具有规范与引导作用,对中国特色社会主义的道路、理论、制度和文化具有表达权。

---

① 马克思,恩格斯.马克思恩格斯文集:第1卷[M].北京:人民出版社,2009.

二、高校主流意识形态话语权的概念

近年来,高校主流意识形态话语权建设已引起学者们的广泛关注,不同的学者从不同的视角对其概念进行了分析,主要观点如下:

一是从话语权力视角。有研究者指出高校主流意识形态话语权就是高校掌控舆论的权力和坚持正确发展方向的能力。[①]

二是从实现途径视角。有学者认为,高校意识形态话语权是通过说服、教育、引导等方式,而不是强制和管控的方式,使师生能够自觉认同主流意识形态话语体系并自觉践行。[②]

三是从话语体系视角。有学者指出高校意识形态话语权是高校在意识形态工作中,通过设置合理的议程和有效的话语载体,引导思想舆论,实现党在高校意识形态领域中的领导权和管理权,确保高校沿着正确的轨道发展。[③]

笔者认为,科学地界定高校主流意识形态话语权的概念与内涵,首先要明确高校意识形态话语权的价值意蕴、所处的时代背景以及掌控它的方法与途径。

高校是培养马克思主义建设者的重要阵地,肩负着立德树人根本任务,承担着培养德智体美劳全面发展的社会主义建设者和接班人的重要使命。高校意识形态工作是一项固本铸魂的战略性工程,事关"办什么样的大学、怎样办大学、为谁办大学"这一方向性问题,事关党对高校的领导,事关中国特色社会主义事业后继有人。因此,高校主流意识形态话语权必须坚持以马克思主义为指导,坚持社会主义办学方向,坚持教育"四为服务",落实立德树人根本任务,凝聚师生共识,汇集各方力量,为实现中华民族伟大复兴的中国梦提供强大的政治思想保证。

在经济全球化、文化多元化、信息网络化的时代背景下,高校日益成为各种思想文化和意识形态交汇、较量的重要领域,校园话语体系呈现出多样化、泛娱乐化、网络化的时代特点,严重冲击着我国主流意识形态话语的主导地位和权威性。面对纷繁复杂的意识形态环境,高校要牢牢掌握意识形态话语权,统一高校师生的思想意识,自觉抵制各种错误思潮,必须构建有效运行的高校主流意识形态话语权机制,探寻并遵循意识形态话语传播规律、师生思想观念形成和接受规律,建立科学合理的建设制度和话语体系,关注并解决师生在现实社会中出现的思想矛盾与困惑,引导师生自觉认同并主动接受主流意识形态话语,从而不断增强主流意识形态话语的影响力和传播力,确保党对高校意识形态工作的领导权和管理权。

故此,高校主流意识形态话语权就是指以马克思主义及新时代中国特色社会

---

① 梁广霞.自媒体视域下高校主流意识形态话语权建设研究[D].北京:北京交通大学,2017.
② 刘迪.高校意识形态话语权机制构建研究[D].哈尔滨:哈尔滨工程大学,2018.
③ 罗淑宇.运用微信公众号增强高校意识形态工作话语权问题初探[J].理论导刊,2017(9):5.

主义理论体系为指导,在尊重师生意识形态形成和接受规律的基础上,构建和发展具有时代特色的话语传播体系,实现党在高校意识形态领域的领导权和管理权,落实立德树人根本任务,科学掌控主流意识形态话语在高校的影响力和传播力。

第三节 "微空间"高校主流意识形态话语权内在结构

高校主流意识形态话语权是一个复杂的系统,运用整体系统理论对高校主流意识形态话语权的构成进行全方位、多角度的审视,厘清其系统结构、要素构成、各要素的功能及要素与系统、要素与要素间的相互关系,是开展"微空间"高校主流意识形态话语权研究的基础。

一、高校主流意识形态话语权结构系统性分析

(一)整体系统理论

何谓系统?"系统"一词常见于社会生活和学术研究领域中,但长期以来,不同学者从不同的学科角度出发往往赋予系统不同的含义与特征,所以目前对系统的定义尚无统一规范的定论。

我国著名学者钱学森认为:"系统是由相互作用、相互依赖的若干组成部分结合而成的、具有某种功能的有机整体,而且这个有机整体又是它从属的更大系统的组成部分。"[1]一般系统论创始人路德维希·冯·贝塔朗菲1968年在其著作《一般系统理论基础、发展和应用》中,将系统定义为"由若干相互联系、相互作用的诸要素以一定结构与形式构成的具有特定功能的有机整体(集合)"。[2] 在这些概念中均指出了系统具有以下三个方面的特性:

一是整体性。整体性是系统最基本和最本质的特征,系统是由若干复杂要素组成的综合体。

二是关联性。构成系统的各元素不是彼此孤立的,而是具有特定的关系和一定的规律,它们相互作用而形成一定的结构。

三是目的性,即系统具有一定的功能性。系统总是运行于一定的环境中,与外

---

[1] 钱学森.论宏观建筑与微观建筑[M].杭州:杭州出版社,2001.
[2] 系统论[EB/OL].(2002-05-16)[2021-10-20]. https://baike.baidu.com/item/系统论/1133820? fr=aladdin.

部环境在相互联系和相互作用中表现出其性质和功用。

整体系统性思维是当今社会重要的思维模式。贝塔朗菲的整体系统理论的主要观点如下：系统论的主要任务是以系统来审视研究对象，从整体上认识系统整体构成的各要素及要素与要素、要素与系统、系统与外部环境之间的相互关系和变化规律，以把握系统这个整体，实现系统的最优目标。系统论的核心思想是系统的整体观念。任何系统都是由多个相互联系和作用且具有一定结构和功能的要素构成的复杂有机整体，要素是系统整体之中的要素，要素之间相互关联、不可分割，共同构成系统这个整体。系统性研究的主要目的在于调整系统结构，整体协调各要素间的关系，使系统运行达到最优化目标。①

（二）高校主流意识形态话语权结构

高校主流意识形态话语权结构是一个复杂的系统，其形成需要有多个要素相互联系、共同作用、协调一致，构成统一的有机整体。根据意识形态领域话语传播的过程和规律，这一系统的结构要素主要包括话语主体、话语主题、话语客体、话语环境、话语载体、话语方式、话语效果七个基本要素。各要素之间紧密联系、相互作用、有机统一。高校主流意识形态话语权的实现需要这七个要素共同作用，各要素在高校主流意识形态话语权结构中不是简单地机械相加，也不是彼此孤立地存在，而是处于高校主流意识形态话语权结构系统中特定的位置，各自发挥着特定的作用。要素之间相互关联、相互影响，构成高校主流意识形态话语权内在结构不可分割的整体，使高校主流意识形态话语权系统在一定的环境背景中，在与环境的相互作用中呈现出它的功能，并朝着最优的状态发展。

其中，话语主体即"由谁说""谁能说"；话语主题即"说什么内容""为什么这么说"；话语客体即"对谁说"；话语环境即"面对什么样的语境和场合说"；话语载体即"通过什么渠道和途径说"；话语方式即"怎么说""以什么方式说"；话语效果即"说的效果如何""是否能达到预期的目的"。各要素分别以一定的功能形成一定的结构组成高校主流意识形态话语权系统，对高校"培养什么样的人、如何培养人、为谁培养人"等根本问题进行具体展开。

二、"微空间"高校主流意识形态话语权系统的构成分析

"微空间"是新兴话语场域，"微空间"中高校主流意识形态话语的作用对象、语境及效果与传统意义上的话语空间相比，已发生很大变化。对高校"微空间"主流意识形态话语权系统要素进行解读，全面把握各要素的含义与内容、不同环境下各

---

① 系统论［EB/OL］.（2002-05-16）［2021-10-22］. https://baike.baidu.com/item/系统论/1133820? fr=aladdin.

要素在系统中的运行条件及其发挥的功能,探析要素与要素间、要素与系统整体间的关系等,可有效促进"微空间"高校主流意识形态话语权的生成。

(一)"微空间"高校主流意识形态话语权系统要素构成

1. 话语主体要素

所谓主体,从哲学意义上看指的是对客体的认识活动和实践活动的承担者,具有显著的目的性和能动性。话语主体要素是相对于话语客体要素而言的,强调的是话语行为活动的发起者、建设者和执行者。对意识形态话语权来说,话语主体要素主要致力于解决由谁来建设、谁是建设者的问题,即"由谁说""谁能说"。

在自媒体时代,虽人人享有话语权,但因对网络信息技术和资源的掌握程度不同,话语权的影响力和控制力不同。总体来说,"微空间"意识形态话语主体是多元要素的综合体,既有单个个体要素,也有组织或群体要素。"微空间"高校主流意识形态话语权主体要素,主要包括高校意识形态话语管理者和教育者。话语管理者主要是指高校党委行政管理部门,是高校意识形态工作的建设者、组织者和发动者,对"微空间"高校意识形态话语权系统建设负主体责任。高校意识形态话语教育者,主要承担高校意识形态话语权建设和话语传播的任务,包括思政理论教师、思想政治辅导员、党群工作者、专业课教师以及管理和服务工作人员。此外,还包括在师生中具有话语影响力的"意见领袖"。强化"微空间"高校主流意识形态话语权系统建设,必须在充分发挥各主体要素作用的同时,重视不同主体要素之间的协同性。

话语主体要素在高校意识形态话语权建设系统中居于关键位置,也是唯一具有能动性的因素。话语主体要素所具有的思想政治素养、理论创新能力、意识形态整合能力以及网络媒介素养等将直接决定"微空间"高校主流意识形态话语权建设的成效。因此,需要建设一支高素质的富有战斗力和凝聚力的高校意识形态话语主体要素队伍,拥有"守土"意识,掌握"看家本领",成为"行家里手",才可切实提升高校对"微空间"意识形态话语权的掌控能力。

2. 话语主题要素

话语主题是话语主体要素要表达和传播的意识形态理论体系,在高校意识形态话语权系统中处于基础性地位,主要解决的是具体"说什么内容"和"为什么这么说"的问题。

主题具有时代性特征,它是特定时代的根本任务和主要矛盾的呈现。意识形态话语主题是意识形态话语的主要内容和核心思想,是对时代课题和社会热点问题的解答,蕴含着统领社会发展的战略方向。高校意识形态话语主题要与高校师生所处的话语环境相关联、相契合,要关注和回应高校师生在社会实践中遇到的现实矛盾与思想困惑,满足师生的实际需求。在"微空间"中意识形态话语场域众声聒噪,话语主题错综复杂,有的运用非马克思主义思想评析社会现象,解构主流意识形态,兜售西方价值观,对于这些异质意识形态错误话语对时代课题和社会热点问题的曲解,要用科学的意识形态理论予以回应和反击。

从内涵上看,高校主流意识形态话语权的主题要素就是习近平新时代中国特色社会主义理论的重要思想和核心内容。习近平新时代中国特色社会主义理论体系是马克思主义中国化的最新成果,它运用马克思主义的基本立场、观点和方法,对当代中国发展的理论问题和现实问题作了科学阐释和深刻回答,形成了一个逻辑严密、体系完整的科学理论体系,这必然是当前高校主流意识形态话语主题的内容。

3. 话语客体要素

话语客体即主流意识形态话语的接受者和话语作用对象,是主流意识形态话语权的终端主体。主流意识形态话语客体要素在高校主流意识形态话语权系统结构中处于重要位置。"微空间"高校主流意识形态话语权建设的所有环节主要都是围绕意识形态话语客体要素的接受过程来设计实施的,着力解决"对谁说"的根本问题。

高校主流意识形态话语权的客体要素指的是高校所有师生员工。在"微传播"的过程中,话语客体对信息内容已不是完全被动地接受,"微媒体"的赋权使其实质上掌握了信息的自由选择权,是否对接收的信息进行"关注"完全取决于客体的兴趣、爱好和需要。因此,我们需要深入了解和掌握话语客体的群体特点和认知规律,关注社会热点和学习、工作、生活中的焦点问题,悉心聆听话语客体的心声等,做到因势利导,进行有针对性的、有层次性的主流意识形态话语表达与传播,才能与话语客体达成共识,增强话语客体对高校主流意识形态话语权的信任感和认同感。

4. 话语环境要素

话语环境是话语传播的外在条件,是"以话语为中心并与之发生关系所形成的话语要素的总和"。① 话语环境要素可对意识形态话语权的实现产生重要影响,意识形态话语的效果如何取决于话语与语境的相关性,即只有当意识形态话语内容与话语受众所处的现实情境相契合时,意识形态话语权才有实现的可能性。意识形态话语环境是各种不同的意识形态争夺话语权的重要阵地。话语环境要素主要解决的是"面对什么样的语境和场合说"的问题,是着力解决高校主流意识形态话语权在"微空间"语境中"失衡"的问题。

"微空间"高校主流意识形态话语权系统结构的话语环境要素主要包括线上"微传播"空间环境和线下的现实环境。在前文的分析中我们已指出,线上虚拟的

---

① 刘迪.高校意识形态话语权机制:基本内涵、构成要素及运行价值[J].思想理论教育导刊,2018(12):4.

"微空间",改变了人们的生活方式和思维习惯,重塑了人们的生活形态;线下现实空间传统媒介的环境要素,亦是进行主流意识形态话语权建设的重要阵地。高校师生在接受意识形态话语传递的过程中,受到线上"微空间"虚拟环境和线下现实环境的双重影响,只有统筹协调线上、线下话语环境的统一发展、相互作用,才能提升主流意识形态话语的传播效果。一方面,要着力优化"微空间"意识形态话语环境,净化网络空间,营造健康、积极向上的线上虚拟环境,且线下的社会话语环境、校园文化氛围和课堂教学环境与线上意识形态话语传播过程要协调一致。另一方面,整合线下以意识形态话语为中心的各环境要素,针对线上话语场域舆情,进行有针对性的引导,营造和谐的"微空间"意识形态话语环境,形成高校主流意识形态话语传播的环境合力阵地。

5. 话语载体要素

主流意识形态话语内容的传播、目标的实现需要通过一定的载体或渠道才能有效进行,话语载体承载、传导着主流意识形态话语内容。话语载体要素在意识形态话语权系统结构中起着桥梁和纽带的作用,是话语主体和客体有机联系、发生互动的媒介和连接点。"微空间"高校主流意识形态话语权系统结构的载体要素,强调的是"微空间"主流意识形态话语主体"通过什么途径或渠道向话语客体说"的问题。

意识形态话语权的实现过程,是话语主体通过中间载体的作用使客体认同和接受主流意识形态话语内容的过程。话语主体,或以具体形式的载体作用于话语客体,有效传播主流意识形态话语内容,实现交流互动;或以抽象的形式提供特定的话语意蕴与背景,潜移默化地影响话语客体。总体而言,"微空间"高校主流意识形态话语载体要素,可分为线上的新兴载体和线下的显性与隐性载体两大类。线上的新兴载体主要以微信(含公众号、网络群)、微博、论坛、QQ等新兴媒体平台为主。线下的显性载体主要包括校园文化环境、思政理论课教学活动、社会实践活动及日常思想政治教育活动等;线下的隐性载体指的是校风学风、师德师风以及管理与服务水平等。

在自媒体信息传播技术统治和话语霸权的影响下,"微空间"话语权呈现出不平等性和集中化,高校要利用好网络信息技术,发挥线上新兴话语载体的作用,掌控"微空间"话语平台。同时,也要充分发挥各类意识形态话语载体的协同性,在多元话语载体的共同作用下,不断增强"微空间"主流意识形态的吸引力和亲和力,提升高校意识形态话语权的效果。

6. 话语方式要素

在明确了意识形态话语主题所蕴含的内容之后,选取最有效的话语表达方式,使话语客体认同、理解并接受,是话语主体实现意识形态话语权的关键。马克思指出，没有任何一种力量可以强制一个处在健康、清醒状态的人能够接受其思想。①意识形态话语权无法通过强制的方式来实现。所以，从某种程度上说，掌握和控制了意识形态话语传播和话语表达的有效方式，就取得了处于优势地位的话语支配权。"微空间"高校主流意识形态话语权系统结构的话语方式要素，强调的是"微空间"主流意识形态话语"怎么说有效"的问题。

从高校意识形态话语表达内容的方式和性质来看，可以分为学术话语、宣教话语和大众话语三种。学术话语是高校从事意识形态理论研究的学者为意识形态工作的开展而凝练的话语，其学理性、系统性、权威性较强，以宏大叙事为主，适用于学术理论舆论场。高校是高级知识分子和学术研究者的聚集场所，是意识形态学术话语表达的主要场所。宣教话语是高校思想政治教育工作者对师生进行主流意识形态内容传播而表达出的有计划、有目的的宣传教育话语，是高校意识形态话语传播的主要表达方式。意识形态宣教话语政治性、目的性强，凸显强制力，适用于宣教舆论场。只有宣教话语内容契合高校师生的思想实际需求，才能产生心灵的碰撞，才会得到师生们的认同和接受，高校意识形态话语权才能最终实现。大众话语是高校师生均认同的主流意识形态内容、观点所表达出的话语。意识形态大众话语贴近现实，具有随意性、个性化和亲和力，以碎片化叙事为主，但缺乏体系，适用于民间舆论场。

对于"微空间"高校主流意识形态话语表达方式，既要将师生大众话语融入学术话语、宣教话语中，使主流意识形态学术话语、宣教话语更贴近师生的思想实际，符合师生的接受习惯、认知特点，从而有效进行主流意识形态话语的宣传与传播；又要将具有一定理论体系的学术话语架构于大众话语和宣教话语中，为师生普遍认同的意识形态话语提供一定的学理支撑。这三种话语方式既相互区别又相互联系，若想统筹处理好三者间的关系，需按照"微空间"话语风格与语言习惯，结合高校师生群体的话语接受特点，将学术话语、宣教话语、大众话语融会贯通，采用师生易于接受的话语表达方式，宣传主流意识形态话语内容。

7. 话语效果要素

话语效果即"语效行为"，是衡量主流意识形态话语权建设成效的直接体现，是对话语主体的话语权利和权力实现与否的直接验证，表现为通过高校思想政治教育者进行的马克思主义意识形态话语的宣传教育，对高校师生的思想认识、行为习惯等所产生的影响。所以，"微空间"高校主流意识形态话语权的话语效果要素主要解决的是"说的效果如何""是否达到预期目的"的根本问题。

从意识形态话语效果的性质与功能来看，"微空间"高校主流意识形态话语权效果主要有三种，即正效果、零效果和负效果。"微空间"意识形态话语内容价值多

---

① 马克思,恩格斯. 马克思恩格斯选集:第3卷[M]. 北京:人民出版社,2013.

元,信息良莠不齐,直接影响高校师生特别是青年学生的价值判断。"微空间"高校主流意识形态话语权的正效果,就是能在各种价值观念纷呈、意识形态相互冲突的形势下,帮助高校师生坚持马克思主义在意识形态领域的一元主体地位,实现社会主义主流意识形态在多元价值中的有效整合,彻底改变"微空间"马克思主义意识形态话语"失声"或"失语"的情况。零效果指的是由于主流意识形态话语载体运用不当,或语境把握不周全、话语表达方式缺乏针对性等,致使马克思意识形态话语没有引起师生的思想共鸣,话语主体的意识形态话语权没有得到实现。负效果即对主流意识形态的宣传、教育起到负面影响。因此,要使马克思主义意识形态话语内容在自媒体"微空间"付诸实践,必须加强"微空间"主流意识形态话语权建设。

(二)"微空间"高校主流意识形态话语权系统要素的关系

综上分析,"微空间"高校主流意识形态话语权系统构成的各要素分别以一定的功能和相对稳定的组织秩序组成了高校主流意识形态话语权结构系统。系统中每个要素相互依存,某个要素发生变化,会引起其他要素的改变,并引起系统整体的变化。实现"微空间"高校主流意识形态话语权系统的话语正效果是高校意识形态建设工作的最终落脚点和追求的目标,首先,这取决于话语主题内容要素是否契合时代发展的语境,是否具有前瞻性和科学性,是否反映话语客体要素的实际需求和维护其切实利益,亦即话语主题内容要素、话语客体要素和话语环境要素要具有关联性,才有取得话语正效果的可能性。其次,话语主体必须致力于解读马克思主义理论的科学性、先进性和真理性,"真学、真懂、真信、真用"马克思主义意识形态话语主题内容,做到"一'马'当先",不断创新马克思主义理论体系的思想内容,承担起主流意识形态话语内容传播的时代使命,才可能真正掌握"微空间"高校主流意识形态话语权和领导权。最后,话语载体要素和话语方式要素在话语权系统中处于辅助地位,但对话语效果要素产生重要影响,是话语效应的桥梁与纽带。同一话语内容采取不同的话语方式和话语载体,会产生大相径庭的话语效果。因此,要统筹协调建设"微空间"主流意识形态话语权系统构成的各要素,理顺组成的各要素及其与系统间的关系,以实现系统功能的最大化。

第三章　网络环境下高校意识形态话语权建设理论基础

"时代是思想之母,实践是理论之源。"理论要想永葆生机与活力,不断丰富和发展,就必须反映时代发展的本质,把握时代发展的特征,回答时代发展的主要问题。同时,每个时代的理论研究又离不开对以往理论的继承和发展。当前在网络信息传播技术迅猛发展的时代背景下,意识形态领域建设面临新的时代课题。研究"微空间"意识形态话语权生成与发展的机理,探索其构建规律,必须立足新时代发展的实践问题,以马克思主义经典作家的意识形态话语权建设理论为基本依据,赋予其新的时代内涵,以当代中国关于意识形态话语权建设的思想为指导,同时借鉴西方其他学者的意识形态话语权思想以及与媒介传播相关的理论成果。

第一节　马克思主义经典作家关于意识形态话语权的理论依据

马克思、恩格斯、列宁等马克思主义经典作家在其著作中对意识形态问题有关理论的论述,深刻揭示了资本主义意识形态的实质,对意识形态思想发展及认识实现了革命性变革,创立了新的意识形态发展学说,为马克思主义意识形态理论的形成奠定了基础,其论述中蕴含着丰富的意识形态话语权建设思想,对新时代研究自媒体"微空间"意识形态话语权构建提供了理论基础。

一、马克思主义意识形态理论

(一) 马克思和恩格斯的意识形态话语权思想

马克思和恩格斯早期对意识形态问题的经典论述,主要基于对资产阶级"虚假意识"的深刻揭露和批判,在《德意志意识形态》这本标志马克思主义诞生时期的科学巨著中,马克思和恩格斯对资产阶级试图用虚假性和颠倒性掩盖其意识形态的本质的做法进行了直接控诉,指出资产阶级意识形态的欺骗性,其目的是维护资产阶级的统治,掌控资产阶级意识形态话语权。到19世纪末,随着马克思主义意识形态理论的进一步发展和完善,其对意识形态话语权建设的指导作用也更加凸显。主要可概括为以下几个方面:

第一,批判德意志意识形态的虚假性,揭示资产阶级掌控意识形态话语权的实质。19世纪中期,以黑格尔派为主要代表的德国哲学家极力主张将现实的阶级冲突转换为思想观念的冲突,认为对现存社会制度的革命实践或反对可以以"纯粹的思想批判"来代替,马克思和恩格斯明确地把这种哲学思想和政治主张统称为"德意志意识形态",并对以黑格尔哲学体系为代表的各式各样的唯心史观的思想进行深刻的分析和批判。

马克思指出,黑格尔派的德国哲学家们没有一个将德国哲学与德国现实相联系,所作的批判也没有与自身的社会物质环境相联系,这是他们最大的问题。他提出了德意志意识形态与现实间虚假关系的形象描述,"意识在任何时候都只能是被意识到了的存在,而人们的存在就是他们的现实生活过程。如果在全部意识形态中,人们和他们的关系就像在照相机中一样是倒立成像的,那么这种现象也是从人们生活的历史过程中产生的,正如物体在视网膜上的倒影是直接从人们生活的生理过程中产生的一样"。[①] 这揭示了在"观念第一性"的理论逻辑下意识形态的虚假性和颠倒性,以及这种虚假意识所要掩盖的社会关系。因此,马克思在其早期著作中将意识形态界定为对现实社会颠倒的、歪曲的反映,认为其本质是掩盖真实社会和经济的关系,目的是维护统治阶级利益和巩固其具有话语权地位的虚拟的思想观念体系。也就是说,意识形态的功能是统治阶级掩饰其社会矛盾的工具,为社会矛盾的存在提供了一个歪曲的合理场景,批判了为统治阶级利益服务的资产阶级的社会意识形态。

恩格斯进一步分析了资产阶级意识形态本质上是"虚假的意识","从根本上颠倒了意识与存在之间具有的联系,并非从人的生产、生活领域出发,而是以幻想为意识前提,甚至用想象的观念代替了生活现实。这种虚假的意识形态近似错误观念"。[①]资产阶级意识形态产生的过程就是掩盖其经济基础和社会关系的过程,实质上是为了巩固资产阶级统治地位和掌控其意识形态话语权。

马克思和恩格斯对"德意志意识形态"唯心哲学观的批判,既是对资本主义社会现实及其实践活动的批判,也是对资产阶级意识形态话语权实质的深刻揭示。

第二,提出普遍意识社会存在的现实性,表明物质资料生产能力决定意识形态话语权的水平。马克思和恩格斯从物质资料的生产方式和社会经济结构在社会历史发展中的决定性作用出发,科学地分析了物质生产实践与思维意识间的关系,强

---

① 马克思,恩格斯. 马克思恩格斯选集:第1卷[M]. 2版. 北京:人民出版社,2012.

调"普遍意识"的社会存在性。马克思和恩格斯指出:"人们在自己生活的社会生产中发生一定的、必然的、不以他们的意志为转移的关系,即同他们的物质生产力的一定发展阶段相适应的生产关系。这些生产关系的总和构成社会的经济结构,即有法律的和政治的上层建筑竖立其上并有一定的社会意识形式与之相适应的现实基础。物质生活的生产方式制约着整个社会生活、政治生活和精神生活过程。不是人们的意识决定人们的存在,相反,是人们的社会存在决定人们的意识。"[①]这一方面表明意识形态成为与社会存在相对存在的意识形式,形成于社会存在的现实性,另一方面也说明物质资料的生产能力和水平表征了话语权的状况。

马克思主义辩证唯物主义历史观认为,社会存在决定社会意识。社会存在是指社会的物质生活过程,包括物质生产活动和生活条件,主要指社会物质资料的生产方式。社会意识是指社会的精神生活过程,总括社会的一切意识要素和观念形态,在社会意识诸形式中反映关于社会关系的意识,即为意识形态。意识形态作为一种观念的思想体系,属于社会意识范畴,本质上是由社会存在决定的。社会存在和社会意识的关系问题,是社会历史观的基本问题。具体表现为:首先,思想意识不是凭空产生的,其源于社会存在。体现社会关系的意识形态是社会存在的反映,产生于人们的现实社会生活及其从事的实践活动过程,是人们社会物质交往的产物。马克思指出:"思想、观念、意识的生产最初是直接与人们的物质活动,与人们的物质交往,与现实生活的语言交织在一起的。"[②]意识形态是适应一定社会物质生活发展的要求而产生的,有什么样的社会形态,就有什么样的社会意识与之相适应。其次,意识形态是历史的,总是随着社会存在的发展变化而变化。人们的物质生活条件发生了变化,社会意识也会相应地发生变化。由此,一种思想意识话语权的产生与发展总是与产生它的社会存在相一致,物质资料生产的能力与水平也就决定了相应的思想意识的话语权水平。最后,统治阶级的意识形态总是占统治地位的意识形态。在经济、政治上占统治地位的阶级,必然也在思想意识上占统治地位。马克思主义深刻地揭示了意识形态的唯物性,并从根本上揭示了人类社会存在的物质基础和发展的客观规律,为思想意识话语权的争夺提供了基本理路。

此外,意识形态作为一种观念上层建筑,是由经济基础决定的。马克思认为,意识形态属于人类社会观念的上层建筑范畴,由许多具体的社会观念结构的意识形式表现出来,主要包括政治、法律、道德、宗教、艺术、哲学等观点,它们与经济基础相对应,反映社会经济结构并为经济结构服务。恩格斯全面阐述了经济基础在社会历史发展中的决定性作用,他指出,"经济基础不是指某种除去了具体现实内容的纯粹关系,而是与现实的生产力密切相关,彼此存在着辩证关系的各种要素的

---

① 马克思,恩格斯.马克思恩格斯文集:第2卷[M].北京:人民出版社,2009.
② 马克思,恩格斯.马克思恩格斯文集:第1卷[M].北京:人民出版社,2009.

有机整体"。① 马克思和恩格斯均认为,有什么样的经济基础,就会有什么样的上层建筑,任何上层建筑的产生、存在和发展都能够直接或间接地从社会的经济结构中得到说明。意识形态的发展和消灭只有通过发展和消灭产生它们的社会经济关系来实现。②"随着经济基础的变更,全部庞大的上层建筑也或慢或快地发生变革。……判断这样一个变革时代也不能以它的意识为根据;相反,这个意识必须从物质生活的矛盾中,从社会生产力和生产关系之间的现存冲突中去解释"。③ 意识形态的变革要以经济基础的变革为根据,经济基础的决定性作用是通过人们创造历史的自觉能动的活动来实现的,同时又受到具体物质生活条件的制约。

第三,指出意识形态的鲜明阶级性,强调意识形态话语权之争就是不同阶级利益之争。马克思和恩格斯认为,意识形态从产生起就带上了"阶级"和"利益"的标签,在阶级社会中,意识形态作为观念的思想体系、价值观学说,总是体现一定阶级的利益和诉求,反映一定的价值观念,具有鲜明的阶级性,不存在任何超越阶级的意识形态,意识形态随阶级的产生而产生,随其消亡而消亡。

马克思指出,"一般来说,一个阶级的政治代表和著作界代表同他们所代表的阶级之间的关系"④,超越不出资产者所处的生活界限。不同阶级的思想观念必然反映不同的价值主张和利益追求。在阶级社会中,谁支配和掌握着物质生产资料,必然其同时也支配和掌握着精神生产资料②,即在精神生产领域拥有更多的话语权,引导和控制着整个社会的思想认识,"统治阶级的思想在每一个时代都是占统治地位的思想"⑤。所以,意识形态从根本上说就是统治阶级为维护自身利益诉求的表达。任何阶级或集团要维护本阶级的利益,就要对社会话语资源进行激烈的争夺。因此,在阶级社会中"话语权"问题必然带有鲜明的阶级性。

意识形态作为统治阶级进行阶级统治的一种重要手段和思想工具而存在,是统治阶级对社会其他各阶级进行思想控制的武器,时刻体现和维护着统治阶级的根本利益。统治阶级为了维护其阶级利益和统治地位,总是"赋予自己的思想以普遍性的形式,把它们描绘成唯一合乎理性的、有普遍意义的思想"⑤,以期将代表本阶级利益的思想变为主流意识形态,实现稳固本阶级统治之目的。所以,从某种程度上说,思想领域的话语权之争实质上就是不同阶级之间的利益之争。

第四,阐明思想意识领域的相对独立性,强调发挥其积极能动性促进社会发展。意识形态的相对独立性是马克思主义哲学中的重要内容。社会意识(包括意识形态)在反映社会存在的同时,自身具有独特的发展形式和发展规律,并呈现出

---

① 段光鹏.恩格斯对马克思主义意识形态理论的完善与发展[J].中国社会科学报,2020(1966):503.
② 马克思,恩格斯.马克思恩格斯文集:第1卷[M].北京:人民出版社,2009.
③ 马克思,恩格斯.马克思恩格斯选集:第2卷[M].北京:人民出版社,1995.
④ 马克思,恩格斯.马克思恩格斯文集:第2卷[M].北京:人民出版社,2009.
⑤ 马克思,恩格斯.马克思恩格斯选集:第1卷[M].2版.北京:人民出版社,2012.

相对独立性和能动性。当然,这种相对独立性和能动性以反映社会存在为前提和基础,其突出表现在以下几个方面:

一是思想理论对物质实践的能动反作用。意识形态作为观念上层建筑,是满足一定社会物质生产发展要求而产生的,自然具有满足这些要求的功能和价值,但在一定条件下它会转化为物质力量,反过来作用于社会存在、影响历史的发展。马克思指出:"哲学把无产阶级当作自己的物质武器,同样,无产阶级也把哲学当作自己的精神武器。"①任何一场社会革命,都是意识形态的革命,并且意识形态革命是社会革命的先导。所以,物质生产能力对相应的思想理论的话语权具有决定性作用,同样,思想理论的话语权对物质生产能力具有能动的反作用。理论只要为人民群众所掌握,就会成为人民群众认识世界和改造世界的精神武器,从而上升为物质力量,实现社会发展的现实目标。与此相对应,一旦占据主导地位的社会价值观念坍塌,必将导致整个社会制度的解体。所以,一个国家的主流意识形态话语权对社会制度的巩固和发展具有极其重要的作用。

二是意识形态与社会存在发展的不平衡性。恩格斯指出:"经济上落后的国家在哲学上仍然能够演奏第一小提琴。"②这表明社会意识发展水平与社会经济发展变化往往不完全同步。意识形态的发展变化有时滞后于社会存在或经济基础,这对其发展会起阻碍作用,但有时其又能预见并指导社会存在的发展。这一方面源于思想领域的社会意识一经形成便具有相对稳定性,且出于自身利益考虑的传统观念与习惯难以改变。另一方面,由于受各种主客观条件的限制和影响,人们难以正确地把握时代的发展和社会形势的变化,从而使其思维观念落后于社会发展。但这种社会意识滞后于社会存在的发展状况,不会存在很长的时间。因为各种思想、意识和观念具有自觉的能动性和创造性。正确反映社会发展客观规律的社会意识能够在一定程度上科学地预见社会发展趋势,对人们的社会实践起到指导和推动作用。因此,一个阶级或集团要实现或维护本阶级、本集团的话语权,就必须使自己的思想和理论紧跟时代发展步伐,并能在一定程度上反映社会发展规律,科学地预见未来。

三是意识形态各形式间相互作用、相互影响。创造历史活动的思想形式、各种观念等一切因素之间是相互联系、相互作用和相互影响的,历史的创造就是这一切因素共同作用的"总的结果"。1890年,恩格斯在他的"历史合力理论"中指出,历史事件是许多单个人的意志相互交错,从而产生出一个合力的结果③,每个人的意志无论是自觉的还是不自觉的都对这个结果有所贡献,所以这个合力的结果是历史的必然,当然其"也是服从于同一运动规律的",即单个人的意志都是其经济利益

---

① 马克思,恩格斯.马克思恩格斯选集:第1卷[M].2版.北京:人民出版社,2012.
② 马克思,恩格斯.马克思恩格斯文集:第10卷[M].北京:人民出版社,2009.
③ 马克思,恩格斯.马克思恩格斯选集:第4卷[M].北京:人民出版社,1972.

的表现形式。所以,无产阶级要获得话语权需要凝聚单个意志的合力效应。

四是意识形态的发展具有历史继承性。恩格斯认为,任何形式的意识形态的产生都蕴含着它的先驱传给它的思想材料,它可对此进行进一步加工而逐渐发展起来,否则就不会有新的思想意识产生。① 这表明意识形态的发展具有继承性和相对独立性。当然,这种继承性需要具备一定的条件,需要人们头脑中的这一思想过程的物质生活条件和经济关系发生变化才可能引起。并且,这种历史继承性也不是全盘照搬照抄,而是对其思想材料有鉴别地加以吸收,有选择地、合理地进行扬弃,从而产生新的意识形态理论。事实上,当每一时代的思想理论工作者面临新的时代发展问题时,都是在批判地借鉴前人所创造的有价值的理论成果的基础上,提出新的发展理论,从而促进社会科学文化不断向前发展。社会主义意识形态吸收世界一切有价值的文明成果,从而得到不断丰富和发展。所以,从一定意义上讲,正是意识形态具有这种历史继承性,其诸形式才有可追溯的历史轨迹并得到相对独立的发展态势。

(二) 列宁的意识形态话语权思想

列宁在继承马克思、恩格斯意识形态理论的基础上,立足于当时革命和建设实践的需要,在同各种非马克思主义的错误思想理论交锋和批判的过程中,形成了关于意识形态话语权建设的思想。19 世纪末 20 世纪初,在列宁的一系列理论著作《什么是"人民之友"以及他们如何攻击社会民主党人?》(1894 年)、《怎么办?(我们运动中的迫切问题)》(1902 年)、《唯物主义和经验批判主义》(1909 年)等中,详细分析了无产阶级夺取和掌控意识形态话语权的革命斗争方式,充分揭示了意识形态话语权的争夺和建设对无产阶级夺取政权的极端重要性,提出了"科学的意识形态"新概念,实现了由"意识形态"到"社会主义意识形态"的理论跨越;深刻阐释了社会主义意识形态的灌输理论;将意识形态的阶级性拓展到党性原则等思想,将马克思主义意识形态理论发展到一个新的历史阶段。

第一,创造性地提出"科学的意识形态"概念和社会主义意识形态学说。在苏俄无产阶级革命和建设过程中,列宁对社会主义意识形态话语权建设进行了不断的探索,以指导俄国工人革命。列宁以唯物史观为理论基点,准确地界定了科学与非科学意识形态的标准。他指出,任何阶级的意识形态都要受到历史条件的制约和限制,但是科学的意识形态的产生符合自然、人类社会发展和思维发展的客观规律,能够客观而真实地反映社会存在和自然现象,并随着客观实际的变化而变化,"这是无条件的"。② 他强调,俄国无产阶级革命必须拥有"科学的意识形态",即社

---

① 马克思,恩格斯.马克思恩格斯选集:第 4 卷[M].北京:人民出版社,1995.
② 列宁.列宁专题文集:论辩证唯物主义和历史唯物主义[M].北京:人民出版社,2009.

会主义意识形态。"没有革命的理论,就不可能有革命的运动。"①一方面,他指出社会主义意识形态之所以是"科学的意识形态",是因为"它服从思想体系的发生、发展和巩固的一般条件"。①另一方面,无产阶级革命运动必须有革命的理论——社会主义意识形态理论。② 只有加强革命理论建设,提升工人阶级的政治素养,增强其组织凝聚力和革命战斗力,无产阶级才能掌握和巩固意识形态话语权。

第二,坚持意识形态阶级性和党性的统一,牢牢把握党在意识形态工作中的领导权和话语权。列宁在马克思、恩格斯意识形态阶级性的基础上进行了进一步的丰富和发展,提出了意识形态的"党性"。列宁指出,意识形态不仅有鲜明的阶级性,还有鲜明的党性。党性是任何一个政党固有的本性,是阶级性的集中体现和表现形式,二者具有内在一致性,列宁以意识形态最基础的表现形式——哲学为例对其进行了深刻阐释。他指出,唯物主义和唯心主义两个认识论在哲学上的斗争,其实是哲学上的党派斗争,"这种斗争归根结底表现着现代社会中敌对阶级的倾向和思想体系(意识形态)"。③ 也就是说,哲学的党性反映着对立阶级的根本利益。他还指出:"党性是高度发展的阶级对立的结果和政治表现。"④无产阶级要战胜资产阶级,就必须反对资产阶级宣传的"无党性"思想,在革命运动中充分彰显党性。此外,他还强调,意识形态工作者要有党性,坚决抵制那些无党性的意识形态工作者,并提出:"无党性的写作者滚开!超人的写作者滚开!"② 列宁对意识形态党性原则问题的系统阐释是对马克思主义意识形态理论的重大创新,社会主义意识形态始终坚持党性和人民性的统一,我们应牢牢把握和加强中国共产党在意识形态工作中的领导权和话语权。

第三,提出"意识形态灌输理论",阐述无产阶级获取话语权的重要方式。列宁基于当时俄国无产阶级革命的实际国情,在马克思、恩格斯和卡尔·考茨基关于灌输思想观点的基础上,将灌输理论与无产阶级掌握意识形态领导权和话语权紧密结合并进行了系统阐释。

列宁指出,资本主义思想体系的历史要比社会主义久远得多,并且经过更加全面的加工,拥有更多的传播工具。⑤ 革命的运动需要有革命的理论,应把社会主义思想、科学方法和政治自觉等灌输到无产阶级群众中去,让他们明确无产阶级本身所处的社会地位、肩负的历史任务及阶级使命,这是工人阶级组建无产阶级革命政党的首要条件。所以,列宁强调,无产阶级要实现革命的成功,夺取意识形态领域的领导权和话语权,就必须先"灌输"社会主义意识形态理论。

---

① 列宁.列宁全集:第6卷[M].北京:人民出版社,1986.
② 列宁.列宁全集:第1卷[M].北京:人民出版社,1995.
③ 列宁.列宁专题文集:论辩证唯物主义和历史唯物主义[M].北京:人民出版社,2009.
④ 列宁.列宁全集:第13卷[M].北京:人民出版社,1987.
⑤ 列宁.列宁专题文集:论无产阶级政党[M].北京:人民出版社,2009.

列宁认为,科学社会主义理论的创造和灌输必须由一部分具有较高思想觉悟和丰富科学知识的人,即有产阶级的有教养的人负责,他们是先进的马克思主义理论工作者,是"不仅能把晚上的空闲时间贡献给革命,而且能把整个一生贡献给革命的人"。① 他们能"走在自发运动的前面,为它指出道路,善于比其他人更早地解决运动的'物质因素'自发地遇到的一切理论的、政治的、策略的和组织的问题"。② 此外,列宁还提出,教师队伍是一支社会主义意识形态理论的教育大军,"几十万教师——这是一批应该推动工作、启发人们思想、同目前群众中还存在的偏见作斗争的工作人员"。③ 为此,列宁还创办了俄国第一个以工人群众为培养对象的社会民主党的干部学校。让俄国无产阶级革命者成为科学社会意识灌输的"理论家""宣传员""鼓动员""组织者",自觉地深入到一切阶级中去。①

他还强调,在向一切阶级灌输政治知识和理论的过程中,"应当派出自己的队伍分赴各个方面"④,同时采取的灌输方法、形式要多样化,要根据工人阶级和人民群众的知识水平,结合日常生产生活实际,运用通俗易懂的语言进行灌输,不能生"灌"硬"输","不要把我们的理论变成枯燥乏味的教条","要善用通俗的语言,他们所知道的事实","让他们参加日常的斗争"。⑤ 同时,要积极引导工人阶级进行深入的思考,"从最简单的材料出发,用简单的推论或恰当的例子来说明从这些材料得出的主要结论,启发不断地去思考更深层的问题"。② 这样,通过灌输的教化和实践等作用,促进工人阶级的觉醒,实现工人阶级从自发向自觉的转变,同时让他们掌握马克思主义理论的观点和科学方法。此外,列宁还指出,报刊、出版物等传播媒体"并不限于传播思想、进行政治教育和吸引政治同盟军",还应成为促进工人阶级积极投身于彻底改造社会的伟大革命实践的载体。列宁的这些灌输思想为意识形态话语权建设奠定了方法论基础。

"一切划时代的体系的真正的内容都是由于产生这些体系的那个时期的需要而形成起来的。"⑥列宁的意识形态理论为俄国夺取社会主义革命的胜利和建设社会主义发挥了极大的指导作用,是马克思主义在落后国家的第一次成功实践,对20世纪中叶陆续成立的社会主义国家的意识形态建设产生了巨大的影响,开拓了马克思主义意识形态理论的新境界。

---

① 列宁. 列宁全集:第4卷[M]. 北京:人民出版社,1984.
② 列宁. 列宁全集:第5卷[M]. 北京:人民出版社,1986.
③ 列宁. 列宁专题文集:论社会主义[M]. 北京:人民出版社,2009.
④ 列宁. 列宁全集:第6卷[M]. 北京:人民出版社,1986.
⑤ 列宁. 列宁全集:第8卷[M]. 北京:人民出版社,1959.
⑥ 马克思,恩格斯. 马克思恩格斯全集:第3卷[M]. 北京:人民出版社,1960.

二、马克思主义意识形态理论对自媒体"微空间"意识形态话语权建设的启示

马克思主义基于唯物史观的意识形态理论,在革命实践和理论批判中彰显其强大的真理性力量,成为引领无产阶级革命运动和建设社会主义的主导性话语,这为推进自媒体"微空间"意识形态话语权建设提供了思想渊源和科学的世界观与方法论指导。

(一)科学把握"微空间"意识形态话语权建设规律

1. 正确认识"微空间"意识形态话语权产生的"现实性"条件

马克思和恩格斯科学地揭示了人们物质生产实践活动与思维意识之间的关系,指出意识形态是处于一定社会关系的个体或群体对社会经济结构的反映。"微空间"意识形态不是凭空产生的,其个体或群体的言行举止、互动状况是现实社会的实践活动与物质生活状况同线上虚拟空间社会交往所形成的思想意识的融合。"微空间"的话语内容,无论怎样进行描述,都有现实生活的"影子",都是现实生活中的社会现象在"微空间"的反映。在线下社会,人们的思想、行为习惯也会受到线上"微空间"意识形态话语的影响,人们的思想观念、价值体系也会打上"微空间"意识形态的烙印。因此,需要正确把握"微民"主体双重的现实性基础,科学分析其意识形态话语权建设和发展的条件。同时,"微空间"意识形态话语的吸引力、影响力和时代性源于人们物质生活水平的发展状况。进行基于一定经济基础之上的网络意识形态话语权构建,必须大力发展社会生产力,不断提升人们的物质文化生活水平,这才是有效构建"微空间"意识形态话语权的根本之策。

2. 有效发挥"微空间"意识形态对社会存在的能动作用

马克思主义指出,意识形态在反映社会存在的同时,表现出相对独立性和能动性。在"微空间"如何让马克思主义主流意识形态话语引领多元化的社会思潮、对社会发展起积极作用,是"微空间"意识形态话语权构建需要研究的重点内容。自媒体"微空间"中各种思想文化思潮竞相呈现、相互交织和影响,呈现出极其复杂的态势,对于非主流意识形态思想,既不能用简单的行政强制方式来干预,也不能简单地"一刀切",需要用科学的态度和方法来对待和处理"微空间"意识形态领域的矛盾和问题,需要创新马克思主义意识形态话语体系的表达形式,完善"微空间"主流意识形态自身理论体系,以不断提升"微空间"主流意识形态的影响力、包容性和生命力。

(二)坚持意识形态建设的党性原则

列宁指出,意识形态不仅有鲜明的阶级性,还有鲜明的党性原则。党性既是无

产阶级政党区别于其他政党最本质的特征，也是社会主义意识形态区别于资产阶级意识形态的鲜明特征。中国共产党是代表中国最广大人民根本利益的马克思主义政党，以全心全意为人民服务为根本宗旨，是中国社会主义意识形态建设的领导核心。要坚持党在意识形态领域中的领导权和话语权，为社会主义意识形态建设提供强有力的思想和政治保障。同时，要尊重人民群众的主体地位，确立社会主义意识形态以人为本的价值理念。

网络"微空间"存在的意识形态冲突，从本质上说是物质利益与制度选择的领导权和话语权之争，必须维护和巩固好马克思主义在"微空间"意识形态领域的指导地位；必须坚持中国共产党的核心领导地位，充分发挥党在社会主义意识形态建设中的统帅作用；必须将实现好、维护好、发展好最广大人民群众的根本利益作为"微空间"意识形态建设的根本出发点和落脚点。

（三）坚持社会主义意识形态的灌输理论

灌输理论是马克思主义理论的重要方法论，也是开展思想政治教育工作的基本理论。在社会主义革命运动发展和现代化建设实践中，灌输理论起到了统一思想、凝聚力量和提高认识的重要作用。在网络意识形态斗争复杂的环境和形势下，要构建意识形态话语权，不仅要毫不动摇地继承和坚持灌输理论，还要与时俱进地创新和发展。

一是要充分认识到意识形态灌输的必要性。当前，国际与国内环境已发生深刻变化，特别是随着新兴网络技术突飞猛进的发展，我国主流意识形态话语权建设受到很大影响。"微传播"空间是当今新兴话语场域，也是意识形态较量的新战场，不同的社会制度和发展道路之间的博弈日益加剧。在思想文化领域中，各种社会思潮相互激荡、相互影响，一些社会成员理想信念不坚定，思想道德滑坡，腐朽落后文化思想涌动，一些敌对势力内外勾结，借助自媒体宣扬"马克思主义过时论""意识形态淡化论"。应对外部环境的挑战，我国应加强主流意识形态话语权构建，改变存在着的"西强我弱"的态势，巩固思想阵地，坚持将灌输理论作为科学的行动指南，筑牢抵御西方意识形态渗透的思想道德防线。

二是要创新意识形态灌输的方法和手段。灌输并不是简单的机械重复和强制的说教，也不是"我说你听""我打你通""填鸭式"的满堂灌，而是要契合灌输客体的个性特征，不同的人群要采取与之特性相适应的意识形态灌输方式方法，要有差异性，这样才能使其更容易接受、认可，激发灌输客体的参与意识和创新能力。在网络信息化时代，要充分利用自媒体"微传播"的媒介和渠道，积极创新灌输方式方法，努力拓展灌输途径，有针对性地开展"微空间"马克思主义意识形态理论灌输工作，引领社会思潮的发展。

三是要与时俱进，注重意识形态灌输内容的科学性。马克思主义理论和中国特色社会主义理论体系是我们党在中国革命、建设和改革发展的实践过程中一贯坚持和形成的科学理论,我们必须毫不动摇地对广大党员干部和人民群众进行党的科学理论的灌输,使他们对中国特色社会主义的科学内涵有正确的理解和准确的把握,更清醒地认识到中国共产党真正代表广大人民群众的根本意志和利益,从而更加坚定信念,思想上始终与党中央保持一致。同时,要紧密结合我国改革开放和中国特色社会主义建设的实际、国内外形势发展变化的现实以及网络意识形态话语权建设面临的新要求,将马克思主义意识形态理论的灌输与时代发展的特征相统一,赋予其具有时代气息的新内容。此外,要密切结合广大人民群众的利益诉求,在探索解决广大人民群众利益矛盾和问题的过程中彰显马克思主义灌输理论与时俱进的理论品质,以增进广大人民群众对社会主流意识形态的情感认同,进而转化为其自觉的意识与行动追求。

第二节　西方其他学者关于意识形态话语权的思想

20世纪,在西方国家革命运动形势发生根本性改变的时代背景下,以格奥尔格·卢卡奇、安东尼奥·葛兰西和法兰克福学派等为代表的西方马克思主义学者对无产阶级革命道路问题进行了深刻反思,指出了牢牢把握意识形态话语权对夺取政权的重要性,一些社会学家也提出了话语权构建的思想理论。虽然其观点存在阶级立场和研究视角的差异,也不可避免会有其历史局限性,但这些研究成果毫无疑问为"微空间"意识形态话语权构建的研究提供了坚实的理论基础和有益的思想借鉴。

一、格奥尔格·卢卡奇的意识形态话语权思想

格奥尔格·卢卡奇是20世纪上半叶匈牙利的著名思想家,是西方马克思主义思想的开创者之一,其发表于1923年的代表作《历史和阶级意识——关于马克思主义辩证法的研究》被称为西方马克思主义研究的奠基之作。卢卡奇的意识形态理论对西方马克思主义的发展产生了深刻的影响。

20世纪初,欧洲国家发动的工人革命运动屡遭失败,卢卡奇认为失败的根本原因在于无产阶级的思维和意识没有彻底摆脱资产阶级的思想和制度的束缚,没有发展成为工人阶级自己的阶级意识,没有成为推进历史进程的主体与客体的统一,无产阶级意识形态尚处于一种危机状态,根本不可能掌握话语权。卢卡奇提出,无产阶级要取得革命的胜利,必须重视意识形态问题,首先要摆脱资产阶级的

"物化"和"物化意识"的控制;其次要以"总体性"意识来唤醒无产阶级的阶级意识和意识革命,以促进无产阶级成为历史进程中的主客体的统一,从而掌握意识形态话语权。卢卡奇的意识形态理论为当时无产阶级夺取意识形态话语权提供了方法论基础。

(一) 批判资产阶级意识形态的实质:"物化意识"

卢卡奇的意识形态理论源自对资本主义社会物化现象的批判。他认为,资本主义商品经济社会是一个典型的物化社会,物化意识是其商品经济时代的产物。

在《历史与阶级意识》中,卢卡奇指出,在资产阶级社会中工人阶级劳动所创造的物(商品)已成为一种异己的力量,以"一种统治人、支配人的外在的力量和结构而存在"。资本主义通过物的生产与交换和现代化的分工体系,将工人阶级牢牢地限定在其自动化的生产线上,将其困在"原子化"的单个个体意识之中。也就是说,工人劳动所创造的产品不仅不能体现其自身的价值,反而成为其相对立的物,成为限制、制约其主体性、能动性发挥的东西,控制着其本身。

在卢卡奇看来,物化在资本主义社会已经成为普遍现象,其最直接的结果就是"物化的内化",将工人阶级个体的革命意识转化为对物的认同和顺从,"内化到人的生存结构和活动方式之中,变成一种物化意识"。卢卡奇认为,资本主义的意识形态就是与资产阶级社会的物化结构相适应的物化意识,正是这种物化意识"支配着所有人的精神活动和心理活动",让无产阶级完全听从于资产阶级意识形态,丧失了一切批判的力量和超越的思想。

因此,卢卡奇指出,在资本主义的现存制度下,无产阶级根本不可能成为主体,不可能自觉地为夺取话语权而采取革命行动。

(二) 提出无产阶级意识形态形成的基础:"总体性"意识

在卢卡奇看来,资产阶级的意识形态(物化意识)总以一种有限的、表面的形式反映现实,遮蔽对所反映事物的本质的认知,这种非总体性特征体现出它的虚假性,无产阶级如果"不能超出只是对局部的否定,如果它不能做到至少以对总体的批判为目标,它就不能超过被否定的东西"。也就是说,无产阶级要突破资本主义社会普遍的物化和物化意识的控制,形成无产阶级自己的阶级意识,就只有唤醒自身的"总体性"意识。卢卡奇认为:"总体性不是一个范畴的问题,具体说是一个革命行动的问题。"[①]在这里,"总体性"意识包含以下两个方面的内涵:

第一,"总体性"意识是一种成熟的自觉意识。卢卡奇认为,20世纪无产阶级革命运动的成败"取决于无产阶级在意识形态上的成熟程度,即取决于它的阶级意

---

① 卢卡奇.历史和阶级意识[M].杜章智,等译.北京:商务印书馆,1996.

识"①,而这种"阶级意识既不是组成阶级的单个人所思考或感觉的东西的总合,也不是其平均数。整个阶级在历史上有意义的活动,最终是由这种意识所决定的"。①如果无产阶级自觉地认识到现实和自身的境遇,认识到自身存在的价值和肩负的历史使命以及发展的完整性和全面性,认识到资本主义社会物化结构的实质,那么"总体性"意识将会形成。

第二,"总体性"是一种主客体统一存在的辩证法。总体决定着认识的客体和主体,主体只有把认识的客体作为总体,才会认识到自身存在的主体性和能动性。同时,主体只有把自身作为一个整体,才会有客体的总体性。当主体失去了这种统一的总体性,而仅仅成为客体存在,这就是物化。社会历史进程是主体和客体相互作用、相互影响的统一的总体,失去任何一方,总体性就不存在,社会就不会发生变革。所以,无产阶级的阶级意识形成与其是否成为社会历史进程中主客体辩证统一的总体具有直接关联性。

(三) 指出无产阶级意识形态建设途径:"意识革命"

卢卡奇通过反思无产阶级革命运动的过程,着重指出,无产阶级意识形态建设对其革命成功具有重要作用,并将意识形态革命作为无产阶级总体性革命进程中的核心。他指出,当一切革命条件(包括经济上和政治上的条件)都已经具备,无产阶级的阶级意识的觉醒程度就成为其革命成功与否的决定性因素,要唤醒无产阶级的革命意识就必须进行"意识革命"。从一定意义上看,卢卡奇将马克思主义的无产阶级革命观从暴力革命形式转向意识革命,凸显无产阶级的阶级意识建设对无产阶级革命成功的重要性,这在一定程度上丰富和拓展了马克思主义的意识形态理论。

对于如何加强无产阶级意识形态建设,促进无产阶级自觉阶级意识的形成和发展,卢卡奇认为,首先要加强对无产阶级的意识形态教育。他提出,无产阶级的意识形态不会自发形成,其自发产生的意识并不构成其真正的意识形态,即"心理学的阶级意识",而要形成真正的、科学的意识形态,即"被赋予的阶级意识",必须用马克思主义的科学理论加强对无产阶级的教育,武装无产阶级的革命头脑,让无产阶级认清资本主义社会的本质,"从资本主义创造的生活方式的意识形态束缚中解放出来",①这是无产阶级政党增强自身革命战斗力,夺取意识形态领域领导权和话语权的必然要求。其次,卢卡奇强调,无产阶级的阶级意识是"总体性"在理论上的自觉和实践上的生成,无产阶级应在实践中促进阶级意识形态的发展,实现主体对客体的能动性改造。他指出,"无产阶级只有趋向实践,它才能克服物性化"。① 无产阶级应通过革命实践进一步认识自身的社会地位和历史境遇,实现从

---

① 卢卡奇.历史和阶级意识[M].杜章智,等译.北京:商务印书馆,1996.

"心理学的阶级意识"到"总体性意识"的转变。即从"无产阶级思想纯粹是一种关于实践的理论,渐渐地(而且时常间歇地)转变成推翻现实世界的实践的理论"。①也就是说,无产阶级通过革命实践可检验其自身理论,同时也可促进其意识形态本身不断地丰富和发展。

综上所述,卢卡奇意识形态理论的突出贡献在于,从资本主义意识形态的物化现象入手,通过对产生"物化"及"物化意识"的原因进行分析,深刻揭露资本主义意识形态的虚假性和欺骗性,提出了无产阶级加强意识形态建设的举措,特别强调意识形态革命对于无产阶级摆脱资产阶级物化意识的控制、夺取革命政权的极端重要性,将无产阶级对意识形态话语权的争夺提升到显著位置。这对当时无产阶级取得革命斗争的胜利无疑起到重要的指导作用。但是,卢卡奇在一定程度上过高地评价意识形态的作用,将无产阶级的阶级意识作为无产阶级取得革命运动胜利的唯一动因,他认为阶级意识甚至可以替代现实社会中的政治实践和阶级斗争,使其带有唯心主义的倾向,体现出局限性。但不管怎么说,卢卡奇的意识形态理论开辟了对意识形态分析的新视角,对今天网络意识形态话语权建设具有重要的借鉴意义。

二、葛兰西的意识形态话语权思想

与卢卡奇相同,葛兰西的意识形态话语权思想亦是源自对西方资本主义社会生产关系和无产阶级革命命运的深度分析。20世纪20年代,欧洲大陆法西斯主义盛行,无产阶级反对资产阶级的革命运动高涨,但都屡战屡败,而当时俄国无产阶级却取得了革命的胜利,建立了世界上第一个无产阶级政权国家。对此,葛兰西从对东西方不同的社会结构的分析中指出,对已具有强大"市民社会"基础的法西斯主义统治来说,没有真正的无产阶级政党的领导,无产阶级依靠暴力革命手段来夺取国家的政治领导权是不可能的。

基于此,葛兰西提出"完整的国家"理论。在其被称为西方马克思主义经典之作的《狱中札记》中,葛兰西指出,"完整的国家"由依靠文化和思想意识关系整体存在的"市民社会"和马克思主义传统意义上的政治上层建筑——"政治社会"两个阶层构成,即"国家=市民社会+政治社会"。② 葛兰西认为,这里的"市民社会"指的是"私人关系和私人组织总和"的民间组织机构,既包括政党、教会、学校、社会团体等民间社会组织所反映的社会思想舆论领域,也包括报纸、广播、杂志、学术团体等文化传播载体所反映的意识形态领域。国家正是通过"市民社会"向民众传播和渗透统治阶级的思想、文化及意识形态,获得"文化领导权"即获得意识形态的领导权

---

① 卢卡奇.历史和阶级意识[M].杜章智,等译.北京:商务印书馆,1996.
② 安东尼奥·葛兰西.狱中札记[M].葆煦,译.北京:人民出版社,1983.

和话语权,占领了思想文化阵地,就可获取"政治社会"的政治领导权。在《狱中札记》中葛兰西指出,西方无产阶级革命失败的一个很重要的原因就是没有取得"意识形态领导权",他认为,"一个成功的统治阶级,就是那个在实际上取得政权之前就已经在精神和道德上取得领导地位的阶级"。[①] 所以,葛兰西提出,无产阶级要想掌握国家政权,首先就要掌握"市民社会"的意识形态领导权和话语权。并且,他认为国家可发挥"有机知识分子"的重要作用,采取"阵地战"的战略,夺取革命的胜利,从而使无产阶级初步掌握"文化领导权"。葛兰西的意识形态话语权思想为西方社会主义的发展提供了思想借鉴。

(一) 夺取"文化领导权"的重要阵地:"市民社会"

葛兰西意识形态领导权和话语权思想的创新性在于将文化的渗透与教化和道德的价值力量融入"政治领导权"思想中,使"政治领导权"具有"文化"特色,从而使政权更加合理化和合法化,实现这一思想要掌握的重要阵地就是"市民社会"。

葛兰西认为,在资本主义新的历史发展条件下,资产阶级的统治手段更为隐蔽,社会结构更加复杂,"市民社会"不仅是经济领域的阶层力量,也是政治领域的重要角色。资产阶级以非暴力的形式,通过"市民社会"传播其思想文化和意识形态,让社会成员接受其思想熏陶,久而久之整个社会都接受并信服于他们宣扬的思想与文化,在心理上产生一种"自觉的服从",在"同意"和"认同"的情况下,"心甘情愿"地臣服于他们的政治统治与控制,接受自己所处的社会环境与地位,从根本上失去了反抗的意识。所以,成熟的"市民社会"基础是资产阶级取得"政治领导权"的重要因素。在资本主义国家,"市民社会"已成为社会结构的重要组成部分,在政治和经济中产生重要的作用。这也就是为什么在"市民社会"很成熟的资本主义国家,工人革命运动相继失败,而在"市民社会"尚未成熟的俄国,无产阶级却可以通过暴力革命取得胜利。

因此,葛兰西提出,随着资本主义的发展,无产阶级要想取得革命的胜利,仅仅依靠暴力革命的形式夺取"政治领导权"是不够的,必须摧毁资本主义相对发达的"市民社会"基础,建立无产阶级的"新市民社会",这样才能在意识形态领域获得主导权。

(二) 夺取"文化领导权"的主体力量:"有机知识分子"

葛兰西认为,建立无产阶级的"新市民社会",获得国家的"政治领导权",必须充分发挥知识分子的重要作用,"要不断地提高人民中越来越广泛的阶层的智力水平,换言之,要赋予群众中无定向分子以个性。这意味着要努力培养出一种新型的

[①] 安东尼奥·葛兰西. 狱中札记[M]. 葆煦,译. 北京:人民出版社,1983.

知识分子的精英,这种精英直接从群众中产生出来,而且还同群众保持着接触"。①在夺取意识形态领导权和话语权的过程中,"有机知识分子"起到关键作用,因为"并不存在任何独立的知识分子阶级,但每个集团都有它自己的知识分子阶层"。②

葛兰西指出,"有机知识分子"是指那些在社会不同领域中发挥着各自的社会职能,在自身发展的同时改造传统知识分子、培养本阶级力量、融入大众并推动社会前进的知识分子。他们具有革命思想、自觉的革命意志和革命能力,宣扬并传播本阶级的思想文化与意识形态,引导大众取得共识,从而构建一个思想文化稳定、具有坚强革命意志的新的"市民社会"。

葛兰西强调,要夺取文化领导权,先进的无产阶级政党要扩大"有机知识分子"群体、壮大革命队伍,构建无产阶级革命的"市民社会"。不仅要使党的干部和无产阶级知识分子成为"有机知识分子",以团结和凝聚广大人民群众,还要注重对全体民众和各种社会组织进行思想文化熏陶,以争取更多的社会认同。"任何真正走向统治地位的集团,其最重要的特点就是从'意识形态上'竭力同化并征服传统的知识分子。这种同化和征服的工作做得越快、越有成效,该集团在精心造就自己的'有机的知识分子'的工作中就越成功。"③

(三) 夺取"文化领导权"的方法策略:"阵地战"论

一些西方发达资本主义国家已形成相当成熟的"市民社会"基础,资产阶级意识形态已充斥并占据整个"市民社会",资产阶级的价值观就像"水泥"一样,自然而然地渗透到了无产阶级的思想脉络中,要从思想文化和意识形态领域瓦解资本主义的统治,建立无产阶级的意识形态,即夺取"文化领导权",是一场相当漫长而艰辛的斗争。葛兰西提出,无产阶级只能采取"阵地战"战略主导意识形态领域,摧毁资产阶级"市民社会"的意识形态,形成无产阶级意识形态格局,夺取"市民社会"的文化领导权,掌握意识形态话语权。

葛兰西意识形态领导权争夺的"阵地战"论是相对于"运动战"而提出的,是依据"市民社会"的稳固程度而采取的战略。因为当时无产阶级的力量还很薄弱,还受资产阶级意识形态和思想文化领域的控制,尚未建立自己完备的意识形态思想理论,如采取"运动战",即使夺取了政治领导权,还会很快受到资产阶级强大的意识形态统治影响而被推翻。"阵地战"是渐进式的不断理性化的进攻方式,是采用"分子入侵的方式",逐个击破资本主义意识形态下的"市民社会"组织结构,不断改变"市民社会"中两个阶级的力量,逐渐渗透无产阶级新的思想文化,传播无产阶级政党的革命意识。通过长期的意识形态革命,无产阶级在"市民社会"中的阶级基

---

① 安东尼奥·葛兰西.实践哲学[M].徐崇温,译.重庆:重庆出版社,1990.
② 安东尼奥·葛兰西.狱中札记[M].曹雷雨,等译.北京:中国社会科学出版社,2000.
③ 安东尼奥·葛兰西.狱中札记[M].葆煦,译.北京:人民出版社,1983.

础不断巩固,文化领导权不断扩大,最终可获得思想文化与意识形态领域的主导权和话语权。所以,"阵地战"是无产阶级为瓦解资本主义意识形态而进行的一场持久的思想斗争。

葛兰西意识形态"文化领导权"思想,对网络意识形态话语权建设具有重要的指导意义。一方面,将意识形态从"思想体系"的内涵转变到"实践性"和"物质性"的作用,强调了掌握意识形态领域领导权和话语权的重要性,丰富和发展了马克思的国家和阶级意识理论以及列宁的政治领导权思想。另一方面,在意识形态领导权建设上,注重发挥"有机知识分子"的作用、采用"阵地战"的战略方法、提倡思想"认同"和心里"接受"的教育效果等,为"微传播"时代高校主流意识形态话语权在话语传播主体、传播途径与渠道、传播方式和传播效应的构建上提供了借鉴和有益的启示。

三、法兰克福学派关于意识形态话语权的思想

以葛兰西和卢卡奇为代表的早期西方马克思主义者主要从无产阶级革命命运和革命策略的角度探讨了意识形态理论问题,他们均认为无产阶级只有形成成熟的革命意识或掌握意识形态领域的主导权和话语权,才能夺取革命的胜利。20世纪中叶,以马克斯·霍克海默、尤尔根·哈贝马斯和赫伯特·马尔库塞等为代表的西方新马克思主义学派——法兰克福学派,从哲学人本主义的角度提出了意识形态社会文化批判论,形成了较为独特的意识形态批判视域。

法兰克福学派指出科学技术是资本主义社会意识形态的新形式,并成为一种异化的力量,体现着意识形态虚假性的本质。法兰克福学派意识形态理论的形成主要基于20世纪中叶发达资本主义社会科学技术取得了飞速发展,人们的物质需求虽得到了极大的满足,但人的精神压制与束缚却变得更加严重,人的主体性和超越意识消失,生存境遇更加糟糕。他们认为,意识形态是与人的主体意识和人本精神相对立的,其主要功能就是通过美化现实生活来替社会掩盖和辩护。

(一)扩大意识形态概念范畴:"科学技术即意识形态"

法兰克福学派创始人、德国哲学家霍克海默最先提出"科学技术即意识形态"的观点,他在早期著作《科学及其危机札记》中指出,科学已成为阻碍人们发现社会危机的真正原因,掩盖了社会真实的社会关系,科学技术已是一种新的统治和控制社会的意识形态。

马尔库塞继承和发展了前人的观点,并对发达资本主义将科学技术作为意识形态的政治倾向和科学技术控制社会的作用进行了进一步剖析。在其20世纪60年代出版的《单向度的人——发达工业社会意识形态研究》一书中,马尔库塞指出,

在发达工业社会中科学技术作为主要生产力,创造了更多的社会物质财富,改善了人们的物质生活条件,但同时,随着工业技术逐渐运用到社会控制与调节系统中,技术的合理性变成了政治的合理性,科学技术变成政治统治的工具。他提出,"连续不停的技术进步的动态,已经充满了政治内容,技术的逻辑已经成为继续奴役的逻辑"。①

法兰克福学派的后期主要代表哈贝马斯,系统地阐述了科学与技术是意识形态的思想。他在《作为"意识形态"的技术与科学》一书中明确指出,在资本主义社会晚期,科学技术不仅是第一生产力,而且成为新的意识形态,执行着社会功能。机器大工业深刻地改变了资本主义社会,科学技术渗透到生产力各要素和社会生活的各个方面。

(二)批判意识形态的本质:"虚假意识"

法兰克福学派从意识形态的社会功能出发,对发达工业社会虚假的意识形态进行了猛烈抨击,认为一切意识形态都具有欺骗性和操控性,"都是其制造者们为巩固和扩大自身阶级利益而杜撰、虚构出来的,其目的是左右人们的思想,决定社会的生活"。在他们看来,意识形态本质上是虚假意识,虚假性是一切意识形态的本质。

法兰克福学派从科学技术、社会、思想文化等方面指出,统治阶级运用科学与技术手段,通过教育、大众传播等途径强行灌输统治阶级的思想意识和价值标准,引导大众的虚假需求,麻痹大众的思维,抹杀人的个性,使人们丧失独立决断的能力,操纵着人们的思想和行为,以维护现存的社会秩序。他们进一步指出,"每个社会阶层的意识都有可能受到意识形态的限制和侵蚀,不管它在自身所处的环境里多么专注于真理"。② 这表明意识形态突破了资产阶级的界限,成为社会一切虚假意识的代表,对一切阶层进行欺骗和操控。

法兰克福学派通过分析发达资本主义社会人民大众的生存困境和文化危机,批判了资本主义社会意识形态的虚假本质及其消极的社会功能,从而将对意识形态的批判提到了一个前所未有的高度。同时,这也凸显了意识形态在人的全面发展和社会进步中表现出的重要作用。

(三)提出科学技术意识形态异化:"单向度的社会"

法兰克福学派的科学技术意识形态批判理论的主要思想是科学与人性的矛盾。在他们看来,科学技术成为意识形态对社会总体结构的异化,使原本中立的科学技术成为扼杀人的主体意识和批判精神的异化力量,使人的主体性消解而成为

---

① 赫伯特·马尔库塞.爱欲与文明[M].黄勇,薛民,译.上海:上海译文出版社,1987.
② 马克斯·霍克海默.霍克海默集[M].曹卫东,译.上海:上海远东出版社,2004.

"单向度的人",使社会政治、经济、文化等逐渐一体化而成为"单向度的社会"。

霍克海默提出,科学技术作为新的意识形态,已异化为统治人和奴役人的工具,加大了统治阶级对社会大众的控制,其异化力量也使资产阶级统治进一步合理化,意识形态已成为人们对社会失去批判意识和批判能力的单向度的思想。马尔库塞也认为科学技术同现存的资本主义社会制度一样,成为对人进行操纵和控制的有效工具,随着科学技术的发展,对人的奴役也随之加强,技术的进步使资本主义社会成为表面上物质生活幸福而精神生活极度空虚的单向度的社会。科学技术意识形态的异化已从资本主义社会生产过程渗透到物质生活、精神生活乃至整个社会阶层,完全创造出了一种全新的社会生活模式。哈贝马斯也曾提出,科学技术是资产阶级新统治的意识形态。他们都把科学与技术这个意识形态视为资本主义国家产生社会危机、文化危机以及现代性危机的根源。

法兰克福学派对科学技术意识形态分析的重视度开辟了意识形态领域研究的新视野,强调了科学技术对社会发展的物质基础性作用,指出在发展科学技术促进社会物质极大丰富的同时,要防止科技产品泯灭人的本性,要充分认识科学技术发展所带来的社会消极作用。在网络信息传播技术迅猛发展的今天,这对如何正确处理科技发展和文化意识形态建设的关系,如何加强网络空间意识形态话语权建设具有一定的指导作用。但由于法兰克福学派对意识形态的分析与理解表现出极左的思想,对资本主义社会矛盾与冲突产生的社会根源揭示不彻底,导致其意识形态社会文化批判理论具有极大的局限性,也使其最后陷入绝望和悲观的情绪之中。对于法兰克福学派意识形态批判理论,在学术界已引起一些学者评论,争议焦点主要如下:

第一,科学技术是否属于意识形态概念范畴?我们知道,意识形态是社会意识的形式,具有认识世界和指导人们改造世界的功能,对社会存在的发展具有反作用。科学技术是生产力发展的智能性要素,是解放生产力和发展生产力的工具。科学技术在当代社会的某些领域表现出一定的操控性,但就此将科学技术纳入意识形态范畴,甚至等同于意识形态,这从根本上混淆了二者概念的内涵,直接导致了法兰克福学派对意识形态概念认识上的偏差,这在我国学术界也取得了一致性的意见。

第二,虚假性和欺骗性是否为一切意识形态的本质?法兰克福学派基于科学技术等同于意识形态的观点,认为科学技术发展这一人类行为,愈加掩盖了社会危机的产生以及存在,于是提出任何一种掩盖社会真实本性的行为方式都可看作意识形态,亦即一切具有虚假性和欺骗性的社会意识形式都是意识形态,并对其加以批判。这显然是非马克思主义的极左立场。

第三,科学技术产生异化的根源是否为其本身?法兰克福学派认为,发达工业社会科学技术的发展是将人沦为"工业文明的奴隶"的罪魁祸首,科学技术已成为为统治阶级服务的政治工具,认为"技术本身就是统治,就是方法的、科学的、策划好了的和正在策划着的统治"。[①] 把在资本主义社会中应用科学技术所产生的消极效应归结为科学技术本身发展的内在逻辑,这显然是荒谬的。马克思主义指出,科学技术对社会发展产生什么样的作用是由一定的社会关系以及生产方式所决定的,在于使用科学技术的社会性质与结构,而与科学技术本身没有必然联系。这种对资本主义社会的批判"转换为工具理性批判",囿于文化和意识形态层面,没有触及资本主义社会制度,没有从构成意识形态基础的社会生活过程着手,这样的批判只能是"隔靴搔痒"。

四、媒介传播的相关理论

西方学者对大众传播的研究早于我国,有不少学者提出了在传统传播媒介下的传播效果理论。"微空间"意识形态话语传播,是在新媒体生态环境下的信息交互,话语场域、议程设置、"沉默的螺旋"、"意见领袖"、"把关人"等传统传播学理论都将面临在新媒体环境下的颠覆与革新,分析和掌握这些传统传播学理论的内涵与特征,探讨其在新媒体传播中的新变化和影响因素,可以推进理论的发展,丰富理论的时代内涵,更好地增强其适用性。

(一)话语权场域理论

1. 场域概念

场域本属于物理学范畴,20世纪60年代法国著名社会学家皮埃尔·布尔迪厄在资本、惯习等概念的基础上将其引入社会学领域,并指出场域是权力和资本的附着体,一个场域就是围绕权力和资本的位置关系组合而成的一个相对独立的社会化结构空间。每个场域都有各自的运行规则,行动主体根据各自在空间结构中占据的位置关系,利用行为惯习、资本力量等手段保持或改变其在这一场域中的空间位置。

由此可以看出,场域是一个资源争夺的空间斗争场所,资本、权力既是行动主体的竞争手段也是其竞争目标;场域活动处于一定的阶级关系中,是社会存在的反映;不同的场域之间既相互独立又相互关联,场域具有相对独立性。

2. 场域理论内容

皮埃尔·布尔迪厄在其著作《实践与反思——反思社会学导引》中指出,现实社会由按特定法则分成的若干个不同类型的场域构成,同一场域内部或不同场域之间存在既相互影响又不断冲突的关系,即从场域规则、场域关系和场域斗争等层

[①] 尤尔根·哈贝马斯.走向一个合理的社会[M].波士顿:波士顿出版社,1974.

面分析社会空间某一场域中行动者主客体位置关系的变化,并提出其场域理论的主要内容为:"高度分化的社会世界是由不可化约成支配其他场域运作的具有自身逻辑和必然性客观关系的相对自主性的社会小世界构成的。"①

(1) 场域关系

在场域理论中,场域是基于各种客观位置关系组成的网络架构,行动者自身所占有的资本(除了经济资本、社会资本外,还包括语言、手势等"符号资本")决定了其在关系结构中的位置,资本的力量决定了其权力关系。因此,资本逻辑是场域中客观位置关系变化的重要逻辑。

"微空间"场域关系基于"微媒介"的赋权,重构场域内话语主体所处的位置关系,即话语权的大小,可实现"符号权力"的再分配。"微空间"场域中话语主体话语权的实现与其话语生成场域的"符号资本"密切相关。

(2) 场域规则

在场域理论中,场域规则是场域运行或建构的基础,场域具有"自身特有的逻辑和必然性"的规则。场域的参与者必须遵循该场域的逻辑和必然性的规则,也就是场域权利的操作与运行模式,从而在场域中获得权力和资本,以改变场域内各行动者的位置关系与资源的占有率。

布尔迪厄的场域理论揭示了强烈的语言互动不仅仅是信息的交流,而且是话语表达者权利与权威的较量。有话语权,但其话语不一定有权威性,因为有权威性的话语可以决定话语的内容及其要表达的真实意图。因此,需要构建"微空间"场域制度体系,以确立其场域规则,规范话语主体的行为。

(3) 场域斗争

场域是为价值资源争夺而永恒斗争的场所,这是场域运动的表现。行动者为了维护或改善在场域中的位置,不断地为资本、权力要素的配置而进行斗争。所以,场域斗争的实质就是资本的运作、利益的争夺、位置的确立,以获得赋权。

布尔迪厄的场域理论指出,行动者对场域结构网络位置的认同与构建基于该位置是否附有资本或权利,只要是存在利益价值的位置,处于这个场域中的行动者都将激烈争夺并将其占据,在这持续的斗争过程中,场域中各种位置关系结构得以最终确立。

无论是同一场域内部还是不同的场域之间都充满着利益斗争。在同一个场域内部,不同的参与者(组织、机构或个体)极力为占有资本、改变力量抗衡、争夺"游戏规则"的制定权而斗争。不同的场域之间,无论是个体还是群体都为各自场域的利益、资本而斗争。场域斗争的结果必然是将不同群体的符号与角色进行分类,并通过这种分类将某些位置进行固定,在这动态互动的过程中促进了社会的分层。

---

① 皮埃尔·布尔迪厄,华康德. 实践与反思:反思社会学导引[M]. 李猛,李康,译. 北京:中央编译出版社,1998.

3. 场域理论价值

场域理论进一步揭示了语言象征性权力资本的本质。语言是典型的符号资本,语言交换是一种象征性的权力关系。在媒介场域中,行动者通过语言的分享与互动来积累符号资本,在特定的场域中行动者所占据的符号资本越多,在语言交换中就会拥有话语优势,有更具影响力的话语力量,更能让对方接受自己的话语惯习。所以,场域的资本是不同利益主体竞相争夺的对象。场域作为关系的结构性空间,必须依靠资本的力量,即资本类型和数量。因此,不同的利益主体无论在哪种场域中斗争(即利益格局主导位置的争夺),实质上都是对该场域的话语权的争夺。

场域理论表明了场域形塑和生成惯习。布尔迪厄认为,惯习是由历史经验形成的稳定持久的、可转移的性情倾向系统。场域是行动者惯习实践的场所,惯习形成于场域中的实践过程。场域和惯习之间的关系表现为"制约的关系"和"知识的关系"。一方面,场域形塑着惯习。每个场域都有其固有的性情倾向系统——惯习,每个惯习与产生它的场域都是对应存在的,特定场域中特定的社会结构位置会形成不同的惯习。另一方面,场域认知构建惯习。场域和惯习间通过实践形成动态的"生成"或"构建"关系,惯习产生于行动者对场域社会结构位置与资源的争夺,不同场域间的交融或离异程度即资本数量、结构的变化,这正是惯习在场域中实践的结果。所以,惯习不断地被场域形塑着,又不断地参与场域的生成过程。[①]

布尔迪厄认为,如果对场域中的各种结构位置关系没有进行正确的理解和确定,并对占据这些位置的人的生平轨迹和惯习有所了解,那么在言语互动中就不可能理解这些人所说的话的内容、目的、意义以及要产生的社会效果。[①]

(二) 议程设置理论

1. 议程设置理论的发展

议程设置是大众传播媒介影响公众注意力和判断的重要方式。议程设置理论是传播学和新闻学领域的基础理论,也是关于传播效果研究的关键理论。议程设置理论最早由美国传播学者马克斯韦尔·麦库姆斯、唐纳德·肖在其著作《大众传播议程设置功能》中提出,迄今已经历50年的发展与检验。大致可分为三个发展层次:

一是客体议程设置效果。早期的议程设置侧重于研究客体议程设置对公众议程的影响,即影响公众的注意力和关注点。也就是,大众传播媒介越强调某个议题或事件,公众对该议题或事件的重视程度也就越高。

二是属性议程设置效果。媒介议程内容的客体总具有微观或宏观的不同属性

---

① 皮埃尔·布尔迪厄,华康德. 实践与反思:反思社会学导引[M]. 李猛,李康,译. 北京:中央编译出版社,1998.

的性质特征，媒介可根据自身的实际需要，强调客体的某个属性而忽略其他属性的议程设置，也就是突出这些属性在公共议程上的显著性，这就是属性议程设置的效果。大众传播媒介不仅能告诉公众"想什么"，也能告诉公众"该怎么想"。

三是网络议程设置效果。20世纪90年代，网络新媒体的出现，颠覆了传统议程设置的主体、内容、渠道、接受者以及传播效果，于是国内外研究者们提出了网络议程设置模式。他们认为在网络新媒体环境下大众对事件的认知和判断不是仅由议程内容的某个属性所决定的，而是受到一系列其他很多方面的因素和属性的影响，于是在前两层议程设置效果的基础上，研究者们提出大众传播媒介不仅能引导人们"想什么"或"该怎么想"，还能告诉人们"联系什么想以及怎样联系想"，也就是在某种程度上把客体与属性间关系的显著性转移到公共议程。这为媒介议程设置的作用提出了新的研究视角，也进一步丰富了议程设置研究的理论内涵。

2. 议程设置理论的内涵

议程设置理论认为，公众在某个时期对某个事件的关注度及判断与认知和大众传播媒介对此事件的强调程度存在正相关性，媒体对事件的宣传报道越多，就越能吸引公众的注意力和产生影响力，就越易成为社会舆论的热点话题。所以，议程设置理论实质上就是从一个议程到另一个议程的"显要性转移"。

议程设置理论的核心思想可概括为，"大众传播具有一种为公众设置'议事日程'的功能，新闻报道和信息传达活动以赋予各种'议题'不同程度的显著性的方式，影响着人们对周围世界的'大事'及其重要性的判断"。[①]

对于议程设置的功能，我们应予以正确的认识，它不是为了控制人们的思想和舆论，而是为了引导和重塑人们的认知、判断与行为。

3. 有效发挥议程设置的作用

马克斯韦尔·麦库姆斯和唐纳德·肖指出大众传媒议题发布的时机、设置的科学性以及与受众的相关度等直接影响大众议程的效果和能力。也就是，如何有效发挥议程设置的作用：

一是发挥媒介的"需求导向"。随着"微媒体"的发展，大众对媒介具有需求导向，运用供需均衡理论可将大众对媒介的需求导向与媒介的议程设置进行有机结合。大众对媒介的不确定性越高，意味着其需求导向越强，媒介越易发挥作用。媒介使用起来越便捷，就越能适应大众的需求导向，议题设置的效果也就越理想。

二是精准把握议程的时机。时效性是影响媒体议程效果的重要因素。从一定程度上讲，媒介议程设置对公众议程影响的大小取决于其对议程设置时机的精准把握。只有在第一时间抢占信息发布时机，赢得公众的关注，才可能实现议程设置的理想效果。

---

① 郭庆光. 传播学教程[M]. 北京：中国人民大学出版社，1999.

三是科学合理的议题设置。密切关注社会热点话题及大众舆论,掌握好时机并及时推送正能量议题,引发大众的关注与思考。同时,做好信息的审核,确保议题真实有效,符合大众的实际需求。

(三)"意见领袖"理论

1."意见领袖"的概念及特征

"意见领袖"又称"舆论领袖",是现代传播学的经典概念。这一词最早由美国著名传播学学者沃尔特·李普曼于1922年在其经典著作《舆论学》中首次提出,他认为普通大众在构建认知世界的过程中,需要依赖大众媒介以及对大众媒介信息进行解读的领袖人物等,仅依靠他们自身的实践能力是不够的。[1] 20世纪40年代,美国社会学家保罗·F.拉扎斯菲尔德等人在研究大众媒介对美国总统大选产生的影响效果时,发现并进一步证实"意见领袖"在信息传播中的枢纽作用,"意见领袖"也成为其提出的大众传播"两级传播论"中的关键词。1944年,拉扎斯菲尔德在其著作《人民的选择》中提出,信息通过大众传播媒介并非直接传播给受众,而是要经过"意见领袖"这一中介角色的"加工",再传向一般受众,即为"大众媒介—意见领袖——一般受众"的两级过程。于是,"意见领袖"的概念可明确界定为:活跃在人际传播网络中,经常为他人提供信息、意见或建议、观点或评论,并对他人施加个人影响的人物。[2]

从"意见领袖"的概念可以看出,在大众媒介信息传播中,能成为"意见领袖"者应具有相应的特质。从身份与阶层上看,"意见领袖"广泛分布于社会一切群体和阶层中,不一定都是经济富有者、名人或有身份地位的人。从社交范围上看,"意见领袖"处于社交网络的中心,具有良好的人际交往能力与社会活动能力,被人们所信赖,信息渠道广,拥有信息源获取优势,并且对大众媒体的接触频次高。从信息整合与分析能力和对舆情的掌控能力上看,相对于普通民众来说,"意见领袖"具有较强的信息收集整合能力,并通过对时事或热点事件的敏感度,及时发表独到的见解和观点,能产生情感共鸣,广泛进行互动,引导大众参与讨论,在舆论场中形成独特的影响力,引领舆论走向,引导议题进程,掌握话语主导权。

随着信息网络技术的发展,媒介生态环境发生改变,信息产生和传播途径发生颠覆性变化,"意见领袖"的存在形态和影响方式也在不断发生变化。

2."意见领袖"作用的主要表现

(1)助推舆情产生

在大众传播学中,"意见领袖"虽无法控制受众的思想,但通过其表现出的较强的信息获取能力、在舆论场中的引导力以及在大众媒体平台良好的表达能力等特

---

[1] 沃尔特·李普曼.舆论学[M].林珊,译.北京:华夏出版社,1989.
[2] 保罗·F.拉扎斯菲尔德.人民的选择[M].唐茜,译.北京:中国人民大学出版社,2012.

质,一旦他们对掌握的第一手信息进行爆料,或对热点事件进行大量跟帖、评论,凭借其影响力,其发表的信息、观点会引起受众的广泛共鸣,并很快形成辐射效应和链式反应,产生很大的舆论影响。

(2) 引导舆论走向

当大众传播媒体中产生舆情时,"意见领袖"虽然不能完全控制舆情的发展,但可以在一定程度上引导舆论走向。因为在社交平台上,大多数普通民众基本上是参考他人的观点或意见,形成自己的看法,而"意见领袖"是舆论场中评论的积极提出者,他们会根据自己的兴趣、价值观念和态度对信息进行筛选或加工,赋予其新的含义,这在很大程度上对其他民众的观点起到引导作用。

(3) 形成舆论压力

"意见领袖"不仅可以通过大众媒体产生舆情,还可以形成舆论压力,起到监督和督促或推波助澜的作用,推动热点事件或问题的快速解决或升级。特别是对民众反映的事件或诉求,"意见领袖"在促进问题的解决上起到重要作用。他们通过对事件进行爆料,发表观点与评价,引起大众的广泛关注,让更多的人思考和讨论,促使事件成为社会舆论热点,带来巨大的舆论压力,引起相关部门的迅速重视和关注。其发展路径一般为:事件发生或"意见领袖"爆料—产生舆情—传播媒体跟进—"意见领袖"炒作—舆论压力形成—相关部门介入。

3. 发挥网络"意见领袖"的积极作用

网络"意见领袖"除具有"意见领袖"传统的特征和作用外,网络媒体传播的便捷性、开放性和迅速性又赋予其新的信息传播优势和话语权。在新媒体时代,网络平台给予了每个网民充分的话语权,网络"意见领袖"表达主体也趋于多元化,根据拉扎斯菲尔德的"两级传播论",网络"意见领袖"很大程度上成为信息传播的"把关者",在去中心化的基础上"再中心化",影响网民议程事项的制定和舆论的发展。我们需要积极引导网络"意见领袖"最大限度地发挥正能量作用,运用其在网络信息传播中的公信力与权威性,引导正向舆论,促进事件的解决,使其成为先进文化的弘扬者和文明的传播者。在主流意识形态话语权建设中,正确认识、培养、引导网络"意见领袖",充分发挥其积极作用,将有利于话语权的建设。

(四)"沉默的螺旋"理论

1. "沉默的螺旋"理论内容

"沉默的螺旋"概念最早见于20世纪70年代由德国传播学家伊丽莎白·诺埃尔-诺伊曼在《传播学刊》上发表的《重归大众传播的强力观》一文中,1980年诺伊曼在其著作《沉默的螺旋:舆论——我们的社会皮肤》中对"沉默的螺旋"理论进行了全面的概括与系统的阐释。此理论一经提出,在传播学界产生了很大影响,引起学者们极大的关注,至今已成为经典传播学理论之一。

诺伊曼从"被孤立的恐惧心理""意见气候和环境""准感官统计"等角度对该理论进行了介绍,其理论的核心思想为:大众传播在社会舆论形成过程中的强有力作用,基于人们在大众传媒下被孤立的恐惧心理因素,导致了在公共场合中意见表达的沉默或扩散的螺旋式效应。诺伊曼的观点主要包括以下三个方面:

第一,个体的社会属性决定其在表达意见时对"意见气候和环境"的评估。也就是说,个人在公共场合中的公开行为,特别是表达意见的意愿是一个社会心理过程。在群体环境中,个体迫于社会规范的压力,通常都有担心被孤立的恐惧心理,于是以"准感官统计"对周围的"意见气候和环境"进行评估和判断,以规避被孤立的风险。其过程为:社会孤立的威胁—个体对孤立的恐惧—意见环境评估—意愿表达行为的决定。

第二,"意见气候和环境"的发展是一个螺旋上升的过程。在群体活动中,持不同意见的少数人的沉默,会促使处于优势的意见方变得更加强势,从而形成一种舆论压力,迫使沉默者更加沉默或违心附和强势的观点,也使原来强势的意见越来越成为舆论主导意见,沉默者的扩散和舆论的形成都呈螺旋式的递进发展。诺伊曼认为,个人有能力判断和预估舆论场中观点发展的强弱走势,舆论对意见起到了整合的作用,它是敏感的"社会皮肤",发挥着社会控制的双向功能。

第三,大众传播对"意见气候和环境"的营造起着推波助澜的作用。诺伊曼指出,报纸、广播、电视等传播媒介对社会舆论的形成起着制约或推动的作用,主要是通过三个影响因素产生效果,即多种媒体对同一信息内容共同传播产生的"共鸣效果"、在信息传播时间上的"累积效果"和在传播范围上的"遍在效果"使人们在对舆论环境的认知活动中产生重要影响,从而引导社会舆论走向。

2. "沉默的螺旋"理论基础

从诺伊曼提出的"沉默的螺旋"的主要观点可以看出,该理论主要源于社会学、心理学和传播学。

诺伊曼认为,"没有一个社会是由不具备社会性特质的人组成的,不被孤立所恐惧的社会是不存在的。"存在于一定社会关系中的个体为了不被社会所排斥、脱离社会的大多数,其在表达观点意见或作出行为决断时往往要观望和判断所处的环境,以寻求更多的支持者以避免处于孤立的境地。

诺伊曼强调,正是每个人都有害怕被孤立的社会特性,促使个人在表达意愿行为时有心理发生转变的过程。在公众场合中,个人会不断地审视群体周围的环境和意见气候,并根据感知意见分布和判断未来的意见走向来调整自己的观点和行为,当个体意识到与多数人的意见趋于一致时,主动的心理会促使个体积极发言;当个体意识到自己的观点处于少数人队列时,则会选择屈于环境而默然,这样对环境认知的结果会产生一定程度上的心理压力。

诺伊曼指出,在多数人意见方势力不断扩大、少数人意见方势力不断消解的螺旋式传播发展过程中,大众传播媒介深度参与舆论会起着统一社会不同意见的效果。因此,在"沉默的螺旋"的作用下社会舆论往往是在人们处于意见压力环境下而采取趋同行动的非理性的结果。

3."沉默的螺旋"理论适用

"沉默的螺旋"理论的提出基于当时传统媒介传播的社会背景,新媒体时代的到来对信息传播途径和传播方式产生了深刻影响,学术界对"沉默的螺旋"理论在网络环境下的适用性提出了不同的观点。有学者认为,新媒体技术传播使"意见气候和环境"多元化,已大大削弱了传统媒介的权威性,甚至一些意志坚定的"中坚派"或"意见领袖"虽然在当时的群体环境中可能属于少数者,但依靠他们的影响力,一经出现会带动一批人响应和支持,将会打破原来少数者的"沉默"局面,产生反"沉默的螺旋"现象,进而会出现"意见气候"逆转。也有学者认为,新媒体环境为"沉默的螺旋"理论发展提供了新的土壤。在网络空间舆论场中,网民依然存在从众心理和"被孤立的恐惧",甚至提高了对"准感官统计"的判断能力。在新媒体环境中或随着媒介融合发展,"沉默的螺旋"的表现形式、传播形态等方面相较于大众传播时期更加多元化,加快了"沉默的螺旋"的形成过程。对此,可以说新媒体传播技术的发展,使"沉默的螺旋"理论的媒介环境和社会环境发生了改变,使其呈现出不同的特征,我们需要掌握"沉默的螺旋"理论在新媒体传播环境中的特征变化,不断丰富和完善该理论,以发挥该理论在网络空间"意见气候"形成过程中的指导作用,以达到更好的正能量传播效果。

"沉默的螺旋"理论强调社会心理机制在个体信息传播和舆论形成过程中的重要作用,告诉我们在新媒体传播中要分析和把握群体的社会心理特征,及时把握形势,避免成为沉默的大多数,同时还要关注舆情动向,时刻掌控舆论风向,防止群体极化现象,最大限度地减少非理性声音,发挥舆论的正向效果。

"沉默的螺旋"理论揭示媒介在引导或形成社会舆论的过程中的作用是人们在"意见气候和环境"的压力下而采取趋同行动的非理性结果,这就提醒我们在网络空间中要时刻关注传播媒介在"意见气候"形成过程中的功能发挥,准确分析网民意见表达是否真实,以避免产生媒介传播的消极作用。

发挥新媒体传播技术对个体意见表达的赋权和"意见领袖"的作用,让"沉默"者趋于理性。新媒体网络空间信息传受一体,赋予个体能动的意见表达,有利于形成反"沉默的螺旋"现象,同时网络"意见领袖"对于打破"沉默的螺旋"模式有着重要的作用,需要大力倡导其中正面的声音,引导负面情绪的人趋向理性。

(五)"把关人"理论

1."把关人"理论的提出

"把关人"又称"守门人",最早由美国著名社会心理学家、传播学先驱库尔特·

卢因于1947年在其著作《群体生活的渠道》中提出,"把关人"理论是西方传播学的经典理论。卢因认为,信息在群体流通渠道中,总存在一些"把关人"对信息进行筛选、过滤和加工,只有达到与群体规范要求一致或符合"'守门人'的个人意见"的信息才被允许继续在渠道中流通。[①] 1950年,传播学学者大卫·怀特将其引入新闻传播领域,并提出了新闻传播过程中的"把关"模式。至此,"把关人"理论研究逐渐成为西方传播学者的研究热点。

2. "把关人"理论的发展

自20世纪40年代"把关人"理论提出以来,从学者们对该理论的把关主体、把关过程、把关内容等把关机制研究的变化上看,可将该理论的发展分为三个主要阶段:

第一阶段(20世纪50年代):把关模式的单一化研究。这一时期主要以卢因、怀特等学者为代表,侧重于把关主体的个体行为研究,主要分析个体的价值判断在把关过程中的作用,个体的把关行为成为媒体人的自觉行为。这一阶段,学者们提出简单的把关模式,没有给出具体的把关内容标准,也没有意识到把关行为是组织性活动。1949年,怀特通过观察一位具有25年新闻工作经验的日报编辑在7天里对稿件的"把关"行为,事后撰写了调查报告《把关人:一个新闻选择的个案研究》,文中提出新闻稿件筛选过程的把关模式,即"输入信息－输出信息＝把关过滤信息"。怀特认为,新闻媒体的信息报道不是"有闻必录",而是在进入大众传播渠道前由记者、编辑等"把关人"基于自身的价值标准进行了信息的取舍和选择的过程。

第二阶段(20世纪60年代至70年代):把关模式研究的多样性。这一时期学者们对怀特的单一把关模式进行修正和完善,认为传统媒体对信息的"把关"是一个较为复杂的过程,研究侧重点开始转向媒介组织的把关行为,学者们提出了信息传播的多种把关模式。

1959年,美国学者麦克内利在其《新闻的国际交流中的中间传播者》一文中提出,新闻信息从源头发布到受众的整个流通过程中需经历不同层次和类型的多种"把关人",而并非怀特提出的新闻编辑等个体"把关人",每一阶段都有扮演着不同角色的"把关人",既有编辑、记者等行为个体对信息的筛选和过滤,也有媒介组织对传播内容的审核。但他没有将各环节"把关人"角色的重要性进行主次划分,也没有意识到电视等传媒组织的把关行为会受到社会因素的制约。

1969年,学者巴斯提出信息把关"双重行动模式",在其《重新定义守门人概念》《使守门人概念更趋完善》等论文中,他指出,新闻媒介把关行为最重要的部分在媒介组织内部,把关过程分为新闻采集和新闻加工两个阶段,但这两个阶段的把关地位有主次之分,第一阶段是新闻采集,主要"把关人"是记者;第二阶段是新闻加工,主要"把关人"是编辑,并且第二阶段的把关比第一阶段更具有决定性。同时

[①] 库尔特·卢因. 群体生活的渠道[M]. 北京:中国传媒大学出版社,2002.

期,学者沃特·吉伯在《新闻是报人们制造的东西》一文中提出,"把关人"往往要受到信源、新闻机构等社会力量的影响,参与把关的并非孤立的个人,实际上是一个组织,我们应将"把关人"研究从个人控制模式向社会控制模式转化。

此外,美国学者约翰·盖尔顿和玛丽·H.鲁奇1965年在《国外新闻的结构》一文中提出"选择性把关模式"。他们认为,新闻内容或社会事件能否通过"把关人"审核而进入传播渠道有一定的"把关"标准,而这个标准在一定程度上是可以解释和预测的,于是他们列举了"时间性""重要性""社会文化价值观念"等新闻要素,并提出占有要素越多的新闻稿件越易通过"把关人"的审核。

第三阶段(20世纪80年代至今):把关机制的系统化研究。从这一时期开始,学者们对"把关人"理论开始比较系统和全面的分析,既关注媒介组织的传播也注重人们活动的社会制度环境研究。随着网络传播媒介技术的发展,学者们对信息传播把关过程的研究视角也逐渐丰富。

著名传播学者、媒介社会学主要代表人帕梅拉·休梅克在总结前人研究的基础上,比较系统全面地对传统把关理论的基本框架进行了构建。他提出,大众传播的把关过程可以认为是新闻媒介构建社会现实的过程,而非单纯是一系列"进"和"出"的决定,他在《大众传媒把关》一书中将把关层次按影响传媒内容的诸因素重要性进行排列,列出五级金字塔式图解,从塔底到塔尖即从最重要的因素开始,依次为社会制度、社会机构、新闻机构、新闻工作惯例和新闻工作者素质。休梅克认为,新闻媒介根植于社会制度的土壤,因此社会制度对媒介内容的影响是最根本的,新闻工作者的内在素质在内容传播上有所反映,但基本上被其他四个层次特别是社会制度所决定。

随着网络传播时代的到来,信息传播的把关过程、把关功能等更加复杂。学者卡琳娜·芭兹莱-纳昂将"把关人"概念引入网络领域,并构建了一套"网络把关人"理论,提出网络语境多元化把关机制。同时,随着20世纪80年代以来我国传播学的发展,"把关人"理论也引起我国学者的普遍关注,从新闻学领域开始,学者们也进行了探索实践和理论研究。

3. 自媒体时代"把关人"理论的调适

在自媒体时代,"把关人"理论迎来了新的实践,在新的媒介生态环境下,该理论需要不断修正和调适,以使理论在实践中不断完善和发展。

一是重新审视"把关人"角色。自媒体环境下的信息传播是立体化循环多向传播,媒体并非单一信源,受众不再被动接收信息,对媒体端的内容可以选择性关注,受众是信息传收一体的生产者和消费者。这种信息流动是一种典型的去中心化,使"把关人"的作用不断被弱化,同时把关难度也在增大,需要重新定位自媒体时代的"把关人"角色。首先,作为自媒体的"职业把关人"——论坛版主、网站编辑、平台技术运营商、媒介组织等应强化"把关人"的理念,履行好"专业把关人"的职责,坚守媒体的社会责任，维护新闻的真实性和媒介的公信力。其次，网民要提升自身的媒介素养，增强"自我把关"意识，自媒体传播不是法外之地。此外，媒体作为政府的喉舌，政府管理部门要履行"终极把关人"的使命，对自媒体要监督和管理，不能让自媒体空间游离于法律和制度的监管之外，积极营造健康、有序的自媒体环境，唱响时代主基调，传播正能量。

二是重新把握"把关"标准。传统媒体时代的"把关"标准主要是在政府管理部门监管下的制度规范，包括政治规则要求，媒介组织立场，新闻信息客观属性、专业标准以及新闻价值等。自媒体时代下的"把关"标准具有市场化特征，信息筛选的尺度更倾向于以受众的需求和媒体自身的发展为标准，因为只有关乎受众切身利益的信息、符合受众需求的内容才会得到更多网民的关注和围观，才会成为热门头条信息，媒体才可能获得更大的效益。

三是重新认识"把关"流程。传统"把关人"理论模式下的"把关"行为发生在受众接收信息前，采用的是"事前把关"，其基于"把关人"拥有对信息把控的绝对主导权，把关作用主要表现为"纠错职能"。自媒体信息传播呈网状放射式，传播节点多，参与面广，"把关人"的地位和权力大大下降，"事前把关"的难度增大，更多采取的是"事后把关"，"把关"行为表现为自媒体自主的"筛选功能"以及事后对信息的监测与管理行为，"纠错职能"表现相对滞后。

通过以上对西方媒介传播相关理论的分析可以看出，传统的传播学理论极大地丰富了传播学研究的理论体系，对于推动媒介信息传播的研究与实践无疑起到积极作用，但因其产生的时代背景和当时媒介生态环境的局限，我们必须辩证地予以理性对待，需要紧密结合当今自媒体发展的时代特点对其再思考，以便其更好地指导新媒介生态环境下的信息交流和传播实践，赋予其新的生命力。

第三节　当代中国关于意识形态话语权建设的思想指导

新中国成立以来，中国共产党历届领导人都十分重视社会主义主流意识形态及其话语权建设，始终不断巩固马克思主义在意识形态领域的指导地位，无论是在社会主义建设道路的探索时期，还是在中国特色社会主义建设的伟大征程中，一代代的中国共产党人坚持把马克思主义基本原理同中国具体实际相结合，并在实践探索和理论思考中一次次形成了党的重大理论创新成果，不断推进马克思主义中国化进程，为社会主义现代化建设提供了强有力的思想保障，实现了"从站起来到富起来""从富起来到强起来"的伟大飞跃。特别是党的十八大以来，以习近平同志为核心的党中央立足现实,重新审视复杂严峻的国内外形势,围绕意识形态工作特别是强调掌控意识形态话语权对于加强党的领导、加快国家发展和维护社会稳定等方面的重要作用,提出了一系列新思想、新观点和新论断,为新时代巩固社会主义主流意识形态话语权建设提供了根本遵循。

一、战略指导定位:强调意识形态工作极端重要性

从党的百年奋斗征程来看,无论是在社会主义革命与建设时期,还是在改革开放和社会主义现代化建设阶段以及中国特色社会主义新时代,党的历届领导集体都强调意识形态工作及其话语权建设在经济社会发展全局中的战略地位,强调意识形态工作在经济社会发展中的能动作用,并针对各阶段的国内外形势及历史经验,提出意识形态话语权建设的系列重要论断。

(一) 社会主义革命和建设初期

以毛泽东同志为核心的党的第一代中央领导集体,在新中国刚成立时面临异常艰难和复杂的国内外形势,毛泽东同志指出,要使社会主义政权不变色,思想领域的革命对中国革命和建设非常重要,因为"凡是要推翻一个政权,总要先造成舆论,总要先做意识形态方面的工作。革命的阶级是这样,反革命的阶级也是这样"。他强调在思想文化和意识形态领域必须确立马克思主义意识形态话语权的主导地位。"代表先进阶级的正确思想,一旦被群众掌握,就会变成改造社会、改造世界的物质力量"[①],而"马克思列宁主义的普遍真理一经和中国革命的具体实践相结合,就使中国革命的面目为之一新"。这明确指出了马克思列宁主义的指导思想在指导中国革命和建设中的重要地位。

(二) 改革开放和社会主义现代化建设阶段

以邓小平同志为核心的党的第二代中央领导集体,在改革开放使党的工作重心发生重大转移的过程中强调全党仍必须把思想政治教育工作、意识形态话语权建设放在突出位置,力戒"埋头经济工作、忽视思想工作的倾向"[②]。邓小平同志指出,"资产阶级自由化泛滥,后果极其严重。特区搞建设,花了十几年时间才有这个样子,垮起来可是一夜之间。""思想战线不能搞精神污染","我们一定要把思想政治工作放在非常重要的地位,切实认真做好,不能放松"[③]。我们将物质文明建设与精神文明建设放在同等重要的位置,"两手抓,两手都要硬",以实现同步发展、协

---

① 毛泽东.毛泽东文集:第8卷[M].北京:人民出版社,1999.
② 邓小平.邓小平文选:第3卷[M].北京:人民出版社,1993.
③ 邓小平.邓小平文选:第2卷[M].北京:人民出版社,1994.

调推进。

以江泽民同志为核心的党的第三代中央领导集体,总结了党在意识形态领域的经验和教训,从社会主义事业发展的战略高度强调加强对意识形态工作的领导以及牢牢掌握意识形态各部门领导权和话语权的重要性。江泽民同志指出,"意识形态工作是经济工作和其他一切工作的生命线"①,这项工作做得好不好"直接关系到社会主义事业的成败"②,必须把握正确的舆论导向,警惕西方"颜色革命"。

以胡锦涛同志为总书记的党中央,在世界社会主义发生曲折的严峻考验下强调,敌对势力同我们在意识形态领域的斗争和较量将是长期的和复杂的,有时甚至是非常尖锐的。我们必须保持高度警觉,做到警钟长鸣。一旦意识形态领域阵地出了问题,就可能导致社会动乱甚至丧失政权③,我们必须一刻也不能放松意识形态工作④,要把它"作为关系国家安全和社会稳定、关系党和人民事业兴衰成败的重大工作紧紧抓好,始终坚持和不断巩固马克思主义在意识形态领域的指导地位"⑤。

(三)中国特色社会主义新时代

党的十八大以来,以习近平同志为核心的党中央,直面意识形态领域的现实挑战和斗争的复杂性,深刻阐明加强意识形态领导权和话语权建设在推进中国特色社会主义事业发展中的极端重要性。

一是突出强调意识形态在党的中心工作中的战略地位。习近平总书记从历史唯物主义视角鲜明地指出意识形态工作的根本性,意识形态要成为党的思想工作建设中的重中之重。习近平总书记指出,"经济建设是党的中心工作","意识形态工作是党的一项极端重要的工作"。⑤ 并对这项极端重要的工作用"三个事关""三个关乎"进行具体阐释,强调能否做好意识形态工作,"事关党的前途命运,事关国家长治久安,事关民族凝聚力和向心力","关乎旗帜、关乎道路、关乎国家政治安全"⑥,并从国际社会其他国家因意识形态领域的激烈斗争导致政权解体的经验教训中指出,"历史和现实都警示我们,思想舆论阵地一旦被突破,其他防线就很难守得住"⑦,必须把意识形态工作的领导权和话语权牢牢掌握在手中。强调了意识形态工作在党和国家工作大局中的重要地位,在任何时候任何情况下,都不能忽视其力量和作用。

二是突出强调党管意识形态工作的原则。做好意识形态工作,关键在党、在党

---

① 江泽民.江泽民文选:第3卷[M].北京:人民出版社,2006.
② 江泽民.江泽民文选:第1卷[M].北京:人民出版社,2006.
③ 中共中央文献研究室.十六大以来重要文献选编:中[M].北京:中央文献出版社,2006.
④ 中共中央文献研究室.十六大以来重要文献选编:下[M].北京:中央文献出版社,2008.
⑤ 习近平.习近平谈治国理政:第1卷[M].北京:外文出版社,2014.
⑥ 中共中央宣传部.习近平总书记系列重要讲话读本[M].北京:人民出版社,2016.
⑦ 习近平.论党的宣传思想工作[M].北京:中央文献出版社,2020.

的各级组织,必须坚持全党动手。对于各级党委组织,习近平总书记要求,要"严格落实意识形态工作主体责任","对各种政治性、原则性、导向性问题要敢抓敢管,对各种错误思想必须敢于亮剑","牢牢掌握意识形态工作主动权"①。对于党的新闻媒体工作,习近平总书记指出,"党和政府主办的媒体是党和政府的宣传阵地,必须姓党,必须抓在党的手里,必须成为党和人民的喉舌"②。对党员、干部,特别是宣传战线上的党员、干部,习近平总书记强调,"要旗帜鲜明坚持党性原则。"①把意识形态工作作为党的建设的重要内容,融入管党治党的全过程和各方面、融入党委日常工作和干部队伍建设,全面加强党对意识形态工作的领导,把党管意识形态要求落到实处。

三是明确指出新时代意识形态工作建设的使命。习近平总书记指出,"建设具有强大凝聚力和引领力的社会主义意识形态",是新时代坚持和发展中国特色社会主义的一个重大命题,也是全党特别是宣传思想战线必须担负起的一个战略任务。审视当前马克思主义意识形态话语权建设的现实形势,特别是网络空间这个"最大变量",全球一张网,要掌握这个意识形态斗争的前沿阵地,全国需一盘棋,要用中国特色社会主义理论体系引导舆论,唱响主旋律,用社会主义核心价值观凝聚人心,不断创新中国特色话语体系,让党的声音传得更开、更广、更深入,以巩固马克思主义在意识形态领域的指导地位,巩固全党全国各族人民团结奋斗的共同思想基础。一系列的顶层设计与战略布局,体现了党对网络信息时代新特征、新规律的深刻把握,深化了党对意识形态建设规律的深刻认识,拓展了社会主义意识形态发展的新境界。

二、思想体系形成:不断推进马克思主义中国化进程

中国共产党的百年发展史,是一部不断推进马克思主义中国化的历史。中国共产党人紧密结合中国的具体实际,从确立马克思主义在中国意识形态领域中的主导地位,到全面加强马克思主义意识形态话语权建设,不断推进马克思主义中国化进程,发展中国化马克思主义,创新党的理论研究成果,形成了毛泽东思想、邓小平理论、"三个代表"重要思想、科学发展观、习近平新时代中国特色社会主义思想等意识形态工作的指导思想和行动指南,以马克思主义中国化的最新理论成果武装人民。

(一)始终坚持马克思主义意识形态领域的指导地位

马克思主义是社会主义意识形态的旗帜和灵魂,是社会主义社会的主流意识

---

① 习近平.论党的宣传思想工作[M].北京:中央文献出版社,2020.
② 中共中央宣传部.习近平总书记系列重要讲话读本[M].北京:人民出版社,2016.

形态,无论是在社会主义革命、建设和改革发展时期,还是在当今新时代发展阶段,我们应始终坚持马克思主义意识形态领域的指导地位。

毛泽东同志在总结中国革命的历史经验时指出,只有在科学理论的指导下中国革命才能取得成功,意识形态话语权建设才会有正确的发展方向。"马克思列宁主义的普遍真理一经和中国革命的具体实践相结合,就使中国革命的面目为之一新。"①马克思列宁主义是指导中国革命胜利的科学指南,坚持马克思列宁主义在意识形态领域的主导权是社会主义意识形态区别于其他意识形态的根本标志。

邓小平同志进一步指出,"对马克思主义的信仰,是中国革命胜利的一种精神动力"。② 在改革开放的历史进程中,无论什么时候马克思、列宁、毛泽东这些老祖宗不能丢啊!②并针对企图动摇马克思主义意识形态指导地位的问题,提出"坚持四项基本原则"的重要论断,明确指出马克思主义在中国意识形态领域中的指导性地位。还强调指出,要在社会主义现代化建设中坚持和发展马克思主义,在解放思想中统一思想,创新党的意识形态理论,不断巩固和推动马克思主义意识形态话语权建设。

以江泽民、胡锦涛同志等为主要代表的中国共产党人再次强调"坚持马克思主义的指导地位,并在实践中不断丰富和发展马克思主义"。③"三个代表"重要思想的提出是马克思主义人民论的创新发展,是立党之本、执政之基与力量之源。"建设社会主义核心价值体系"这一重大命题和战略任务,明确指出了坚持马克思主义指导思想的最根本地位,巩固全党全国人民团结奋斗的共同思想基础,面对西方敌对势力的鼓噪,国内的各种噪音杂音,关键是我们自己要有主心骨,要巩固和发展马克思主义在意识形态领域的指导地位。④

党的十八大以来,习近平总书记多次强调,"在坚持以马克思主义为指导这一根本问题上,我们必须坚定不移,任何时候任何情况下都不能动摇"。在纪念马克思200周年诞辰大会上,习近平总书记指出:"马克思主义为中国革命、建设、改革提供了强大思想武器,使中国这个古老的东方大国创造了人类历史上前所未有的发展奇迹。历史和人民选择马克思主义是完全正确的,中国共产党把马克思主义写在自己的旗帜上是完全正确的,坚持马克思主义基本原理同中国具体实际相结合、不断推进马克思主义中国化时代化是完全正确的!"⑤实践证明,只有始终以不断丰富发展的中国化马克思主义为指导,加强符合时代特征的社会主义意识形态话语体系建设,才能真正实现"两个巩固"。习近平总书记针对新形势下如何加强

---

① 毛泽东.毛泽东选集:第3卷[M].北京:人民出版社,1991.
② 邓小平.邓小平文选:第3卷[M].北京:人民出版社,1993.
③ 江泽民.论有中国特色社会主义:专题摘编[M].北京:中央文献出版社,2002.
④ 胡锦涛.在中共十六届六中全会第二次全体会议上的讲话[M]//中共中央文献研究室.十六大以来重要文献选编:下.北京:中央文献出版社,2008.
⑤ 李晓光.马克思和恩格斯对错误思潮的分析判断及其当代价值研究[M].北京:人民出版社,2021.

和改进意识形态工作,站在意识形态话语权建设的战略高度,提出了一系列新思想、新观点、新论断,形成了系统的意识形态观,极大地丰富了社会主义意识形态的思想内涵,是马克思主义意识形态理论在新时代中国的具体运用和创新发展,充分展现了理论的继承性、创新性和内在统一性,为意识形态话语权建设提供了根本遵循。

总体来看,党坚持不断推进马克思主义中国化、时代化、大众化,使得马克思主义在意识形态领域的指导地位得到不断巩固和发展。

(二) 不断加强中国共产党对意识形态工作的绝对领导权

基于意识形态工作的地位和作用,中国共产党自成立之日起,就十分重视意识形态工作的领导权,始终抓好意识形态工作不放松。事实上,党的百年历程也充分表明,中国共产党的执政地位得到不断巩固,其中一个重要因素就是坚持党管意识形态,牢牢掌握意识形态工作的领导权、管理权和话语权。

在新中国成立初期,无产阶级领导的国家政权基础尚不牢固,毛泽东同志基于当时国内思想领域斗争的复杂性,分析指出,无产阶级和资产阶级的斗争实质上是意识形态领域的斗争,在中国这场斗争将会是曲折的、漫长的甚至是激烈的。① 无产阶级的思想领导问题,是一个非常重要的问题。② 我们应加强中国共产党对思想政治工作的领导,警惕"糖衣炮弹"的袭击,牢牢把握党对意识形态领域斗争的主动权,团结和凝聚社会精神力量,为新中国各项事业的发展提供强有力的思想保障。

在社会主义革命、建设和现代化发展阶段,党的历届领导集体都针对各时期意识形态工作的特点,就如何加强党掌握社会主义意识形态的领导权提出了新的主张。在改革开放的过程中,邓小平同志着眼于社会主义中国的长治久安,反复告诫全党"必须始终注意坚持四项基本原则",而其核心是坚持党的领导,并强调对任何怀疑四项基本原则的思潮,一定要用巨大的努力,予以坚决的斗争,进一步巩固党对意识形态的领导权。江泽民同志提出了"三个代表"重要思想,明确指出党对意识形态工作领导的现实基础,进一步丰富发展了马克思主义意识形态理论。并多次强调,资产阶级自由化同四项基本原则是根本对立的,其斗争的核心是政权问题,斗争的实质是要不要坚持共产党的领导,这些都表现为意识形态领域的思想理论斗争,所以无论何时何地我们都需要不断加强党对意识形态工作的领导。以胡锦涛为代表的新一代中国共产党人,提出了以社会主义核心价值体系来整合并引领日益多元的社会价值观,要求党掌握舆论工作的主动权,并从巩固党的执政地位角度指明意识形态建设的根本任务,要求各级党委和领导干部要"加强和改进对意

---

① 毛泽东. 毛泽东文集:第7卷[M]. 北京:人民出版社,1999.
② 毛泽东. 毛泽东文集:第1卷[M]. 北京:人民出版社,1991.

识形态工作的领导,提高做好新形势下意识形态工作的能力,牢牢掌握意识形态工作的领导权和主动权"。① 并强调"党管宣传、党管意识形态,是我们党在长期实践中形成的重要原则和制度,是坚持党的领导的一个重要方面"。②

中国特色社会主义进入新时代以来,以习近平同志为核心的党中央继承和发扬党在长期实践中形成的党管意识形态的优良传统和重要原则,将党对意识形态工作领导权的牢牢掌握,作为巩固党的领导的重要基础,提出对意识形态话语权建设必须增强主动性、掌握主动权、打好主动仗的重要论断,从历史经验、理论高度、时代要求等角度不断探索加强党对意识形态工作全面领导的战略布局。习近平总书记指出,通过狠抓党员领导干部这一"关键少数",以提高党的执政能力和领导水平来增强社会主义意识形态的凝聚力和引领力,要求"所有宣传思想部门和单位,所有宣传思想战线上的党员、干部都要旗帜鲜明坚持党性原则"③,最根本的是坚持党对新闻舆论工作的领导,要严格落实意识形态工作责任制,切实做到守土有责、守土尽责、守土负责,着力解决党在意识形态工作中存在的"宽、松、软"问题,以坚定的政治立场引导社会主流思想舆论,从而保证党始终对意识形态工作的领导权、管理权和话语权。

(三) 坚持问题导向推进马克思主义意识形态理论发展

党的历届领导集体在不同历史时期,结合国际国内形势,将马克思主义与中国具体实际相结合,对社会主义意识形态理论进行探索和创新,不断推进马克思主义中国化、时代化、大众化,为中国共产党长期执政提供了科学理论基础和行动指南。

毛泽东思想是马克思列宁主义与中国革命和中国建设初期的具体实际相结合的产物,从意识形态角度出发回答了当时中国"为什么革命、为谁革命、靠谁革命和如何革命"等重要问题。面对几千年封建思想在中国根深蒂固和资产阶级腐朽思想的影响,以及西方霸权主义凭借其经济地位上的优势,企图对中国和平演变和资本主义意识形态进行渗透,以毛泽东为核心的中国共产党第一代领导人提出,用马克思列宁主义思想教育、引导人民作为"党的一项最基本的政治任务"④,彻底肃清各种错误思想和主张,创立并确定社会主义意识形态的主导地位,开拓马克思主义中国化道路,形成一整套系统化的意识形态思想体系,创新和发展马克思列宁主义意识形态理论。

邓小平理论是马克思主义与当代中国实践和时代特征相结合的产物,从意识

---

① 胡锦涛.在中共十六届六中全会第二次全体会议上的讲话[M]//中共中央文献研究室.十六大以来重要文献选编:下.北京:中央文献出版社,2008.
② 中共中央宣传部.论文化建设:重要论述摘编[M].北京:学习出版社,2012.
③ 习近平.习近平谈治国理政[M].北京:外文出版社,2014.
④ 刘少奇.刘少奇选集:下卷[M].北京:人民出版社,1985.

形态的社会主义性质角度探索和回答了"什么是社会主义、怎样建设社会主义"这一重大根本性问题。在改革开放和社会主义现代化建设新的历史时期,针对党内存在的极"左"错误思想,必须进行拨乱反正,以邓小平同志为核心的党的第二代中央领导集体,提出解放思想、实事求是的党的思想路线。邓小平同志指出,"只有解放思想,坚持实事求是,一切从实际出发,理论联系实际,我们的社会主义现代化建设才能顺利进行,我们党的马列主义、毛泽东思想的理论才能顺利发展"。① 思想上的解放,为建立、维护和巩固社会主义意识形态奠定了坚实的思想理论基础。同时,基于当时我国现实生产力发展水平,邓小平同志提出了社会主义初级阶段理论,确立了社会主义建设的基本路线和战略,形成了中国特色社会主义理论体系的基础框架。邓小平同志强调,"真正的马克思列宁主义者必须根据现在的情况,认识、继承和发展马克思列宁主义。"

"三个代表"重要思想是反映当代世界的变化和中国发展形势对党和国家新要求的产物,从意识形态党的领导力角度回答了"建设什么样的党、怎样建设党"的重大问题。面对世界范围内一些社会主义国家受资本主义思想文化渗透改旗易帜、西方国家打压中国经济社会的发展、国内思想文化领域出现了不同的声音等国内外错综复杂的形势,以江泽民同志为核心的党的第三代中央领导集体提出,坚持党的基本路线不动摇,立足党建设自身,以思想建设加强和改进党的建设,提高党的执政能力和水平,推进党的理论创新,"三个代表"重要思想创立,有效巩固了中国共产党的执政地位,推进了马克思主义中国化的进程,促进了社会主义意识形态的发展。

科学发展观是指导发展的马克思主义世界观和方法论的集中体现,从意识形态的社会主义发展方向角度科学回答了"实现什么样的发展、怎样发展"的重大实际问题。迈入 21 世纪的社会主义中国快速发展带来发展性矛盾、社会阶层利益分化日益扩大、经济发展受全球化浪潮影响、信息网络化冲击主流思想文化等经济社会问题,以胡锦涛同志为核心的党中央高瞻远瞩,对中国经济社会发展方向作出了正确判断,在坚持党确立的思想路线的基础上,提出要实现全面、协调、可持续发展的科学发展观,构建社会主义和谐社会的战略目标,着力建设社会主义核心价值体系,不断推动社会主义思想文化大发展大繁荣,体现党对客观世界规律、社会发展规律认识的进一步深化,不断赋予当代中国马克思主义鲜明的实践特色和时代特色。

习近平新时代中国特色社会主义思想创造性地丰富和发展了中国化的马克思主义,深刻地回答了"坚持和发展什么样的中国特色社会主义、怎样坚持和发展中国特色社会主义"这个时代课题。在新的历史方位下,当今世界正经历百年未有之

---

① 邓小平.邓小平文选:第 2 卷[M].北京:人民出版社,1993.

大变局,我国意识形态领域呈现纷繁复杂的发展态势,新时代党的执政环境发生深刻变化,如何在变局中保持定力,抓住机遇,把握时代大势?以习近平同志为核心的中国共产党人高举马克思主义伟大旗帜,坚持用党的思想理论建设丰硕成果,利用重大理论创新引领意识形态工作实践发展,不断开拓社会主义意识形态建设新境界;立足中国特色社会主义的发展实践,聚焦发展进程中的矛盾问题,对新形势下意识形态工作方向性、根本性、全局性的重大问题作出一系列重要部署,提出一系列具有创造性的新概念、新理论、新策略。

一是坚持问题导向,在解决问题中增强社会主义意识形态说服力和凝聚力。习近平总书记强调,"我们一定要以我国改革开放和现代化建设的实际问题、以我们正在做的事情为中心,着眼于马克思主义理论的运用,着眼于对实际问题的理论思考,着眼于新的实践和新的发展。"真正的科学的意识形态,必须紧扣时代,直面问题,在着力解决问题中产生合理性,增强说服力。

二是坚定理想信念,筑牢精神之基。针对当前意识形态工作面临理想信念缺失的突出问题,习近平总书记指出,"理想信念就是共产党人精神上的'钙'",是共产党人经受住任何考验的精神支柱,只有坚定信仰,才能站稳政治立场,抵御各种诱惑。共产党人要想牢牢掌握意识形态话语权,必须坚持马克思主义信仰,坚定共产主义远大理想。

三是坚持以人民为中心的价值立场。人民立场是习近平意识形态理论的根本价值立场。意识形态工作唯有坚持以人民为中心,才会有广泛的群众基础和政治基础。习近平总书记指出,中国特色社会主义意识形态话语权建设,要坚持以人民为中心的舆论导向,"党性与人民性从来都是一致的、统一的"。习近平总书记关于意识形态工作的一系列重要论述,从新时代党和国家事业发展的战略高度,坚持马克思主义与时俱进的理论品格,形成了他独特的意识形态理论思想,为马克思主义意识形态理论的创新发展作出了新的伟大贡献。

三、实践策略指向:创新意识形态工作的思路方法

在各历史发展阶段,党的历届领导集体在继承和发展我国以往意识形态工作优良传统的基础上,坚持把马克思主义基本原理同当时我国发展的具体实际相结合,立足时代特征和要求,聚焦思想领域存在的问题,不断总结经验教训,在意识形态工作的内容、形式、方法、手段等方面进行改进和创新,增强意识形态工作的时代感,提高其针对性和实效性,形成了我国意识形态工作的方法论体系,具体包括如下几个方面。

(一)弘扬传统文化根基

中华优秀传统文化是中华民族的"根"和"魂",是中华民族的突出优势,中国共

产党人非常重视传承和弘扬优秀传统文化。我们应紧密结合时代内涵,从中汲取和挖掘凝聚民心、焕发活力的思想精华,积极推进中华传统文化的创造性转化和创新性发展,构建具有中华民族特色的价值观体系,增强意识形态工作的历史底蕴,提高国家文化软实力,增强文化自信。

在新中国成立之初,毛泽东同志在深刻总结古今中外历史经验、教训的基础上,在科学文化领域提出坚持"为人民服务,为社会主义服务"的"二为"方向和"百花齐放,百家争鸣"的"双百"重要指导方针,倡导辩证地对待民族文化和外来文化,着重建设民族的、科学的、大众的中华民族特色的新文化,开展文化领域的革命,发挥意识形态的能动作用,为新中国经济社会各行业的发展提供正确的思想指引。邓小平同志反复强调,要坚持"二为"方向和"双百"方针的有机统一,指出对于"思想理论问题的研究和讨论,一定坚决执行百花齐放、百家争鸣的方针","一定要坚决执行解放思想、破除迷信、一切从实际出发的方针"。[①] 对"一切进步的和优秀的东西,都应当借鉴和学习"。[①] 要"创造出具有民族风格和时代特色的完美的艺术形式"[①],大力发展社会主义文化。江泽民同志指出,要在继承人类已有全部优秀文化成果的基础上结合新的实际对马克思主义进行新的创造[②],不断推进马克思主义中国化进程。胡锦涛在多个场合指出,要以马克思主义意识形态为统领加强社会主义文化建设,弘扬民族优秀传统文化,吸收借鉴人类有益文化成果,进一步形成全社会共同的理想信念和道德规范[③],建设中华民族共有的精神家园,更好地推动我国文化的发展繁荣。党的十八大以来,习近平总书记多次强调,"中国共产党人不是历史虚无主义者,也不是文化虚无主义者",而是中华优秀传统文化的传承者和弘扬者。并指出,"不忘本来才能开辟未来,善于继承才能更好创新","博大精深的中华优秀传统文化是我们在世界文化激荡中站稳脚跟的根基","是中华民族的精神命脉","是我们最深厚的文化软实力"。[④] 习近平总书记从优秀传统文化视角对意识形态的阐释,创造性地发展了党的意识形态理论,为我国意识形态话语权建设提供了重要的方法论指导。

(二)加强思想教育工作

思想政治工作是党的优良传统、鲜明特色和突出的政治优势。党的历届领导人都将思想政治工作视为一切工作的生命线,针对各发展时期社会思想领域存在的问题和特点,始终坚持马克思主义在意识形态领域的主导地位,守正创新,与时

---

① 邓小平.邓小平文选:第2卷[M].北京:人民出版社,1993.
② 江泽民.论有中国特色社会主义:专题摘编[M].北京:中央文献出版社,2002.
③ 胡锦涛.在中国文联第八次全国代表大会、中国作协第七次全国代表大会上的讲话[M]//中共中央文献研究室.十六大以来重要文献选编:下.北京:中央文献出版社,2008.
④ 习近平.习近平谈治国理政:第1卷[M].北京:外文出版社,2014.

俱进,加强并做好思想政治工作。

在民主革命时期,毛泽东同志就指出,"掌握思想领导是掌握一切领导的第一位"。① 提出要定期组织党内外对马克思主义理论进行学习,特别是党员干部要提高理论素养,要用通俗易懂的语言对群众进行宣传教育,用科学理论武装群众,提高其思想觉悟。同时,要注重开展思想政治工作的方式方法,如通过舆论力量影响群众、通过典型模范传递正确观念、解决思想问题与现实问题等,要牢牢掌握新中国成立初期的意识形态领导权。江泽民同志把党的思想政治工作看作一切工作的根本,强调在任何时候都不能丢掉思想政治教育工作,指出"思想宣传阵地,社会主义思想不去占领,资本主义思想就必然会去占领"。② 并进一步强调,加强并改进思想政治教育,就要从根本上坚持以马克思主义理论为指导思想③,以巩固全国人民共同努力和奋斗的思想基础。胡锦涛同志指出,思想政治工作的核心是理想信念教育,基础是思想道德建设,从根本上说是做人的工作,必须坚持以人为本。

中国特色社会主义进入新时代以来,以习近平同志为核心的党中央对思想政治工作进行了顶层设计和统筹谋划,把做好新时代思想政治工作作为治党治国的重要方式,提出了一系列新思想、新观点、新论述。一是坚持用科学理论引领思想。用党的创新理论武装全党、教育人民,并以党史学习教育为重点开展"四史"学习,深入实施红色基因传承工程,推动理想信念教育常态化、制度化。二是巩固壮大主流思想舆论。习近平总书记指出,意识形态工作必须遵循"坚持团结稳定鼓劲、正面宣传为主"的重要方针,但决不意味着放弃舆论斗争。一方面,通过富有说服力、感召力的社会主义意识形态话语和内容进行广泛而有效的传播,弘扬主旋律,传播正能量,凝聚共识,激发全社会团结奋进的力量。另一方面,对挑战主流意识形态的错误社会思潮,要旗帜鲜明地反对,坚决抵制西方敌对势力西化、分化图谋,在舆论斗争中不断强化意识形态阵地意识。三是创新思政工作手段形式。习近平总书记指出,时代在进步,思想政治工作也要与时俱进,要推进理念创新、传播手段和话语方式创新,要开辟新的舆论阵地,着力推动媒体深度融合,不断增强社会主义意识形态的渗透力和感召力。

(三) 掌控传媒宣传阵地

党的历届领导集体始终坚持马克思主义新闻观,强调运用新闻媒介进行舆论宣传引导,加强意识形态阵地建设,巩固和掌控主流意识形态话语权和主导权。中国共产党人结合社会发展各阶段的新闻宣传媒介,如报刊、广播、电视、网络媒体等,不断加强对其运用和管理,并认真总结运用主流宣传媒体开展思想政治工作的

---

① 毛泽东. 毛泽东文集:第2卷[M]. 北京:人民出版社,1993.
② 江泽民. 在庆祝中国共产党成立七十周年大会上的讲话[N]. 人民日报,1991-07-02(1).
③ 江泽民. 江泽民文选:第2卷[M]. 北京:人民出版社,2006.

特点和经验,创新应用手段和形式,丰富和发展马克思主义新闻思想内容。

毛泽东同志在长期的革命斗争和政权建设实践中非常重视报刊的宣传工作。他将报刊视为一支拿笔的"文化军队",认为"报纸是阶级斗争的工具"①,要求各级党政机关要将报纸办成加强党和群众联系的桥梁,成为自己"组织和领导工作的极为重要的工具"②,形成了他独特的媒介宣传思想,开启了马克思主义新闻观中国化进程,开创了党运用宣传媒介手段开展工作、推动各项事业发展的历史阶段。邓小平同志的新闻思想进一步丰富和发展了马克思主义新闻观,强调报刊、广播、电视等新闻媒体要"成为全国安定团结的思想中心"③,成为宣传党的路线方针政策的重要阵地,要无条件地宣传党的主张,其系列重要论述对党在历史转折时期的新闻宣传工作如何适应经济社会发展的需要进行了系统的回答。随着科学技术的进步,新兴传播媒介的兴起,以江泽民、胡锦涛同志为核心的党中央分别按照新闻舆论宣传规律,对马克思主义新闻思想作出了新的理论阐释。江泽民同志指出,信息网络化给宣传思想工作带来严峻的挑战,要抢占这个新的意识形态思想阵地,应善于利用新的媒介,让传统的国家媒体和新兴媒体都成为"党、政府和人民的喉舌"。胡锦涛指出,要牢牢掌握宣传舆论工作的主动权,讲究舆论宣传艺术,提高网上舆论引导水平,唱响时代主旋律,努力使互联网平台成为传播社会主义先进文化的前沿阵地。他明确指出了新时期新闻传播工作所处的社会地位和所承担的历史任务,形成了具有时代特点的系列新闻思想。

党的十八大以来,以习近平同志为核心的党中央,从国内外意识形态领域斗争的复杂形势、时代信息传播技术的大变革以及国际传媒竞争的激烈态势,根据我国经济社会发展的实际需要,紧紧把握时代脉搏,对在新时代条件下党的新闻宣传工作创新性地提出了系列新论断,极大地推进了马克思主义新闻观中国化的新发展。一是加强全媒体传播体系建设。习近平总书记强调,要着力推进传统媒体和新兴媒体融合发展,尽快从相"加"阶段迈向相"融"阶段,从"你是你、我是我"变成"你中有我、我中有你",进而变成"你就是我、我就是你",打造一批新型主流媒体和传播载体,塑造主流舆论新格局,不断增强传播力、引导力、影响力和公信力。④ 二是营造风清气正的网络空间。习近平总书记指出,"网络空间是亿万民众共同的精神家园"⑤,"宣传思想工作的着力点和落脚点"要跟随"读者"和"受众",要充分发挥网络新媒体开展思想舆论宣传的主阵地作用,"要把网上舆论工作作为重中之重来抓","尽快掌握这个舆论战场上的主动权,不能被边缘化",严防"黑天鹅""灰犀牛"

---

① 毛泽东. 毛泽东选集:第1卷[M]. 北京:人民出版社,1991.
② 毛泽东. 毛泽东选集:合订本[M]. 北京:人民出版社,1966.
③ 邓小平. 邓小平论新闻宣传[M]. 北京:新华出版社,1998.
④ 中共中央宣传部. 习近平总书记系列重要讲话读本[M]. 北京:学习出版社,2016.
⑤ 习近平. 论党的宣传思想工作[M]. 北京:中央文献出版社,2020.

舆情风险。改进创新网上宣传方式，唱响网上主旋律，传播社会正能量，"把握好网上舆论引导的时、度、效，使网络空间清朗起来"，"使互联网这个最大变量变成事业发展的最大增量"。三是建设国际话语传播体系。习近平总书记指出，要努力打造具有国际影响力和竞争力的现代旗舰传媒，创新对外话语表达体系，集中讲好中国故事，传播好中国声音，展现好中国风貌，引导国际社会全面客观地认识和了解中国，努力解决在国际舆论格局中存在的"无语"或"失语"状态，甚至是"挨骂"问题，增强国际话语权，探索"共同构建网络空间命运共同体"的中国方案。[①]

（四）把握高校前沿领域

高校历来是意识形态工作的前沿阵地，是社会主义意识形态建设和维护的主战场。新中国成立以来，党的历代领导集体都十分重视并加强对青年学生的意识形态建设工作，不断创新工作思路与方法，积累了丰富的经验。进入新时代以来，党在继承和发扬高校意识形态工作优良传统的基础上，在实践中不断丰富和发展，形成了比较完备的关于高校意识形态建设的理论体系。

一是充分认识高校意识形态工作的重要性。高校肩负着培养合格的社会主义建设者和接班人的使命，高校意识形态工作建设如何，事关社会主义办学方向和全面贯彻党的教育方针。新中国成立初期，毛泽东同志指出，培养社会主义事业接班人是意识形态话语权建设的主体，要把"笔杆子跟枪杆子结合起来"，要求各地党委书记注重抓思想建设问题，提出"掌握思想领导是掌握一切领导的第一位"的重要论断。邓小平同志结合当时中国经济发展状况指出，"搞四个现代化"，目前我们的教育、科学、文化水平还很落后，还需要我们有一个艰苦创业的奋斗过程。[①] 胡锦涛同志明确指出，"办好高校，首先要解决好培养什么人、如何培养人这个根本问题。"面对新形势，当高校意识形态工作面临风险与挑战时党的领导集体审时度势，始终坚持不断巩固和加强马克思主义在高校意识形态工作中的指导地位。习近平总书记在全国宣传思想工作会议上指出，在复杂多变的形势下，必须保持高度的政治敏锐性，增强政治鉴别力，全面落实意识形态工作责任制。高校"要把马克思主义作为必修课，成为马克思主义学习、研究、宣传的重要阵地"。[②] 确保高校成为维护主流意识形态的坚强阵地。

二是强化思想引领，牢牢把握高校意识形态工作领导权。坚持马克思主义的指导地位是党掌握意识形态工作领导权的根本保证。高校要创新马克思主义理论的学科体系、学术体系和话语体系，教育并引导青年学生掌握马克思主义。毛泽东同志指出，要努力在青年学生中宣传马克思主义理论，使其成为真正的马克思主义者，全心全意为人民服务。邓小平同志多次强调，要经常教育我们的人民，尤其是

---

① 邓小平.邓小平文选：第2卷[M].北京：人民出版社，2002.
② 习近平.习近平谈治国理政：第1卷[M].北京：外文出版社，2014.

青年学生,努力学习马列主义毛泽东思想,坚定马克思主义科学信仰,坚持共产主义理想信念,始终保持坚定的政治立场和正确的政治方向。① 江泽民同志提出,意识形态阵地,"马克思主义、无产阶级不去占领,各种非马克思主义、非无产阶级的思想甚至反马克思主义的思想就会占领"。② 胡锦涛同志指出,要坚持社会主义办学方向,必须加强和改进学校思想政治工作,加强校园文化建设,牢牢把握党对学校意识形态工作的主导权。习近平总书记强调,高校要坚持立德树人根本任务,用党的创新理论引领青年,增强青年学生同各种非马克思主义、反马克思主义思潮进行斗争的精神,提升青年学生对党的创新理论的政治认同、价值认同和情感认同。

三是实施高校意识形态工作培育工程,筑牢高校意识形态阵地。党的历届领导集体不断创新意识形态工作方法途径,构建对青年学生理想、信念、教育齐抓的共管机制。胡锦涛同志提出,做好高校思想政治教育工作,要坚持教育与自我教育、政治理论教育与社会实践、解决思想问题与解决实际问题、教育与管理、继承优良传统与改进创新等"五结合"的工作方法。党的十八大以来,习近平总书记创造性地提出了一系列加强高校意识形态建设的重要思想。高校要充分发挥思想政治理论课堂的意识形态教育主渠道、主阵地的作用,积极推动思政理论课改革创新,深入开展"课程思政"建设,发挥学科专业课程的育人功能;要建好一支高素质专兼职结合的思想政治工作队伍,为青年学生成长成才扣好人生的扣子;持续加强师德师风建设,努力成为党和人民满意的"四有好老师";加快构建学校思想政治工作"三全育人"的工作体系等一系列关于高校意识形态工作的重要论述,为新时代高校意识形态建设提供了方法论指导。

(五)加强思政队伍建设

我们党历来具有重视思政工作队伍建设的优良传统,并在党长期的革命、建设和发展中,积累了丰富的加强和改进思政工作队伍建设的经验。毛泽东同志在革命斗争和社会主义建设实践中"以笔为枪",组织开展宣传思想工作,注重培养思政工作队伍的马克思主义理论水平和实践经验,精心培养出一支素质优良的宣传思想工作队伍。邓小平同志积极推进思政工作队伍的科学化管理和专业化建设,极其强调这支队伍具有正确政治方向的重要意义。江泽民同志指出,要建设一支政治强、业务精、纪律严、作风正的专兼结合的思政工作队伍。胡锦涛同志在全国宣传思想工作会议上指出,要高度重视和切实加强宣传思想工作队伍建设,努力培养造就一大批坚持正确方向、精通各自业务、作出突出成绩、受到人民欢迎的各门类专家和业务骨干,为做好各项工作提供坚强的思想保证。习近平总书记指出,做好宣传思想工作,必须全党动手,首先是领导干部要强起来,班子要强起来。"要加快

---

① 邓小平.邓小平文选:第3卷[M].北京:人民出版社,1993.
② 江泽民.论党的建设[M].北京:中央文献出版社,2001.

培养造就一支政治坚定、业务精湛、作风优良、党和人民放心的新闻舆论工作队伍"。[①] 党的历届领导集体关于思政队伍建设的思想和重要论述形成了我党促进和加强思政工作队伍建设的宝贵精神财富。

首先,一刻都不放松抓思政工作队伍建设。党在抗战时期,就设立了专门的思政工作机构,配备了专职思政工作人员,毛泽东同志对这支队伍的建设特别是党的领导干部队伍,在政治、思想、作风、工作等方面提出了一系列有针对性、高于一般干部的要求。同时,他提出要不断优化思政工作队伍结构,让更多的人学会做思政工作。20世纪80年代初,党开启了思想政治教育专业化、学科化建设之路。邓小平同志提出加强思政工作队伍正规化、专业化建设,以学科化、理论化的方式探究思想政治教育的本质规律,培养思政工作"能手"和"专家"。江泽民同志指出,要做好意识形态工作,思政队伍建设是不可或缺的重要环节。随着互联网等新媒介的信息传播方式日益凸显,胡锦涛同志提出,要加快网络宣传队伍建设,培养一批政治素质高、业务能力强的思政工作干部,实施好宣传思想文化领域"四个一批"人才培养工程。[②] 党的十八大以来,习近平总书记针对新形势下的意识形态工作特点,提出了"大思政""大宣传"的工作理念,强调宣传思想工作要全党动手与全社会参与相结合,动员各方力量形成工作合力,并对文艺工作者、新闻舆论工作者、哲学社会科学工作者、高校教师等思想政治工作队伍提出职责要求,必须守土有责、守土负责、守土尽责。

其次,着力提升思政队伍马克思主义理论素养。毛泽东同志多次提出,要建立马克思主义理论队伍,加强马克思主义理论研究和宣传。思想政治工作者要注重理论联系实际,加强马克思主义理论学习的现实针对性,并强调"应当力求完整地而不是零碎地、准确地而不是随意地、实际地而不是空洞地把马克思列宁主义、毛泽东思想各个方面的基本原理掌握起来。"以不断提高理论水平,满足中国革命和建设的要求。邓小平同志告诫全党:"不以新的思想、观点去继承、发展马克思主义,不是真正的马克思主义者。"思想政治工作者要推进马克思主义、毛泽东思想随着人类社会实践和科学的发展而向前发展。胡锦涛同志非常重视在广大知识分子中培养一大批坚定的马克思主义者,使这支队伍积极认同和传播社会主义核心价值体系,自觉投身社会主义先进文化建设,成为具有广泛社会影响的理论家和思想家。习近平总书记强调,宣传思想工作者特别是党员干部,要不断提升理论修养与能力素质,增强运用马克思主义立场、观点和方法开展思想政治工作的本领,成为宣传思想工作的"行家里手"。

最后,领会做好思政工作的规律与方法。新中国成立后,面对思想政治领域的

---

① 习近平.习近平谈治国理政[M].北京:外文出版社,2014.
② 王琨.胡锦涛:以创新的精神加强网络文化建设和管理[EB/OL].(2012-10-26)[2022-06-08]. https://www.12371.cn/2012/10/26/ARTI1351216434834925.shtml.

新情况、新问题,毛泽东同志要求宣传队伍和新闻工作者要学会开展调查研究的工作方法,指出"没有调查,没有研究,没有分析,乱讲一顿,是万万不行的";要学会运用分析的方法,运用马克思主义辩证思维,具体问题具体分析,努力克服片面性;始终倡导走群众路线,要有"甘当小学生"的思想。邓小平同志反复强调,思想政治工作者必须深入实际,调查研究,知己知彼,力戒空谈。习近平总书记继承和发扬党的思政工作优良传统,创新性地提出了系列思政工作方法,指出思想政治工作者要坚持走群众路线,要对重大理论与现实问题进行宣传教育和舆论引导,最大限度地凝聚社会共识,将党和国家的理论主张和政策转化为人民群众的自觉行动;要注重研究不同社会阶层群众的思想文化需求,不断拓展思政工作阵地,扩大工作覆盖面,提高工作针对性;要善于运用传统媒体和新兴媒体进行宣传、组织、联系群众,指导并推动工作的开展。

（六）创新话语传播体系

建党百年以来,中国共产党人始终坚持培元固本,守正创新,坚持以马克思主义为指导不断创新发展社会主义意识形态话语传播体系,在回应时代发展课题中科学设置话语主题内容、注重优化和创新话语表达方式、积极利用和拓展话语传播载体、加强国际传播能力建设等,形成了一套独具中国特色的意识形态话语传播体系,为党领导推进各项事业持续发展提供了重要保证。

一是推进意识形态政治性话语大众化表达,增强话语的吸引力和亲和力。马克思指出,理论一旦被群众所掌握就会产生巨大的物质力量。但是,群众能不能接受这个理论,一方面要看理论内容的科学性,决定是否"愿意听",另一方面要看理论话语表达是否"听得懂",是否具有吸引力,从而"喜欢听"。中国共产党人根据历史条件和时代变迁,不断创新话语表达方式,始终保持意识形态话语具有鲜活性和吸引力。毛泽东同志强调,要用"新鲜活泼的、为中国老百姓所喜闻乐见的"[①]话语和故事,解读马克思主义理论,运用大众化话语宣传党的理论,"用细致的讲理的方法"增强群众对主流意识形态话语的认同感。[②] 江泽民同志指出,为更好地宣传动员和引导教育群众,"要讲求宣传艺术,提高引导水平,努力使自己的宣传报道更加贴近生活、贴近读者,使广大读者喜闻乐见。"胡锦涛同志强调,宣传思想工作要尊重舆论宣传的规律,紧密结合干部群众的思想和生产生活实际,善于用群众熟悉的语言和喜闻乐见的方式搞好宣传教育。[③] 意识形态话语传播决不能是高高在上的思想理论体系和价值取向,要尊重和符合信息生产、传输和消费的规律。否则,虽

---

① 毛泽东.毛泽东文集:第2卷[M].北京:人民出版社,1999.
② 毛泽东.毛泽东著作选读:下册[M].北京:人民出版社,1986.
③ 张智萍.胡锦涛同志关于新闻宣传工作的论述和新思维[EB/OL].(2006-07-27)[2022-06-08]. http://www.wenming.cn/specials/zxdj/gjwf/ll/201302/t20130226_1087824_1.shtml.

然在形式上可能达到了目的,但实际效果却可能是无效甚至是逆向的。党的十八大以来,习近平总书记多次强调创新社会主义意识形态话语表达的重要性,非常注重运用通俗易懂、朴实的话语来表述党的路线、方针、政策。如"让党的创新理论'飞入寻常百姓家'""把权力关进制度的笼子里""'老虎''苍蝇'一起打""绿水青山就是金山银山""扣好人生第一粒扣子"等等,这些鲜活明亮、形象生动、通俗化的话语形式,使社会主义意识形态话语体系和表达方式,既有理论深度又具情感温度,更易为人民群众所理解、认同和接受,增强了社会主义意识形态话语的吸引力、亲和力和引领力,为构建中国特色社会主义意识形态话语传播体系提供了新思路。

二是拓展意识形态话语传播载体,提高话语的传播力和辐射力。积极利用和拓展意识形态话语传播载体,是党赢得意识形态话语权的宝贵经验。在革命和建设时期,中国共产党创造性地利用传单、标语、口号、壁画、歌谣、报刊、书籍、演出等多种宣传载体积极开展马克思主义意识形态话语传播,得到了人民群众的广泛拥护和支持。新中国成立后,又以革命战争题材的红色电影来宣传党的主流价值观,深受群众的喜爱。改革开放后,党除了继续利用传统的好的宣传载体外,创新性地以立体、多元化的形式开展意识形态话语宣传工作。如《画说邓小平理论》《画说"三个代表"》《画说科学发展观》《画说中国梦》等宣传党的理论主张的读物,生动形象地向群众表达党的意识形态话语体系。随着互联网等信息技术的发展,自媒体平台等新型传播媒介出现,网络空间已成为人们信息交流和资源共享的大众平台,这为党的意识形态话语传播拓展了渠道和载体,同时也带来了多元社会思潮渗透的挑战。中国共产党人坚持网上和网下相结合,既保持原有的线下宣传载体,又充分运用好网站、微博、微信、QQ、抖音、微视频等新兴媒体和传播平台,占领网络宣传阵地,弘扬主旋律,将深奥的政治话语转化为网络生活话语,融入人民群众的日常生活中。近年来,在对外国际宣传中,我们充分运用文艺、体育等交流方式让世界了解中国,通过小说、诗歌、散文、绘画、体育赛事等给外国人提供了一个独特的视角了解中国精神和中国文化,着力建设具有中国特色、中国风格、中国气派的意识形态话语传播体系。

三是科学设置意识形态传播主题内容,凸显话语的实践性和发展性。中国共产党自成立以来,在不同的历史发展时期基于时代主题与使命的变化不断转换意识形态话语主题与内容,以回应时代课题,把握时代脉络,以意识形态引领时代变革和发展,在解答时代课题中创新发展马克思主义意识形态话语体系。首先,设置话语主题,既坚持一脉相承的继承,又坚持与时俱进的发展。党的意识形态话语建设从革命话语、建设话语、改革话语到发展话语的变迁,充分体现了党根据时代条件和实践要求推动意识形态话语新发展的特质。新民主主义革命时期,党的主要任务是建立新民主主义革命理论,意识形态话语主题需回答"中国革命该何去何从"的时代课题。在改革开放和社会主义现代化建设与发展的历史时期,党的工作重心转移到改革发展上来,意识形态话语主题设置紧紧围绕"什么是社会主义、怎样建设社会主义""建设什么样的党、怎样建设党""实现什么样的发展、怎样发展"等根本性和重大实际问题。进入新时代,意识形态建设必须立足于我国的主要矛盾进行话语主题的设置,呼唤新变革。其次,对于话语主题内容,坚持一元主导的多样性,坚决对错误思潮话语进行批判。中国共产党一以贯之地以马克思主义作为立党立国的根本指导思想,并创造性地运用马克思主义立场观点和方法解决中国革命、建设和改革发展过程中的具体问题,在同国内外各种非马克思主义和反马克思主义的社会思潮进行批判和斗争中,不断推进马克思主义话语创新。坚持马克思主义意识形态话语一元主导,但并不完全排斥思想文化领域的多元性,尊重差异和包容多样,既正面回应多元化社会思潮的挑战与质疑,又有力抵制各种错误和腐朽思想的干扰。在革命时期,毛泽东同志带领全党对给中国革命事业带来严重损失的"右倾"机会主义、投降主义等错误思想,"左倾"教条主义、冒险主义等错误思潮予以彻底批判和坚决反对。改革开放前后,对于当时在社会上和人们思想领域逐渐蔓延的拜金主义、极端个人主义、资产阶级自由化等错误思潮,邓小平同志提出,必须坚持四项基本原则不动摇,开展"思想大解放"讨论予以肃清。党的十八大以来,思想文化领域的交流交融更加突出,较量也更加激烈,西方资产阶级意识形态价值观的渗透,新自由主义、历史虚无主义等错误思潮的兴起,面对各种错误社会思潮和话语,习近平总书记告诫全党要敢于亮剑、敢于发声,同时又以开放包容的姿态推动构建人类命运共同体。

四是加强国际传播能力建设,增强话语影响力和国际话语权。随着全球化的不断扩展以及国际形势的发展变化,特别是网络信息技术的快速发展引发国际传播格局的复杂嬗变,必须开拓意识形态话语权建设的国际视野,统筹国际和国内两个大局。要遵循信息时代意识形态话语国际传播规律,加强国际传播能力建设,逐步建立和形成同我国综合国力与国际地位相对称的国际话语权,以在全球意识形态领域斗争和不同的思想舆论较量中扩大话语传播力,增强话语影响力,争夺话语主动权。习近平总书记强调,自古以来中华民族在世界上的地位和影响力,靠的是中华文化的强大感召力和吸引力。① 但由于长期以来,西方少数国家依仗具有媒体传播技术的优势,把控着国际传播话语的议题设置权,致使我国的国际话语权在一些方面还不强,话语传播力还很有限,甚至出现"有理说不出,说了也传不开"的境况。我国必须加强顶层设计,精心构建具有鲜明中国特色的对外话语传播体系,"引导人们更加全面客观地认识当代中国、看待外部世界"。② 一方面,积极回击西方意识形态对中国现实的"构建",引导人们准确"解读中国"。着力打造为国际社会所理解和接受的新概念、新范畴、新表述,讲好中国故事,传播好中国声音,宣传

---

① 中共中央文献研究室.习近平总书记重要讲话文章选编[M].北京:中央文献出版社,2016.
② 中共中央文献研究室.习近平关于社会主义文化建设论述摘编[M].北京:中央文献出版社,2017.

好中国方案,让世界认真倾听"中国之声","让中国故事成为国际舆论关注的话题,让中国声音赢得国际社会理解和认同"。① 在不断提升的中国话语国际影响力中逐步缩小和最终消除中国真实形象与西方主观印象之间的反差。另一方面,引导人们用辩证的思维审视"外部世界"。我们既要积极借鉴人类文明创造的一切有益成果,学习借鉴和了解掌握世界各国的科技发展和出现的新思想、新观点,以更好地发展自己。同时,又要在经济全球化、信息网络化、价值多元化的时代,保持高度警觉和正确的判断力,认清西方国家一直利用话语霸权手段推行"自由、民主"的价值观对我国进行意识形态渗透的伎俩,在东方和西方的国际比较中,不迷失自我,从坚持走中国特色社会主义道路所取得的巨大成绩中增强我们的自信。中国共产党人高度重视对外宣传中国话语、中国理论,对国际话语传播能力建设提出了新思想、新理念并进行话语体系创新,科学回答了马克思主义意识形态话语权建设的世界之问,极大地强化了我国意识形态话语对外的解释力与传播力。

综上所述,回顾和总结党的百年历程,是中国共产党人不断推进马克思主义中国化和马克思主义理论与话语创新的历史。中国共产党人始终坚持把马克思主义基本原理同中国具体实际相结合,坚持培元固本与守正创新相统一,积累了马克思主义意识形态话语体系建设的宝贵经验。科学总结中国共产党人百年意识形态话语权建设的理论探索和实践经验,对凝聚社会共识,推进新时代马克思主义意识形态创新发展,建设具有强大凝聚力和引领力的社会主义意识形态奠定了良好的理论基础。

---

① 中共中央文献研究室.习近平总书记重要讲话文章选编[M].北京:中央文献出版社,2016.

第四章 "微空间"高校主流意识形态话语权生成机理

分析事物的产生、发展过程是认识和把握事物本质的重要环节。探究"微空间"高校主流意识形态话语权生成机理,主要围绕"微空间"中意识形态话语权的生成根源、运行过程、生成效果等方面进行分析,认识"微传播"媒介与意识形态话语权构建间的内在关系,把握"微空间"意识形态话语权生成过程和话语体系传播规律,掌握如何对"微空间"高校主流意识形态话语权的生成效果进行考量,以深刻认识"微空间"高校主流意识形态话语权的本质,全面把握提升"微空间"高校主流意识形态话语权的理路。

第一节 "微传播"媒介与意识形态话语权构建的内在关联性

马克思主义经典作家明确指出,语言、报刊等大众传播媒介属于上层建筑的范畴,具有意识形态属性。"微传播"是以新媒体为载体的新兴传播方式,其信息传播特点与规律,为意识形态话语权的构建提供了话语新场域,同时也带来了新冲击,使主流意识形态话语权面临被边缘化的风险,这对其自身的良性发展提出了刚性要求。

一、产生的逻辑基础:"微传播"媒介本身的意识形态属性

媒介就其自身而言,只是人类使用的为达到某种目的的手段和工具,具有价值客观中立性,不具有任何预定的价值形态的性质。但是,媒介是信息的载体也是信息的传播途径,它可以承载任何阶级赋予它的价值取向与思想观念,从而成为传播该阶级意识形态的"传声筒",对人们的思想意识和行为产生影响,成为变革社会的力量,其本身蕴含着一定阶级的价值属性和社会属性。所以,传播学者马歇尔·麦克卢汉提出"媒介即讯息"的观点,认为真正可以支配人类文明演变的是传播科技

本身,而非其内容。① 他强调了媒介作为信息的载体、宣传的工具与手段,影响着个人和社会,发挥着思想引导和政治操控的功能。法兰克福学派从媒介控制论的角度,明确提出"媒介即意识形态"的理论,指出媒介是科技发展的产物,承载着一定阶级的意识形态价值属性。也就是说,国家通过国家权力对大众媒介进行操控,从而达到媒介对社会意识形态的掌控,即媒介本身成为国家操控社会的一种手段,表现为意识形态的社会控制功能,明显属于上层建筑的范畴,具有鲜明的意识形态属性。

从媒介在意识形态内容形成过程中的作用和所扮演的角色上看,媒介组织在大众传播过程中通过对媒介传播内容的"合法性"控制、媒介传播语言的"规定性"约束、媒介传播过程的"模式化"操纵,最终达到对社会成员的思想灌输和意识引导,以维护国家统治的合法性,在社会上形成"思想的统一性",使人们的思想和行为主动服从于这种意识形态的支配。西方马克思主义者、伯明翰学派思想的开创者和集大成者斯图亚特·霍尔称大众传媒这种传播模式的意识形态功能为媒介的"文化霸权"。他指出,大众媒介是表意的工具,是意识形态博弈和争斗的场域,媒介通过意义的传播,进行现实的重构,实现社会大众思想意识的塑造,达到社会"共识"和"认同",发挥媒介中心化的文化霸权作用。从这个意义上说,文化输出的大众媒介异化着意识形态,同时成为新的意识形态。"社会主义媒介为社会主义制度及其意识形态服务,是无产阶级及其先锋队的喉舌。"②

"微传播"媒介是随着社会信息技术的发展而产生的新产品,是一种很强大的自媒体,其信息传播模式与机制亦具有明显的意识形态属性,无论是微博、微信、微信公众号、微视频等,当媒介主体向受众推送表达一定意识形态的信息内容时,若与受众产生思想共鸣,受众则会进行互动交流,进而将该信息内容转发至朋友圈,推送给更多的受众,形成广泛的影响力,特别是"微媒介"用户通过强关系模式的交流,产生的互动性更强、影响力更广;受众若对意见不认同,则会不理睬或选择屏蔽。无论怎样,受众都会对"微媒介"平台信息进行"选择/反选择、认同/不认同、内化",甚至进行该意识形态内容的再宣传和二次传播。所以,"微媒介"本身已烙上了意识形态的印记。社会主义媒介的意识形态属性,旗帜鲜明地坚持党性原则和"二为"方向,其意识形态观旨在增强人民的凝聚力和向心力。

二、提供话语新场域:"微传播"为意识形态话语权构建提供新机遇

传媒界著名学者马歇尔·麦克卢汉曾指出,"媒介是区分不同社会形态的重要

---

① 马歇尔·麦克卢汉. 理解媒介:论人的延伸[M]. 何道宽,译. 北京:商务印书馆,2000.
② 郭庆光. 传播学教程[M]. 2版. 北京:中国人民大学出版社,2011.

标志,每一种新媒介的产生与运用,都宣告一个新的时代来临。""微传播"作为新兴的信息传播和交流的技术工具,为信息的生产和传输创造了新的空间,深刻地影响和改变着人们的生存、生活与思维方式,"微媒介"已融入人们日常生活的方方面面,"微传播"平台已成为意识形态话语权构建的重要话语场域。与传统媒体相比,其信息传播的大众化、即时强交互性、碎片化和裂变式等特性,为意识形态话语权建设带来新的发展机遇。

从"微传播"的参与主体上看,成员层次多元化,拓展了主流意识形态受众群体。基于"微传播"平台账号注册门槛低、身份隐瞒性强、传播渠道广等特性优势,已吸引各层次社会成员的青睐,各"微媒介"空间话语主体由传统传媒中的政府机构、官方人员、社会精英、媒体评论者等转向普通大众,甚至一大批普通"微民"成为了"微空间"话语传播的"意见领袖",将原有的主流文化和精英文化衍生成为"微传播"的信息文化,主流意识形态经稀释和筛选以日常意识形态的话语形式呈现,任何"微民"都可通过"微媒介"账号或平台进行主流意识形态话语传播和巩固,这为提升主流意识形态的宣传力和影响力创造了有利条件。

从"微传播"的话语形式上看,其表达方式的多样性,增强了传播内容的可接受度。"微传播"已成为强大的社会化媒体,随着移动智能设备的升级发展,"微传播"媒介形成了多元的"微话语"表达形式,突破了传统媒介信息传播过程中不能传递表情、语调、手势等非语言表达的局限。"微传播"支持创设 AR 虚拟环境,增强了信息内容的现实感;创新非语言的表达符号,使意识形态传播内容更为通俗,贴近生活,易于接受;可综合运用文字、视频、音频、图片、表情、语音、动画等多样的传播方式,特别是微信能"说"消息的即时互动通信交流,使传播双方能够直接地充分表达自己的情感,带给双方更多的真实情感体验,使意识形态话语从高势位灌输变为嵌入式表达,在良性互动中增强对主流意识形态话语的认同。

从"微传播"信息的传播模式上看,不仅呈现出新格局,还开启了意识形态话语传播新时代。"微传播"打破了传统信息传播自上而下的"中心化"模式,可不受传播时空的局限,由单纯的信息交互中的点对点线性传播变为点对多、点对面的网状传播,使"微民"在一种更加开放、包容、自由的平等环境中进行沟通与交流,人人都可成为信息源,每个人都是信息的发布者又是信息的接收者,原来处于弱势群体的网民都可获得属于自己的话语权,扩大自身的影响力。话语主体可以建立"微民圈层",自由地抒发情怀,讨论感兴趣的话题,提升个人体验;可以基于自己的兴趣、目的和喜好选择自己关注的信息,实现大量碎片化信息的高效聚合。这种基于现实社会生活形成的"微传播"强关系,在更大程度上强化了主流意识形态传播主体的可信度。此外,"微传播"突出的信息传播即时性、便捷性和强交互性,激发了"微民"内心潜在的表达欲望,进一步促进"微民"在参与信息发布、传播与交流的活动中,彰显自我个性。

从"微传播"信息传播效果上看,不仅增强了信息传播的有效性,也提高了民众的社会管理参与度。"微传播"平台开放、透明的言论表达机制,开启了"微民"畅所欲言与平等交流的新时代,拓宽了"微民"公共参与的途径与方式,搭建了"微民"民意表达与民众监督的新渠道。通过"微平台","微民"可监督政府部门在公共事务和公共决策中的态度与政治倾向,维护自身的合法权益,并提出对一些事务问题的看法与建议。特别是政务"微平台"的开放,极大地拓展了民众参与主流意识形态建设的形式。一些重大社会事件的报道可引发"微民"的广泛参与,从"微民"的自由讨论中可更深层次地看清事件的本质与问题,在一定程度上扩大了民众进行社会监督的广度与深度。特别是在一些社会热点事件的处理上,通过"微民"的围观、关注、热议、转发等形成一个强大的"民间舆论场",从而有力地推动有关部门对事件进行快速、公平、公正的解决,这说明"微传播"在一定程度上起着社会舆论动力的作用。在这个过程中,政府部门利用"微平台"与民众即时互动交流,解疑释惑,整合凝聚社会正能量,使主流意识形态在潜移默化中取得认同和得到良好的传播。

三、提出刚性要求:意识形态话语权构建需营造风清气正的"微环境"

"微传播"媒介规定它所承载的意识形态价值,会带来"微媒介"和社会的相互影响,社会主流意识形态的广泛认同和积极传播,会促进"微传播"的良性发展,反之,则会阻碍和抑制其正常发展。"微传播"平台信息传播的"4A"(Anytime、Anyone、Anywhere、Anything)特性,使其成为各种社会思潮竞相争夺与斗争的场所,在这没有硝烟的舌战中社会主义主流意识形态面临被边缘化的风险。因此,新时代意识形态话语权的构建需要对"微传播"平台加强监管,规范其运行,保障"微平台"的良好环境。

一要落实对"微平台"的责任管理机制。"阵地是意识形态工作的基本依托",要加强阵地建设和管理,认真落实主管主办和属地管理,"做到守土有责、守土负责、守土尽责"。按照党管媒体的原则,各级党委要加强对舆论阵地的管理,坚决抵御各种错误思潮,防止虚假信息和网络谣言广泛传播,创造良好的平台舆论环境。

二要建立健全"微平台"的舆情监测机制。"微平台"舆情既要全天候、全方位的日常监测,又要运用大数据、云计算等技术建立舆情分析研判机制、舆情预警机制以及舆情高效应对机制,以消除其对主流意识形态话语权带来的安全隐患。

三要完善"微平台"运行的相关政策法规。目前我国已高度重视网络空间的治理,也取得了一定的成效,但关于网络空间管理的法律法规还不够健全,要使"互联网不是法外之地",还需完善"微空间"的管理法案,以真正实现"网络空间天朗气清、生态良好"。

四要建立"微平台"信息的有效反馈机制。"微平台"中的留言互动版块是官方与"微民"联系的桥梁与纽带,要做到及时阅读、及时反馈。事实上,在与受众的互动交流中和对受众的利益诉求进行回复或解决中,潜移默化地提升了对主流意识形态话语的感染力。

五要加强"微平台"的内涵建设。习近平总书记指出:"对新媒体,我们不能停留在管控上,必须参与进去、深入进去、运用起来。""官微平台"除了推送一些重大新闻和活动通知外,还应成为受众了解和知晓主流意识形态理论的重要渠道,实现"微平台"的意识形态传播属性。针对大众广泛关注的社会热点事件或突发事件,主动设置议题,在同他们的讨论及思维碰撞中实现价值引领。①

综上可以看出,"微传播"媒介与意识形态话语权构建具有内在的逻辑关系,要实现二者的有机融合,即在"微传播"语境下构建社会主义主流意识形态话语权,话语构建主体需遵循自媒体话语体系传播特征,构建符合"微空间"话语权生成特性要求的意识形态话语体系,同时也需要用主流意识形态的价值理念引导"微传播"良性发展,牢牢把握"微空间"阵地。

第二节 "微空间"意识形态话语体系传播机制及话语权生成

"微空间"场域建构了一种新兴话语传播模式,从话语主体、话语形式、话语传播、话语效应等层面探究"微空间"意识形态话语体系传播特征,并据此从意识形态话语权的生成基础、生成环节和生成结果等方面分析"微空间"意识形态话语权的生成过程以及运行机理与特性。

一、"微空间"意识形态话语体系传播机制

在"微空间"中人人皆为传播源,颠覆了传统传媒的信息生产及传播方式,形成了新的话语体系传播机制。

在第二章已阐述"微空间"意识形态话语体系的传播特征,表现为:话语主体的平等性与大众化、话语形式的多样性与碎片化、话语传播的高效性与交互化、话语效应的裂变性与聚合化。

所以,"微空间"重塑了信息传播格局,改变了人们的思维方式与行为习惯,营

---

① 徐礼堂.高校掌控"微空间"主流意识形态话语权方略[J].吉林师范大学学报(人文社会科学版),2020(4):109-115.

造出了一个全新的舆论场域和文化场景,影响着整个社会的资源配置方式,也在潜移默化间重新定义了我们的生活,形塑着意识形态新社会样态。

二、"微空间"意识形态话语权生成过程

基于"微空间"意识形态话语体系传播特性,要把握其话语权的生成,需探究其话语权生成的根源要素、逻辑过程和结果表现。

(一)生成基础

1. "微空间"意识形态话语权生成的前提与物质基础:"微空间"话语场域的形成

网络信息传播技术的发展,变革了人们的生存方式和生活习性,形成了源于现实社会生活的网络社会空间。这个虚拟的社会生活空间,产生了新型精神文化价值生态,塑造了网络意识形态话语权发生场域。随着"微传播"媒介的兴起,"微空间"成为意识形态话语权的新场域。

第一,新场域创设了新传播环境和舆论场。网民在"微空间"这个更加开放、包容、自由的平等环境中进行信息沟通和交流。"微民"人人都可成为信息源,每个人都有信息生产、传播和消费的权利,特别是原来处于弱势群体的普通网民都可获得属于自己的话语权,扩大自身的影响力。并且,"微民"可以建立"微民圈层",自由地抒发情怀,讨论感兴趣的话题,提升个人体验;可以基于自己的兴趣、目的和喜好选择自己关注的信息,实现大量碎片化信息的高效聚合。"微民"在"微空间"中通过信息的输入与输出运动,在处理各种信息互动关系的过程中满足自我的需要,充分彰显"微空间"存在的意义与价值,这实质上是思想文化的交流与碰撞,其活动的结果是巩固文化所主张的价值和信仰,从而形成一种新的文化生态——"微文化"样态。这些"微文化"生态内容源于现实社会生活,但其表现形式相较于理论性较强的意识形态内容,更加贴近生活,更易于理解接受和广泛传播。

第二,新场域催生了人们的信息交流新形式。"微空间"传播主体通过形式多样的"微传播"媒介传播碎片化和去中心化的"微信息",并实现与"微受众"实时互动、高效的传播活动。"微传播"主体通过"微媒介"的使用使自身网络化,置身于媒介信息网络与传统社会网络相融合的新型网络社会关系之中。在这个新型网络社会关系中,"微媒介"号码就成了"微主体"的象征,传播者自身被抽象成不同的独特信息符号,使信息和人达到高度一体化,"微传播"主体通过"微媒介"号码表达和组织自身的网状媒介关系,即"微社会"关系。"微空间"信息交流的特性,为意识形态话语传播拓展了新空间,"微空间"也成为各种社会思潮竞相占领的阵地。随着信息技术的发展、5G网络的开通以及人们网络社交的需求,"微传播"将不断呈现新形式,开辟出更为广阔的天地。

第三,新场域成为人们生活的主要活动场域。"微空间"信息传播作为一种全新的传播类型,汇集了人类传播活动的自我传播、人际传播、组织传播、大众传播等四种传播类型的功能和优势,同时又颠覆了传统的信息传播模式,使人们进入了"信息脱媒"的时代,在去中心化、摆脱信息垄断控制的基础上又融入了个性化、强互动性、即时性、便捷性等特性,并且接地气,贴近"微民"的"微生活",信息传播形态多元,更能满足"微民"的"微需求",激发"微民"内心潜在的表达欲望,进一步促进"微民"参与"微空间"活动,彰显自我个性。如今"微传播"已经成为人际信息交流的主流传播方式,生活中处处无"微"不在。

2. "微空间"意识形态话语权生成的动力与思想基础:"微民"主体的价值需要与利益需求

马克思指出:"'思想'一旦离开'利益',就一定会使自己出丑。"利益是人的根本需要,也是一切行为的动力。需要引发动机,动机产生行为,行为驶向目标。所以,"微空间"意识形态话语权生成的内在思想根源是"微民"主体对需要和利益的驱动。正是因为话语主体有实现自我价值的需要,才驱使其产生参与"微空间"活动的思想动机,而当这种需要的实现有具体对象物时,就直接表现为话语主体对物质利益或精神利益方面的需求,从而激励话语主体积极参与"微空间"话语实践。

(1) "微民"主体的价值需要是"微空间"意识形态话语权生成的根源

需要是人们从事实践活动的基本动力,人的需要在活动中不断产生和发展,从而促进个体在满足不同层次的需要中得到不断成长,也推动着社会向前发展。首先,需要具有发展性。美国心理学家马斯洛提出"需要层次理论",在需要的不同层级,人的行为动机结构发展情况不同,随着需要的满足层次由低级向高级发展,人的自身得到不断完善。价值需要是个体需要发展层次体系中处于较高层级的内容,包括社会需要、尊重需要和自我实现需要,它们的层级是逐渐上升的。当人们在社会交往中获得了归属感,即隶属某个阶级或集团的意识形态群体,就会进一步希望在此群体中具有尊严感并得到人们的尊重,即希望拥有权力和社会地位。马斯洛认为,当人们的尊严需要得到满足后,就会表现出信心和成就感,具有内在价值肯定和外在成就认可,激励着人们进一步自我实现,充分发挥潜能,追求更高的精神境界。其次,需要具有社会性。马克思主义认为,人的需要建立在一定社会关系基础之上,需要的满足也受所处社会条件的制约。在人们与客观环境相互作用的过程中,人们通过积极的实践活动建立起一定的社会关系结构,激发其进行有明确目的和符合共性特征的社会关系活动。在"微空间"场域,网民或群体生活在一定的虚拟社会关系中,同现实世界一样,网民或群体追求其价值需要表现为在此场域的生存和存在的意义与价值,从此空间存在的不同文化思潮的价值取向中采取相应的行为,寻求契合和满足自身价值需要的思想观念和意识形态,形成和维护其在"微空间"场域社会关系的公共价值追求,从而产生一定的影响力,由此该意识形态话语权生成。

(2)"微民"主体的利益需求是"微空间"意识形态话语权生成的根本动力

某种意识形态话语权的生成问题本质上是话语对象对该意识形态的思想理论和价值观念的认同和接受问题,而一种理论要获得广大群众的拥护,获得其心理接受和认同,占领话语权的主导地位,就必然要使该理论契合群众的利益需求,能帮助解决广大群众现实生活中的实际问题。所以,"微空间"意识形态话语权的生成和实现过程,在一定程度上就是该意识形态满足"微民"主体的利益需求而激发其在思想冲突中通过理性认知和情感共鸣逐渐达到认同该意识形态所传播的思想观念的过程。

"微空间"中的网民,是虚拟角色与现实身份相融合的统一,其利益需求同样有物质利益需求和精神利益需求,现实生活中物质需要的满足程度和实际问题的解决情况直接影响其在"微空间"中价值观念的呈现、信奉信仰的追求和行为方式的表达。"微民"为满足精神需要,在"微空间"获得归属感,赢得他人的认可与尊重,体现出自身的价值,总是表现为有目的地参加精神交往活动,主动选择能够有助于实现自身价值需要的思想理论来指导自己的行为和在"微空间"扮演合适的角色,以提升和实现自己的人格魅力。这就需要在"微空间"中用正确高尚的一元核心价值观念引领整合嘈杂多元的意识形态内容,满足"微民"的精神利益诉求,引导"微民"主体在经过思想的认知、心理的调适、价值的定位后,最终达到对该意识形态价值观念的认同,从而确立其主导地位。

3. "微空间"意识形态话语权生成的关键与实践基础:"微民"参与"微空间"实践

根据马克思的实践论,实践是一切社会关系形成的基础,必须在社会实践中寻找一切社会现象产生的根源。"微空间"意识形态话语权的生成离不开"微民"积极参与话语传播的实践活动。

(1)在传播实践中形成话语主客体的网络社会关系

"微空间"话语权的生成,是话语传播者与话语对象在话语传播实践中通过相互作用或影响构建价值观关系的过程。话语主体通过传播实践,作用于话语接受者,将承载一定意识形态思想的价值观念和价值取向在满足话语对象利益和需要的同时,影响或改变其思想认识,使其产生"认知—认同—内化—外化"的思想和行为斗争的一系列活动过程,同时传播者自身的自我认知、认同感和外化的行为也得到进一步加强。话语传播主客体的权益和权力关系通过传播实践的媒介在此活动过程中孕育、产生和发展。

(2)在传播实践中产生话语的有效性

话语是表达思想内容和传播价值观念的形式与途径,话语要产生影响和作用,离不开传播实践。"微空间"意识形态话语在传播实践中产生有效性,主要表现为:

一是话语传播主体要有主导力。第一,话语的权威性和话语表达能力。这取决于话语主体是否具有较高的政治素养、马克思主义理论素养和意识形态传播媒介素养。第二,话语影响力的广泛性。话语主体通过积极的人际互动、自我互动实践,有目的地对"微空间"信息内容进行构建,强化意识形态话语的辐射力。第三,责任意识。话语主体面对"微空间"话语场域中消解主流意识形态话语权威的现象和事件,要主动发声、敢于发声和及时发声。

二是话语表达方式要有新颖力。"微空间"多种话语体系并存,只有新颖的话语才会被受众"关注",话语表达方式的新颖主要从吸引力和亲和力两个方面来体现。"微空间"话语要有吸引力,话语表达必须符合"微民"的阅读习惯,需要精心设计话语表达技巧,用自媒体用户喜闻乐见的网络流行语来表达意识形态的政治话语,把理性、抽象的意识形态理论蕴含于感性、具体的表现形式之中。话语的亲和力是指"微空间"意识形态话语表达平易近人,能够让人产生亲近感。这就需要话语形式生动活泼,内容比较通俗易懂,体现人文关怀,与受众能产生"零距离"感。

三是话语传播内容要有信服力。话语内容信服力是指话语本身所具有的、能够在心理和情感上被受众认可与接受并自觉转化为追求与实践的一种力量。主要从时代性,即话语内容是否体现时代发展的特色;人本性,即话语内容是否符合受众利益和发展的实际需求;及时性,即话语内容发布是否及时等三个方面来体现。主流意识形态话语要准确把握时代发展的脉搏,清晰阐述马克思主义理论中国化最新发展成果、社会发展的热点与难点问题;契合"微空间"场域的话语兴奋点和关注点,并能为受众关心关注的现实问题提出科学可行的解决方案,使其找到适合自身发展的价值目标,从而达到最大限度地凝聚社会意志的目的。同时,话语主体针对"微空间"中出现的新热点、新问题、新矛盾,要抢占话语权,第一时间占领舆论制高点,通过赋予意义,正面解释,达成共识,明确方向。①

(3) 在传播实践中形成价值观念认同的话语权生成标志

一定社会关系的价值观念思想体系通过传播者的传播实践影响接受者,而产生的影响效果取决于话语接受者的认同程度,从而也就决定了话语权实现的程度。所以,话语认同的过程需"微民"参与话语实践活动。

首先,在参与"微空间"行为活动中构建价值观念体系。任何思想意识都是人脑对客观环境和事物现象的反映,而其形成过程必然要通过实践活动。"微空间"中充斥着多元思想文化和价值取向,冲击或影响着"微民"原有的思想认知。在参与"微空间"人际交往活动中,"微民"通过亲身的行为实践体验,选择自己愿意接受的或满足自己利益需求的思想意识来构建自己的价值观念体系。也就是说,"微民"在实践活动中形成对客观事物的认知,而不是被动接受或人云亦云地认同所传播的价值观。

---

① 徐礼堂.高校掌控"微空间"主流意识形态话语权方略[J].吉林师范大学学报(人文社会科学版),2020(4):109-115.

其次,在参与"微空间"交往活动中发展价值观念。"微民"的思想意识和价值观念随自媒体"微传播"技术的发展和不断扩大的交往空间而得到强化和发展。在"微传播"时代,个体或群体的言行举止、互动状况是现实社会的实践活动与物质生活状况同线上虚拟空间社会实践交往所形成的思想意识的融合。"微空间"话语内容,无论怎样进行描述,都有现实生活的"影子",都是对现实生活中社会现象在"微空间"的反映,并且在线下社会交往实践中形成的社会关系越强,在线上成员之间发挥的信任作用也越明显,其思想观念形成共同体的意愿也越强烈,产生的相互影响和作用也越大。在线下社会,人们的思想、行为习惯也会受到线上"微空间"意识形态话语的影响,人们的思维观念、价值体系也会打上"微空间"意识形态的烙印。在线上社会,个体或群体除线下社会已建立的熟人社交圈外,群成员可突破地缘、血缘关系,新建社交圈和社会关系。线上社会在人际互动上十分便捷,可进行多向度沟通,这种强社会关系维护成本较低,极大地拓展了人际交流强关系形成范围。人们在各种社会关系交往实践中,进行广泛的话语交流和思想碰撞,他们将原有的价值取向与"微空间"所呈现的思想观点经过思考分析、权衡比较,选择符合社会要求的意识形态态度倾向。

最后,在参与"微空间"价值实践活动中促进价值认同。"微空间"信息传播实践和话语交流具有个性化特征,可极大地满足"微民"特别是青年群体的需求,在交流过程中拓宽了人们的视野,在一定程度上有利于"微民"提高自己的思想境界,接受正确的、先进的思想熏陶,巩固和强化"微民"对网络空间中符合社会发展要求的积极价值思想观念的认同,从而有助于形成"微空间"正能量社会环境。"微民"在已接受某种价值思想认同的基础上,通过参与"微空间"的价值实践活动,满足他们的实际利益需求或受到深刻的思想影响,他们会升华和沉淀其价值观念,增强其认同感。同时,他们在实际生活中也会将此认同感外化为有目的、有意识的实践行为,并会自觉地积极参与到弘扬和宣传这个价值观念的活动中,如此价值实践活动持续往复地进行,就会形成一种习惯,从而进一步集中表现为稳定的价值取向,该种意识形态话语权也会持续生成。

(二) 生成环节

话语权生成过程是话语传播者经过话语准备,将承载一定意识形态、价值观念的话语通过议程设置,构建话语传播架构,对话语对象即话语接受者的思想认识、价值取向等产生一定影响,并取得与话语传播者的预期一致的话语效果的过程。这一过程其实是价值观念的传播,即对话语对象产生价值认同或重构其价值观念。主要包括话语准备、议程设置等准备阶段,话语编码、解码等生成阶段。

1. 准备阶段

(1) 话语主体准备

"微空间"意识形态话语主体包括话语传播者和话语接受者,他们在话语传播过程中互为话语对象,同为话语主体,并相互作用和相互影响形成话语权力关系。在这种权力关系形成之前,话语主体要做好相应的准备。

一是话语主体要有基本的网络技术素养和物质条件保障。主要表现为话语传播主体要具有相应的网络平台运行设备,熟悉平台技术操作,了解平台运行及其规则要求,具有平台运行维护和技术开发的人力与物力资源的基本保障等,这是"微空间"意识形态话语权生成的必备物质条件。

二是话语主体要建立较为稳固的网络社会关系。"微空间"信息交流是建立在关系资源上的信息传播,一般以彼此了解和相互信任的熟人关系为基础,如果这种"好友"的关系群体越广泛、关系越稳固、交往越密切,产生的话语认同效果就越显著,形成的影响力就越大,意识形态话语权就越易生成。所以,话语主体在进行意识形态传播前,要清晰地认识到,形成较为广泛的熟人社会关系对提升话语传播效果具有促进作用。

三是话语主体要以产生价值认同为话语传播目的而采取有效的准备措施。也就是说,话语传播者要结合话语接受者的利益需求,帮助其解决实际问题,采取使话语接受者乐于接受的话语传播链条,让其明确话语传播目的之所在,这样话语传播活动就越容易达到预期的效果。

四是话语主体要做好话语传播实现过程曲折的思想准备。意识形态是观念上层建筑,人们对其传播的思想的认同过程不可能是一帆风顺的,需经历复杂的斗争,有时甚至会出现停滞或倒退的情况,能达到预期的话语效果也经过了"认识—实践检验—再认识—再实践检验"的螺旋式、渐进式上升过程。所以,话语主体要清醒地认识到产生预期效果的长期性和复杂性。

(2) 做好议程设置

意识形态话语权生成过程,实质上就是传播内容的编码和解码的过程。议程设置是传播媒介影响大众注意力和判断的重要方式,它不仅能告诉大众"想什么",也能告诉大众"该怎么想"。"微传播"媒介的出现,颠覆了传统议程设置的主体、内容、渠道、接受者以及传播效果,在"微传播"环境下大众对事件的认知和判断不是仅由议程内容的某个单独属性决定的,而是受到其他很多方面的因素和属性的影响。因此,"微传播"媒介的议程设置效果在引导人们"想什么"或"该怎么想"的基础上,还能告诉人们"联系什么想以及怎样联系想",也就是在何种程度上把客体与属性间关系的显著性转移到公共议程。所以,话语传播主体要利用好"微传播"媒介的议程设置。

2. 生成阶段

"微空间"形成了全新的话语表达方式和解读方式。从话语生成效果角度,分析话语受众对"微空间"信息认知、信息取舍的处理过程,从而影响其价值判断或选择情况。

(1) 话语受众的信息认知与解读

"微空间"的信息生态复杂多样,话语接受者对充斥"微空间"的大量碎片化海量信息只是浅层阅读,肤浅认识与理解,这种"蜻蜓点水"式的快速解读习惯,在一定程度上影响大众理性思维能力的提升,对传播的主流意识形态价值思想的认知和接受效果大大降低,难以形成正确的价值取向。同时,网民为获得归属感,对信息的认知还存在从众心理,跟随群体的意见和态度,而一些群体的观点如果经过理论化和系统化的加工、意义的再生产,就可上升为意识形态观念。当然,对意识形态话语的认知,不同的受众也存在差异,一般受个体的理论水平、知识经验等因素影响。

话语受众对信息的获取或处理,往往只着重关注感兴趣的或符合自身价值利益需求的话题,并对其评论回应、编辑加工或转发分享。如果在阅读中,话语受众对"微空间"的热点话题、事件或某个观点产生思想共鸣或有不同的意见,则会按自己的认知或理解进行评论,回应话语传播者,表达对传播信息的价值认同或对立。有时对于某个事件,话语受众会按照自己的价值倾向和理解对事件的评述进行编辑加工,并阐明自己的观点和理由。有时也会在对自己感兴趣的话题进行评论后,转发给自己的好友进行分享,实行再传播。

话语受众对接收的信息经过认知、筛选和处理后,将获得的价值认知通过顺应或同化的方式融入自身原有的思想观念体系中,实现对传播的意识形态话语信息的基本认知和理解。

(2) 话语受众的价值判断与认同

话语受众对"微空间"意识形态信息在思想观念上达到价值认同构建的逻辑过程,亦是对话语传播者传播信息的解码过程,这将直接影响受众外在行为的转化和话语传播的效果。这个过程一般要经历以下四个心理活动层级:

一是价值观念认同的感性认知层级。一般来说,信息接收者对一种思想观念的接受,有从感性到理性的认知过程。对已具有一定生活经验、文化知识积淀和对外部信息的处理已有一定认知结构的信息接收者,特别是其思想境界已形成具有某种意识形态的理论经验时,对接收到的外部信息内容进行处理,如与其原有的价值取向、思想观念相容或一致,则会欣然接纳;如相矛盾或不一致,则会改变或拒绝。这个过程是信息接收者对一种意识形态价值观念认同的经验感性认知阶段。一般来说,信息接收者具有的认知结构越丰富,经验感知能力越强,对"微空间"的话语分析或选择、价值判断初次感知也会越正确。另外,如这种价值观念正好契合信息接收者的实际需要,则会表现出强烈的感知效应。这种价值观念的认识是初步的低层级感性认知,即"是什么"的接纳或排斥阶段,要想增强其价值的认同,则需实现理性认知的提升。

二是价值观念认同的理性认知层级。理性层级的认知,即经过"为什么"的分析思考,对与原有思想观念不一致的信息或新观念进行鉴别、质疑、论证的过程。由于"微空间"信息海量,内容纷繁复杂,价值文化多元,网民们在不断地对"微空间"信息进行反思、分析、取舍的思维活动中,增强了其对"微空间"多元价值观的分析和思辨能力,构建和发展了新的价值意识,在一定程度上巩固了价值认同。

三是价值观念认同的情感体验层级。在网民对"微空间"意识形态多元化思想经历了理性认知的心理活动后,会激发起网民对意识形态理论内容由知识存在形态向情感体验转化的心理,进而成为内化为信仰、对外表现为行动的推动力。一般来说,围绕主流意识形态传播内容合理设置议题,增加网民对解决其实际问题和实际需要的满足感,激发网民产生较深的情感体验,让网民切实感受到传播的意识形态内容对其自身的价值所在,自然会强化网民从内心对话语主体传播的意识形态理论的认同感。

四是价值观念认同的思想确认或转化层级。网民经过价值观情感体验后,在面对"微空间"复杂的各种社会思潮时,通过内心情感的发酵、思想斗争与洗礼,进一步确认自己的价值选择,拥有了排除其他意识形态话语干扰的顽强意志,从而在思想深层形成对主流意识形态的价值认同。即完成了"感性认知—理性认知—情感体验—思想认同"的价值观形成或巩固的构建过程。

(三) 生成结果

话语接受者对传播的价值观念经过了认识上的感知、情感上的体验、思想上的认同等环节,需生成行动上表现的检验话语效果在思想观念上达到价值认同这个建构过程的终极目标。

"微空间"中主流意识形态话语传播者通过设置议程的话语体系使话语对象接受其外在的价值思想,调整或改变其原有的思想观念,并固化为其行为习惯,从而生成信息传播者的话语力量,掌握话语权。此过程不是一蹴而就的,一般要经历价值判断、行为表现和习惯养成的循序渐进、不断成熟的形成过程。首先是网民通过"微空间"获取的价值观信息内容对自己的行为进行初步的价值判断,然后经过甄别分析和反复践行,逐步形成与接受的价值观要求相一致的行为表现,此行为再通过反复价值践履,接受的价值观信息逐渐沉淀固化,稳定为其良好的行为习惯,而良好习惯的养成使网民个体或群体在"微空间"社会交往中获得认同感和归属感,这又更加激励网民将此价值思想作为崇高信仰来追求,并在"微空间"中自觉地同与主流价值思想不一致的行为作斗争。如果在"微空间"中这种群体数量较大,那么必将形成主流的积极向上、风正气清的网络环境。

三、"微空间"意识形态话语权生成运行特征

对"微空间"意识形态话语权生成过程的环节进行分析可以看出,此过程是意识形态话语权生成的有机系统的复杂运动过程,需探究其运行规律以及生成该系统的话语体系要素的设置要求,以提高意识形态话语的传播效果。

(一) 生成过程运行规律

规律反映着事物间的内在本质联系,决定着事物发展的必然趋势。把握"微空间"意识形态话语权生成过程运行规律,为探寻"微空间"意识形态话语权正向发展的有效路径提供理论依据,而对客观事物规律的反映则基于对事物变化发展的矛盾运动的揭示。在"微空间"社会环境中,意识形态话语权生成过程是这个话语权生成的有机系统中各要素间相互作用、相互影响及其与外在环境发生作用的复杂运动过程。所以,"微空间"意识形态话语权生成过程的规律就是在话语权生成过程中话语传播体系各要素间的本质联系和发生作用的矛盾运动的必然趋势。

毛泽东同志在其《矛盾论》中指出,事物的运动和发展变化是由矛盾性引起的。在复杂事物发展过程形成的内部和外部矛盾系统中,各种矛盾是不均衡的,有主次之分,对事物发展起着主导作用、处于支配地位的主要矛盾往往决定事物的性质和发展方向。"微空间"意识形态话语权生成的有机系统中存在着话语主体要素、话语客体要素、话语主题要素、话语载体要素、话语形式要素、话语效果要素等相互联系和相互作用的内部要素构成的内部矛盾系统,同时存在着与外界社会环境发生联系和作用的外部矛盾系统。"微空间"意识形态话语权生成就是在居于支配地位和起着决定作用的主要矛盾与处于从属地位的次要矛盾系统的相互作用下完成的。在这相互作用和相互影响的内外部矛盾系统中,其内部的话语主体要素和话语客体要素形成的对立、统一关系的矛盾是整个话语权生成过程的主要矛盾。在意识形态话语权生成过程中,话语主体和话语客体处于整个过程发生和变化发展的两端,二者既对立统一又相互依存,话语主体(传播者)的价值供给与话语客体(接受者)的价值需求在不断互动的矛盾运动中曲折地前进。"微空间"意识形态话语权生成的主要矛盾运动如图 4.1 所示。

当"微空间"意识形态话语传播者将承载一定意识形态价值取向的话语信息内容传播给话语对象时,一方面,它为话语接受者进行自我价值观念的构建提供了基础,同时也决定了整个意识形态话语权生成过程的性质和方向。但在话语传播过程中,话语传播者会受到外界社会环境不断变化的因素影响,或受到话语对象对话语信息接受力的限制,从而产生新的价值供求矛盾,话语传播权力格局会发生新的

变化。为解决新的矛盾,需要调整话语传播者的价值供给链条,于是开始新一轮意识形态话语传播,其活动状态是"价值供给—价值需求—再供给—再需求",形成的运行规律是"适应—不适应—调整再适应",如此循环往复,推动"微空间"意识形态话语权的生成和发展。另一方面,话语传播者的价值供给和话语接受者的价值需求的基本矛盾是话语权生成过程中其他矛盾产生的根源,牵制着"微空间"意识形态话语权生成系统的矛盾运动。因此,"微空间"意识形态话语权生成是揭示和解决话语权生成过程中具体矛盾运动的不同规律综合协调作用的结果。

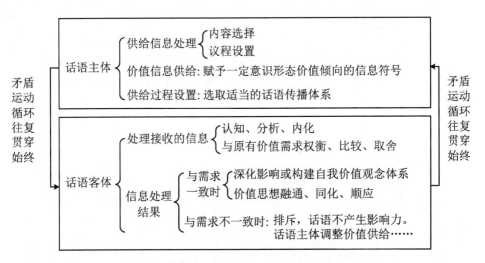

图 4.1 "微空间"意识形态话语权生成主要矛盾运动过程图

（二）话语体系设置要求

基于意识形态话语权生成过程运行规律,对"微空间"意识形态话语体系系统要素的设置要科学合理。

1. 话语表达形式:契合"微空间"话语传播特点

"微平台"信息流动性极强,信息的高速流动性催生了碎片化话语的产生,碎片化话语语境的形成,在一定程度上反映出现代社会碎片化的特征和价值体系多元化的时代背景,同时又迎合了差异化的多变受众需求,体现出信息传播模式的变革。简洁的话语呈现出多样化的表达形式,使"微空间"话语形式立体多样,富有感染力。

主流意识形态话语表达要注重优化和创新话语方式,契合"微空间"话语传播特点,遵循"微空间"信息生产、传输、消费的规律,避免传统语境的宏大叙事和严肃的知识逻辑,深入研究受众群体的心理特点和接受习惯,运用大众喜闻乐见的方式,说些大众"喜欢听""愿意听""听得懂"的意识形态话语,以故事化和通俗化的形式表达党的主张和要求,回答受众的利益诉求和价值关切,使主流意识形态话语既有理论深度又具情感温度,更易为受众所理解、认同和接受,不断增强马克思主义意识形态在大众中的凝聚力和引领力。

2. 话语载体运用:具有驾驭"微平台"技术的能力

正是"微传播"技术的发展创生了"微空间"意识形态的存在形式,因此谁先熟知和掌控"微传播"技术平台的操作,谁就能驾驭"微空间"信息生产、传播和消费的主动权。所以,对"微传播"话语载体的技术平台的有效运用,能有效推进"微空间"意识形态话语权生成系统的和谐运转。

意识形态话语传播主体既要有一定的理论知识水平和对网络社会环境运行的研究,又要具备一定的信息素养,懂得新媒体技术的实践操作,才能在价值多元的"微空间"中自由驾驭传播载体进行信息选择,做好议程设置,有效进行信息的生产和传播,适应和满足话语对象的需要,从而发挥主流价值思想引领"微空间"舆论环境正向发展的作用。同时,话语接受者也需要具有一定的对"微媒介"平台技术的驾驭能力,以在纷繁复杂的信息海洋中轻松获取话语传播者传递的信息或搜索到自己所需的信息,明确其主旨价值内涵,有效进行话语意义的再生产,深化自身的认识,重塑价值建构。

如果意识形态话语传播主客体驾驭新媒体技术平台的能力较差,就会对平台信息的获取、生产和消费产生严重影响,意识形态话语传播效果也会大打折扣,所以从这个角度上说,媒介载体的使用技术水平是影响"微空间"意识形态话语传播效果不可忽视的重要因素。

3. 话语传播内容:结合受众的水平与需求

话语主体传播的信息内容具有明显的阶级性和意识形态属性,在海量的信息和信息阅读选择自由化的"微空间",网民的主体性得到充分发挥,必然会在接受心理和接受行为上发生变化,特别是在非熟人关系的网络空间。因此,话语传播者的意识形态内容的价值思想供给,要结合受众的思想认知水平、接受程度和理解能力,应采取适应其特点和满足其需求的传播内容,促进其积极地进行价值意义的建构和认同,从而组建相应的价值观念体系。

一方面,意识形态话语传播者要清晰地认识到,话语受众在"微空间"多元价值思想文化交融的环境下,在思想认识上往往会存在一定的困惑,甚至有时会产生信仰迷失或盲从的现象,如果传播的思想内容不适应其认知水平或不满足其价值利益需求,那么在短时间内对传播的意识形态价值观念难以产生情感共鸣,自然就不会对传播的价值供给产生回应,也就无法进行价值思想建构。所以,话语传播主体必须考虑和有效应对话语对象的思想变化情况。另一方面,话语传播者要充分发挥主导作用,结合不同话语对象的思想认知水平和理解接受能力,进行有针对性的价值供给内容渗透,科学合理地设置议程,有目的地提升话语接受者的思想境界,帮助其主动、自觉地进行价值思想认同与建构。所以,话语传播者在进行话语传播前要围绕促进与话语对象的有效互动、达到主流意识形态思想的传递效果而对传播内容进行筛选、加工和做好议程设置工作。

4. 接收信息处理:促进价值信息"产消"结合

互动双方的意识形态话语传播主体,对接收的意识形态信息内容经过初步的阅读,在思想上产生兴奋点,在情感上产生共鸣,于是对话语信息进行评论、关注、分享、点赞等,这实质上是在对接收的信息内容进行整体理解和认识后的信息"消费"过程。在此过程中,如果对话语主体接收的话语信息只强调是否全面和完整,而不重视话语主体是否经过自我思想的洗礼与内化、是否经过认真思考后注入自己的思想观念形成自我认知的个性化话语意义再生产过程,而只是简单地将信息内容在朋友圈中分享,那么这都不能算是真正意义上的话语信息"消费"。当然,如果只突出强调话语主体的价值共识建构,而这个建构过程不是对整体话语信息内容全面深刻的理解和把握,那么也不是真正意义上的"再生产"。"微空间"意识形态话语权的生成和转化过程是意识形态话语主体在话语实践的互动中对信息内容的自我消费以及意义再生产的过程,所以在话语交流过程中,既要考察话语接受者对意识形态内容的消费情况,又要考察其深层次的意义理解和价值观念转化的信息生产情况,特别是促进价值信息的"产消"相结合的情况,以取得意识形态话语传播的预期效果。

5. 话语主体互动:实现话语目的的达成

意识形态话语权生成的话语实践过程实质上就是促进价值认同,话语传播者和话语对象在此过程中都是话语主体,在不同的话语传播情境中扮演着互换的角色,二者在交流互动中对各自的思想认知和价值水平进行相互建构,最终达成价值共识。

"微空间"自主、平等、开放的信息流通环境,强交互的话语传播,为主流意识形态价值思想传播提供了必要的前提。话语传播者通过信息互动交流,对话语对象的理论素养、思想认知水平、接受能力等基本情况进行了解,采取有针对性的议程设置内容,提出合理的促进话语对象思想认识提升和符合价值建构要求的建设方案,激发其主动性和积极性,自觉进行价值建构,从而实现话语权。话语对象在信息互动交流中,了解和明白话语传播者传达的主题价值思想,进行自我思想革命和斗争,解决好话语信息传递的价值要求与自身价值建构水平的矛盾,促进自我的思想意识、价值观念向社会主流意识形态要求的方向发展。

正是在话语主体双方良性的互动交流实践中进行思想碰撞,化解矛盾,对意识形态思想内容进行"生产—消费—再生产",最终达到双方思想观念的相融相通。

所以，从某种程度上说，主体双方交往互动的激烈与否直接影响思想认同、价值共识的程度。

（三）话语效果生成类型

基于话语体系系统要素设置的情况不同，话语效果也呈现出不同的类型。并且，话语效果的呈现类型与话语体系要素设置的有效性成正相关，主要有以下四种情况：第一，话语要素的设置有效性强，话语传播效果突出，表现为话语对象思想认同和价值观结构改变明显，可促进话语对象良好行为习惯的养成。第二，话语要素的设置有效性一般，对话语对象产生的影响力不大，话语效果表现不明显，话语对象外在行为变化缓慢。第三，话语要素设置无效，没有对话语对象产生话语效果，对其思想认识和行为改变不产生作用。第四，话语要素设置无效且产生异化结果，表现为对话语对象的认知结构和行为习惯产生负面影响，浊化了"微空间"环境。下面将从话语对象、话语传播者和"微空间"话语表达特点等话语体系要素角度分析生成效果的不同。

从话语对象的角度来看，意识形态话语权的生成和运行问题，取决于话语传播者发出的承载一定意识形态内容的话语信息对话语接受者能否产生发自内心的认同和接受的心理活动，并自愿转化为其行为习惯，即产生"内化于心，外化于行"的过程。如果话语对象在参与话语传播实践的过程中能深刻领会"微空间"意识形态话语内容，那么该受众群体往往也具有较高的理论水平和一定的信息素养，对"微空间"的信息往往也表现为较强的获取、分析和处理能力，在关键时刻能担任正能量传播角色，这类话语受众主体在接受教育后产生的行为转化明显，并且还能完成主流意识形态话语传播任务。如果话语对象对接受的价值思想信息内容感触不深，只是浅层了解其意思与内容，那么对其思想认知产生的影响就不强，其行为改变往往较为迟缓，有时还反复变化、摇摆不定，这类受众群体是"微空间"参与话语实践中占绝大多数的人群，也是一般的普通"微民"。如果话语受众对"微空间"传播的主流意识形态话语内容不能正确理解和把握、接受其思想内涵，对争议的不同思想观点无所适从，往往表现出价值观困惑，那么其行为也无法得到有效改变，甚至容易受到异己力量的利用，而产生偏离正向话语效果的实践目标轨道。

从话语传播者的角度来看，在意识形态话语权生成的话语实践中，作为主流价值思想的传播主体如果自身政治理论水平不高，网络信息素养不强，在"发声"前对议程内容不做好精心的设置，或者自身职责意识不强，为了流量哗众取宠，故意迎合"粉丝"，忽视话语产生正能量的影响力，又或者不关注话语对象的利益诉求和情绪情感等，任何一种话语设置都会使话语受众曲解话语内容，不会产生话语的有效性，甚至产生效果的异化现象，都无益于"微空间"主流意识形态话语权的构建和发展。

从"微空间"话语表达特点来看,"微叙事""形象叙事""娱乐叙事"虽符合"微平台"高速信息生产以及青年"微民"的心理特征,但冲击了"微民"的认知体系和理性思维。"泛娱乐化"的话语表达方式,零碎的只言片语之间缺乏逻辑性和关联性,割裂了原来话语的整体性,不能形成话语体系,很难构建整体性认知,易造成理解上的偏差,弱化了"微民"理性思维的判断能力,进而影响其价值取向,在一定程度上助推了偏激情绪和非理性观点的蔓延与扩散。再加上,当前我国正处于经济社会转型发展的快速上升期,社会阶层结构和利益格局正在分化,不同利益主体的诉求和先进与落后思想的矛盾在"微空间"中被放大,极易产生偏激情绪。[①] 少数别有用心者利用"微民"情绪化的即时表达和浅阅读产生的偏差,通过"微平台"趁机发布煽动性的极端言论,夸大事态,散布谣言,扭曲某些问题的真相,以引起群体极化,形成舆情危机。如果这时有网络"大V"或"意见领袖"的参与,其传播力和影响力就会进一步扩大,削弱了主流意识形态的话语影响力,自然会产生话语效果无效或异化的情形。

第三节 "微空间"高校主流意识形态话语权生成衡量维度

"微空间"高校主流意识形态话语权实现过程,是其系统构成的内部各要素之间、内部要素与外部环境之间相互作用的复杂运动过程。该系统中各要素分别以一定的功能和相对稳定的组织秩序组成了高校主流意识形态话语权结构系统,每个要素的存在及其作用的发挥相互依存,某个要素发生变化,会引起其他要素的随之改变,并引起系统整体的变化。高校围绕"培养什么样的人、如何培养人、为谁培养人"这个根本问题,实现"微空间"高校主流意识形态话语权系统的话语正效果是高校意识形态建设工作的最终落脚点和追求的目标。那么,如何评判高校"微空间"主流意识形态话语权的实现程度?应从哪些维度来衡量"微空间"高校主流意识形态话语权的强弱?厘清这些问题是促进和维护"微空间"高校主流意识形态话语权生成的必然要求。笔者认为至少应从以下话语体系的维度来衡量"微空间"高校主流意识形态话语权的生成状况。

[①] 徐礼堂.高校掌控"微空间"主流意识形态话语权方略[J].吉林师范大学学报(人文社会科学版),2020(4):109-115.

一、维度一：话语主体要素的主导力

话语主体要素的主导力是"微空间"高校主流意识形态话语权能否实现的前提。话语主体要素包括话语生产者、话语传播者和话语接受者，主要解决意识形态"由谁说""谁能说""向谁说"的问题。

意识形态话语主体是一个多元化的综合体，"微空间"高校话语主体要素主要包括学校党委、宣传部门、学生工作部门、思想政治理论课教师、辅导员、网络"意见领袖"以及其他思想政治理论工作者。话语主体要素必须致力于解读马克思主义理论的科学性、先进性和真理性，应"真学、真懂、真信、真用"马克思主义意识形态话语主题内容，做到"一'马'当先"，不断创新马克思主义理论体系的思想内容，承担起主流意识形态话语内容传播的时代使命。高校意识形态话语主体要素的主导力主要体现在以下几个方面：

一是话语权威性和话语能力。这取决于话语主体是否具有较高的政治素养、马克思主义理论素养和意识形态传播媒介素养；是否具有意识形态整合能力、理论创新能力和话语表达能力等意识形态建构能力；是否掌握"看家本领"和成为"行家里手"。

二是话语影响力。意识形态话语主体既是传播主体也是代言人，只有言行一致，具有示范性，其宣传和传播的意识形态话语才会产生可信性，才会被青年大学生认可和接受，也才可能产生潜移默化的思想引导效果。否则，即使理想信念理论讲得再多，也只是空谈，无法被人信服，甚至产生怀疑。

三是责任意识。话语主体要有"守土"意识，面对"微空间"话语场域中产生的消解主流意识形态话语权的现象和事件，要主动发声、敢于发声和及时发声。特别是各级党委书记是意识形态工作第一责任人，要承担起高校意识形态话语权建设的政治责任和领导责任，要做好顶层设计，主动谋划和推动高校意识形态工作开展。

四是协同性。高校主流意识形态要在"微空间"实现话语权，除了各话语主体要发挥各自的作用外，话语主体间还要有协同意识，尤其是高校各部门之间的协同，同时网上网下还要有协同机制，形成合力，及时把握青年学生的思想动态和舆情动向，以积极有效应对各种情况。

二、维度二：话语主题内容的信服力

话语主题内容的信服力是指话语本身所具有的、能够在心理和情感上被大学生认可与接受并自觉转化为追求与践行的一种力量,是"微空间"高校主流意识形态话语权能否实现的核心。主要解决意识形态"说什么内容"和"为什么这么说"的问题。

与压制式和命令式的硬权力话语表达不同,意识形态话语权是信服式的软权力。只有受众心悦诚服地认同、接受传递的思想观念和内容,才会在态度和行为上朝着预期设定的方向转变,因为"理论只有彻底才能说服人",才能掌握群众,才会变成人们认识世界的思想武器和改造世界的现实力量,这是马克思主义理论一直强调的真理。作为意识形态核心思想的话语主题内容,要具有信服力也就是彻底性,主题思想要抓住事物的根本,触及事物的内生规律。主要体现于话语主题内容的时代性、人本性和通俗性等三个方面。

时代性,即意识形态话语主题内容要时刻保持先进性,体现时代发展特色,把握时代脉搏,契合时代发展的语境。也就是说,意识形态话语主题是一个开放的理论体系,要根据时代的发展变化进行及时的、有针对性的调整,不断审视其时代意义和现实价值,不断注入新的时代元素,使其不断丰富和完善自身,始终保持内容的科学性和真理性,以筑牢抵制错误思潮的防线。

人本性,即意识形态话语传播的主题思想内容是否符合大学生成长和发展的实际需求。马克思主义理论之所以成为彻底性的理论,正是牢牢把握了现实的人这一根本,关注人的根本利益和需求,并致力于实现人的全面自由发展。高校意识形态教育内容要坚持以学生为中心的发展思想,倡导人文精神,关注其利益诉求,回应其关心的问题,应以理服人、以文化人,增强师生对教育内容的内心认同感。

通俗性,即意识形态思想理论在保持权威性和学术性的基础上尽可能地进行通俗化的表达,用浅显易懂的话语传播,用小事件阐明大道理,用身边事讲好中国故事,促进高校师生理解所接受的理论的内涵和思想,这也是意识形态主题思想产生信服力的必要前提和基础。

因此,主流意识形态话语要准确把握时代发展的脉搏,清晰阐述马克思主义理论中国化最新发展成果、社会发展的热点与难点问题;契合大学生在"微空间"场域的话语兴奋点和关注点,并能为大学生关心关注的现实问题提出科学可行的解决方案,使其找到适合自身发展的价值目标,从而达到最大限度地凝聚社会意志的目的。

三、维度三:话语客体要素的主体性

话语客体既是话语体系建设的受众,也是话语思想的传播者和践行者。主流意识形态话语权建构必须尊重话语客体的主体地位,尊重话语客体存在的差异性、关注话语客体的实际需要并维护其切实利益诉求,这是"微空间"高校主流意识形态话语权实现的关键所在,即主要解决意识形态话语"为谁说"的问题。

近年来,部分高校意识形态工作存在边缘化、空洞化的现象,除了社会大环境等客观因素外,很大程度上是忽视话语客体的主体地位的结果。高校要想有效实现主流意识形态话语权目标,必须尊重话语客体要素的主体地位。

一是尊重个性化主体特征,满足话语客体的多元需求。随着经济社会的发展,网络信息获取渠道畅通,人们思想活动的多样性、独特性、差异性日益增强,新时代青年学生思维活跃、思想开放、价值需求多元、个性化心理特质明显,个人需求、偏好也呈现多样性。主流意识形态话语传播要满足话语客体差异化的需求,话语传播内容要在系统分析话语客体的专业背景、接受能力、成长环境等差异性前提下,用适时的话语场景、能接受的话语表达,有针对性地推送话语主题思想。话语形式要结合受众的信息需求特点和利益诉求背后的实质缘由,用富有生活气息和易于话语客体理解的大众话语,促进话语客体真正感受话语主体思想的温度,并引导其理性表达个人意愿,为提升意识形态话语体系的掌控力提供有利条件。

二是关注实际需要,在解决实际问题中解决思想问题。利益是思想理论的基础,追求利益是一切行动的动因。意识形态作为价值观念的思想表达,反映着利益关系的现实状况。马克思指出,"人们为之奋斗的一切,都同他们的利益有关","'思想'一旦离开利益,就一定会使自己出丑"。[①] 这深刻揭示了思想问题解决和利益实现之间的逻辑关系。为此,要深入师生的日常生活当中,充分了解和掌握其思想实际,分析支配其行为的价值追求,关注其利益诉求,积极回应其现实关切和发展新期待,帮助其解决生活中的实际问题并获得利益。我们应通过利益增进的方式不断满足话语客体在物质文化和精神追求方面的需要,使社会主义意识形态理论得到广大师生的价值认同。

实践证明,思想理论只有满足实践的需要,才会被受众认同,才能彰显其权威性。主流意识形态话语如果能够切实维护话语客体的主体立场,真正最大限度地满足其现实需要,话语权的实现就有了坚实的基础。

四、维度四:话语表达方式的新颖力

自媒体网络空间中多种话语体系并存,在自主性、多元化、碎片化的话语语境下,主流意识形态话语要想得到受众的认可并被接受,话语表达方式必须新颖,只有新颖的话语才会有吸引力,才会被受众关注,这是"微空间"高校主流意识形态话

---

① 马克思,恩格斯. 马克思恩格斯文集:第1卷[M].北京:人民出版社,2009.

语权实现的必要条件,即主要解决主流意识形态话语"怎么说"和"以什么方式说"的问题。

"微空间"中话语表达方式的新颖主要从吸引力和亲和力两个方面来体现。一方面,"微空间"话语表达必须符合青年大学生"微民"的阅读习惯,需要运用话语表达技巧,用自媒体用户喜闻乐见的网络流行语来表达和传播意识形态的政治性话语。内容轻松活泼、诙谐风趣,表达形式多样,把理性、抽象的意识形态理论蕴含于感性、具体的表现形式之中,再加上内容又契合其利益需求,自然让"微民"主动学习和接受主流意识形态思想内容。另一方面,话的亲和力是指"微空间"意识形态话语表达平易近人,能够让人产生亲近感。这就需要"微空间"高校主流意识形态话语形式生动活泼,内容比较通俗易懂,体现人文关怀,与受众能产生"零距离"感,应摒弃强制灌输、呆板生硬。事实上,强调话语的亲和力也关注和尊重了不同受众群体的差异性。只有这样,受众才会喜欢听、愿意听,才会关注主流意识形态话语内容。

五、维度五:话语传播载体的掌控力

主流意识形态话语的传播离不开强有力的话语平台,话语载体连接着话语主体的两端,决定着话语主题内容的传播广度。在意识形态传播领域中,谁掌控了话语传播载体,谁就拥有了话语传播优势和符号资本。提升话语载体的传播能力特别是加强主流媒体"微传播"能力建设,事关主流意识形态话语传播效果和"微空间"话语权的实现。"微空间"话语平台的传播力和监管力是衡量主流意识形态话语载体掌控力的两个主要方面,这也是高校实现"微空间"主流意识形态话语权的基础条件,主要解决主流意识形态话语"通过什么渠道和途径说"和"传播力度如何"的问题。

"微平台"的兴起给高校主流意识形态话语权建设带来了机遇,目前大部分高校都拥有微信公众号、官方微博、短视频等自媒体大众传播媒介,并将其作为意识形态话语传播的主渠道。这些自媒体以其强互动性、信息供给便捷性和话语风格亲民性,深受大众尤其是青年群体的青睐,主流意识形态自媒体的建设取得了显著成效。但从总体上讲,代表主流意识形态且权威性强的高校自媒体质量还需提高,数量还需增加,特别是地方高校的"微传播"自媒体平台建设。高校要依托官方新闻网络客户端,如"今日头条""学习强国"等开放的主流媒体平台,注册学校账号,充分利用其资源库,传播主流价值思想及正能量,引导青年学生旗帜鲜明地抵制各类错误思潮;要构建话语传播载体与话语体系的协同建设机制,精准把握师生的思想动态,推送满足师生需求的信息,使主流意识形态话语深入人心;要促进传统传播媒体与新媒体的深度融合,实现多平台互动、跨区域合作,实现主流意识形态传播"1+1＞2"的效果。

"微空间"的开放性和话语主体的多元性形成了众声喧哗的话语市场环境,有消解主流意识形态话语主导权的风险,给高校意识形态话语权建设带来了挑战。意识形态话语传播空间一旦失序,就很容易造成错误思潮的扩散、负面舆情的发酵甚至"颜色革命"的入侵。因此,高校需要加强对新媒体传播平台的监管,规范"微空间"话语传播市场秩序。高校信息化中心要不断推进对本校新媒体运营技术的创新,建立与治理要求相适应的体制机制,提升对网络舆情的监控和监管治理能力,筑牢信息安全"防火墙",主动占领话语传播制高点。同时,也要对信息互动传播平台中师生提出的合理意见与诉求积极正面回应,做好舆情引导,及时排忧释惑,化解矛盾,积极营造风清气正、和谐的高校意识形态话语传播环境。

六、维度六:话语环境要素的优化度

话语交往是在一定的社会空间环境中完成的,话语权的生成是一定的社会语境要素相互作用的结果。话语环境总是承载着一定主流思想的价值理念与实践范式,同时服务于话语主题和内容。话语内容的言说效果与话语环境密切相关,话语环境直接影响话语客体是否认同和接受话语主体设置的既定话语意图。话语环境要素的优化度,包括意识形态话语体系的内部微观环境的服务力和外部宏观环境的和谐度,这是高校实现"微空间"主流意识形态话语权的重要保障。

话语内部微观环境以话语体系建设为重要议题,是指影响话语客体接受和认同意识形态话语主体设置的主题内容、采取的表达形式、实施的载体类型等话语体系各要素的总和。也即高校主流意识形态话语宣传的理论体系、思想内容,采取的传播途径、话语形式等是否符合师生的认知规律和特征需求,能否得到师生的认同,在师生中是否产生思想共鸣和是否有意义再生产、价值建构的效果。"微空间"高校主流意识形态话语权的生成必须依靠意识形态话语体系系统的高效运作,形成各要素服务力强、功能健全、相互作用的意识形态话语微观环境。高校意识形态话语主体要积极推进话语内部微观环境的自我革新,创设有利于意识形态话语生成、传播和意义再生产的话语环境,不断增强话语体系对多维时空的服务能力。

话语外部宏观环境是指影响话语客体接受和认同主流意识形态价值思想的社会环境、学校环境、家庭环境等外在环境因素的总和,包括线上和线下的学习和生活环境。作为一种相对独立的社会意识,主流意识形态话语要能清晰地反映社会存在的特征和矛盾关系并引领大众树立正确的价值取向,形成积极向上的和谐社会环境。同时,契合社会环境的意识形态主题内容会产生巨大的反作用,不断推进和巩固该意识形态话语的主体地位。高校主流意识形态话语主题和内容要以传播的话语环境为基础,必须根植于高校师生的日常生活领域,反映其思想特点和需求。当今,师生群体面对复杂、多元、多变的社会环境,各种社会思潮在线上和线下的空间相互激荡,信息纷繁复杂,需要高校主流意识形态话语主体针对出现的新热点、新问题、新矛盾,抢占话语权,第一时间占领舆论制高点,通过赋予意义,答疑解惑,达成共识,明确方向。同时,社会存在是在不断发展变化的,要根据话语对象的变化和所处语境的变化科学地设置意识形态话语主题。高校意识形态话语主体要加强话语外部宏观环境的建设,建立健全信息畅通的舆情反馈与分析机制,积极构建和谐的话语生态环境,以加强主流意识形态价值思想的传播效果。

因此,要持续优化话语内外环境,充分调动一切积极要素,努力实现话语体系内部环境要素的协同促进、外部环境的风清气正,从而为"微空间"高校意识形态话语权的生成奠定良好的基础。

综上所述,"微空间"高校主流意识形态话语权生成衡量维度,从话语体系构成元素所具有的功能和作用的角度对话语权生成进行了分析,每个维度既相对独立,又彼此影响。若想提高话语传播能力和效果,获得意识形态话语权,应提高"微空间"主流意识形态话语体系各结构要素的水平,发挥各要素之间的相互促进作用。

第五章　高校主流意识形态话语权建设现状审视

立足现实是任何理论研究的基础,关联现实、回应现实是理论研究的出发点和必然要求,也是推动理论创新的必由之路。审视"微传播"时代高校主流意识形态话语权建设现状,总结提炼新时期高校主流意识形态话语权建设取得的成效与经验,特别是党的十八大以来高校主流意识形态话语权建设的创新发展,分析、归纳当前高校主流意识形态话语权构建亟待解决的突出问题、面临的新考验,深入探究其内部存在的矛盾,全面准确地把握高校主流意识形态话语权建设现实状况,为"微时代"高校主流意识形态话语权构建提供实践依据,促进其朝着正确的方向稳步发展。

第一节　高校主流意识形态话语权建设的成效与经验

中国共产党在百年发展奋斗进程中,一直把意识形态工作摆在突出位置,将之视为关乎党和国家生死存亡的大事来抓。高校主流意识形态话语权在建设的过程中不断得到强化和发展,历经了争夺较量、初步建立、曲折发展、巩固深化等不同的时期与阶段。党的十八大以来,高校主流意识形态话语权建设进入全面突破、提升发展的新阶段,高校主流意识形态话语权被提高到一个前所未有的高度,我们探索出了很多既有理论价值意义又有实践指导意义的做法,取得了较为显著的建设成效,积累了丰富的经验启示。

一、党的十八大以来高校主流意识形态话语权建设创新发展

党的十八大以来,中国特色社会主义进入新时代,高校意识形态话语权建设也进入新阶段,目前高校意识形态领域工作总体形势向上向好,主流积极健康,党对

高校意识形态工作的领导权和话语权不断加强,社会主义意识形态为高校立德树人发挥着固本铸魂的作用。在面对当今世界百年未有之大变局时,意识形态领域形势发生全局性、根本性转变,以习近平同志为核心的党中央站在新的历史高度,审时度势,对意识形态话语权建设提出了一系列呈现新的时代特征的新思想、新论断和新举措,形成体系完整、逻辑严密的中国特色社会主义意识形态思想体系,极大地丰富并发展了马克思主义意识形态理论,为新时代高校意识形态话语权建设提供了丰富的思想理论和实践路径,推动高校意识形态话语权建设迈入创新发展的新阶段。在新阶段,我国进一步强调了高校意识形态话语权建设的战略地位;明确了继续坚持与巩固马克思主义在高校意识形态领域指导地位的根本任务,深入学习、贯彻落实习近平新时代中国特色社会主义思想;指出了要突出抓好高校意识形态话语权建设的重点领域;提出了新形势下高校意识形态话语权构建的路径。

(一)新时代进一步凸显高校意识形态话语权建设的重要地位

党的十八大以来,以习近平同志为核心的党中央,直面意识形态领域的现实挑战和斗争的复杂性,深刻阐明在新形势下加强意识形态领导权和话语权建设在推进中国特色社会主义事业发展中的极端重要性。

高校是学习研究宣传、巩固和发展马克思主义意识形态的重要阵地,肩负着立德树人根本任务,承担着培养德智体美劳全面发展的社会主义建设者和接班人的重要使命。

习近平总书记多次在重要会议上和考察学校时,对教育工作发表了一系列重要讲话,深刻阐述了高校意识形态话语权建设的重大理论问题和实践问题。与此同时,国家有关部委专门印发系列相关文件,如《关于进一步加强和改进新形势下高校宣传思想工作的意见》《关于深化新时代学校思想政治理论课改革创新的若干意见》《关于加快构建高校思想政治工作体系的意见》等,这些为新时代高校意识形态话语权建设指明了方向,提供了根本遵循,要求新形势下高校党委要切实将意识形态话语权建设提到重要日程。

(二)持续深化推进马克思主义中国化最新理论成果的学习

党的十八大以来,党在领导全国人民推进中国特色社会主义现代化建设的进程中,世界正经历百年未有之大变局,新时代党的执政环境发生深刻变化,如何在变局中保持定力,抓住机遇,把握时代大势? 如何回答"坚持和发展什么样的中国特色社会主义、怎样坚持和发展中国特色社会主义"这个时代课题? 以习近平同志为核心的中国共产党人高举马克思主义伟大旗帜,把马克思主义基本原理与中国发展的具体实际相结合,立足中国特色社会主义的发展实践,聚焦发展进程中的矛盾问题,提出一系列具有创造性的新概念、新理论、新策略,形成新时代中国特色社会主义思想。习近平新时代中国特色社会主义思想丰富和发展了中国化的马克思主义,是当代中国马克思主义理论,党的十九大将其与马克思主义和党历年来马克思主义中国化的理论成果共同确立为党的行动指南并写进党章。

为用党的创新理论武装全党,坚定对马克思主义的信仰、对中国特色社会主义的信念、对实现中华民族伟大复兴中国梦的信心,进一步筑牢信仰之基、补足精神之钙、把稳思想之舵,党的十八大以来,全党上下开展了系列主题学习教育活动。例如,2013年5月,开展以"为民务实清廉"为主要内容的党的群众路线教育实践活动,保持党的先进性和纯洁性;2014年3月,在党员领导干部中开展"三严三实"(即严以修身、严以用权、严以律己;谋事要实、创业要实、做人要实)专题教育活动,抓住"关键少数",持续推进作风建设,净化政治生态;2016年2月,在全体党员中开展"两学一做"(学党章党规、学系列讲话、做合格党员)学习教育活动,巩固拓展前两项学习成果,着力解决党员队伍中存在的思想等问题;2019年6月,开展"不忘初心、牢记使命"主题教育活动,推动全党更加自觉地为实现新时代党的历史使命不懈奋斗;2021年2月,开展中共党史学习教育活动,激励全党不忘初心、牢记使命,在新时代不断加强党的建设;等等。为促进活动的开展,我国从中央到地方均组建了理论宣讲团,开展线上和线下相结合的巡回理论宣讲活动,并将此理论学习固化为常态,还成立了省级巡回指导组定期开展督查。各高校积极行动,为保障学习教育取得实效,按要求成立以党委(党组)负责人为直接责任人的相应的学习教育活动领导机构和工作组织,制定教育实践活动学习方案,并结合自身的办学特色,组织形式多样的、在校园持续开展的、多层面的系列主题学习和宣传教育活动。主要通过上级宣讲团进校对党的最新精神进行宣讲和解读,加深政策理解;学校党委(党组)理论学习中心组开展专题学习;支部开展"三会一课"学习;组织线上或线下专题培训班;举办理论研讨会、学习座谈会、专题报告会;在思政课堂上进行理论渗透等,以推进学习活动深入开展。此外,高校还组织举办"全国大学生同上一堂思政大课"活动,开设"习近平新时代中国特色社会主义思想概论"必修课,帮助大学生深入学习领会习近平新时代中国特色社会主义思想的核心要义、精神实质、丰富内涵和实践要求,进一步增强"四个意识",坚定"四个自信",自觉践行"两个维护"。

通过系列党的思想理论学习和宣传教育活动的开展,促进高校党员、领导干部和青年大学生进行自我革命,持续深化理论武装,让习近平新时代中国特色社会主义思想入脑入心,用马克思主义中国化最新理论引导高校人才培养模式改革,推动高校教育事业发展,发挥马克思主义在高校意识形态领域中的指导作用,持续提高高校在新形势下主流意识形态话语权构建水平。

(三)抓好宣传思想文化领域高校意识形态工作的重要环节

任何理论思想体系只有被人这个主体意识到并被其掌握用来指导自身实践,

才能转化为物质力量,而人的思想不会自动形成。宣传思想工作是做好意识形态工作的重要环节,习近平总书记高度重视宣传思想工作在意识形态工作中的重要地位,对做好新时代党的宣传思想工作提出了明确要求,并指明了方向。一是坚持以人民为中心的宣传思想观。习近平总书记在全国宣传思想工作会议上指出,党的宣传思想工作要树立以人民为中心的工作导向,把实现好、维护好、发展好最广大人民的根本利益作为出发点和落脚点,把服务群众同教育引导群众结合起来,把满足需求同提高素养结合起来。① 二是坚持以正面宣传为主,凝聚力量。习近平总书记指出,意识形态工作必须遵循"坚持团结稳定鼓劲、正面宣传为主"的重要方针,但决不意味着放弃舆论斗争。一方面,通过富有说服力、感召力的社会主义意识形态话语和内容进行广泛而有效的传播,弘扬主旋律,传播正能量,凝聚共识,激发全社会团结奋进的力量。另一方面,对挑战主流意识形态的错误社会思潮和舆论,要旗帜鲜明地反对,特别是在涉及大是大非的重大问题面前,要坚定政治立场,用坚决的态度、秉持有理有据的原则进行反击,坚决抵制西方敌对势力西化、分化图谋,在舆论斗争中不断强化意识形态阵地意识。三是创新宣传思想工作手段形式。习近平总书记指出,时代在进步,宣传思想工作也要与时俱进,要推进理念创新、传播手段和话语方式创新,要开辟新的舆论阵地,着力推动媒体深度融合,不断增强社会主义意识形态的渗透力和感召力。要以生动的话语形式宣传解释好中国特色社会主义理论和实践问题,讲清楚中国共产党为什么"能"、马克思主义为什么"行"、中国特色社会主义为什么"好"等重大问题。四是精心构建对外宣传话语体系。习近平总书记强调,自古以来中华民族在世界上的地位和影响力,靠的是"中华文化的强大感召力和吸引力"。② 要着力打造为国际社会所理解和接受的新概念、新范畴、新表述,把我们要宣传的思想、想讲的理论和对方愿意听的内容相融合,将"我宣传"与"他讲"、"讲理"与"叙事"相结合,讲好中国故事,传播好中国声音,宣传好中国方案,让世界认真倾听"中国之声","让中国故事成为国际舆论关注的话题,让中国声音赢得国际社会理解和认同"。② 积极回击西方意识形态对中国现实的"建构",引导人们准确"解读中国",增强国际话语影响力和话语权。五是宣传弘扬中华民族优秀文化。习近平总书记多次强调,中国共产党人是中华民族优秀文化的传承者和弘扬者。他指出,"博大精深的中华优秀传统文化是我们在世界文化激荡中站稳脚跟的根基","是中华民族的精神命脉","是我们最深厚的文化软实力"。③ 要将"硬"的意识形态教育与"软"的文化宣传影响相结合,用坚定的文化自信厚植意识形态的文化根基。

党的十八大以来,习近平总书记的马克思主义宣传思想观为我国意识形态话

---

① 习近平.论党的宣传思想工作[M].北京:中央文献出版社,2020.
② 中共中央文献研究室.习近平总书记重要讲话文章选编[M].北京:中央文献出版社,2016.
③ 习近平.习近平谈治国理政:第1卷[M].北京:外文出版社,2014.

语权建设提出了行动指南。为深入贯彻落实习近平总书记关于宣传思想工作的重要思想，发挥高校在宣传马克思主义意识形态的主阵地和主战场作用，近年来国家部委出台了一系列关于高校宣传思想工作的制度文件，对新形势下高校做好党的宣传思想工作进行了总体部署和安排。例如，2015年1月，中共中央办公厅和国务院办公厅印发《关于进一步加强和改进新形势下高校宣传思想工作的意见》，强调做好高校宣传思想工作，加强高校意识形态阵地建设，是一项固本铸魂的战略工程。2017年2月，中共中央和国务院印发《关于加强和改进新形势下高校思想政治工作的意见》，对新形势下加强和改进高校思想政治工作提出了具体的指导性意见，强调要做好宣传思想工作，强化价值引领。同年12月，教育部发布《高校思想政治工作质量提升工程实施纲要》，着力构建高校一体化育人体系，打通育人"最后一公里"，这是新形势下高校意识形态话语权建设的基本遵循。2020年4月，教育部等八部门发布《关于加快构建高校思想政治工作体系的意见》，强调以立德树人为根本，运用各种载体分群体做好习近平新时代中国特色社会主义思想学习研究宣传工作，构建高校"三全育人"工作体制机制，等等。各高校党委积极响应、贯彻、落实，充分发挥思想政治工作部门和宣传思想工作队伍的作用，利用各类宣传话语平台，组织各种宣传活动，积极正向引导，守好高校这个意识形态的前沿阵地。

（四）创新适应新形势的高校意识形态话语权构建的方法路径

党的十八大以来，我国意识形态安全进入新的发展阶段，各种社会思潮相互交织，不同的思想文化和多样的价值观念不断碰撞、交融交锋，暗流涌动，以习近平同志为核心的党中央领导集体坚持问题导向，立足时代特征和要求，聚焦思想领域存在的问题，不断总结经验教训，在意识形态话语权建设的领导机制、内容、形式、方法、手段等方面进行改进和创新，增强意识形态工作的时代感，提高其针对性和实效性。

1. 落实意识形态工作的主体责任

习近平总书记指出，做好意识形态工作，关键在党、在党的各级组织，必须坚持全党动手。对于各级党委组织，习近平总书记要求，要"严格落实意识形态工作主体责任""对各种政治性、原则性、导向性问题要敢抓敢管，对各种错误思想敢于斗争并善于亮剑""牢牢掌握意识形态工作主动权"[①]，保障意识形态工作领导权"不旁落"。对党员、领导干部，特别是宣传战线上的党员、干部，习近平总书记强调，"要旗帜鲜明坚持党性原则"[①]，不断提高政治敏锐性和思想鉴别力，确保"打铁还需自身硬"。各级党组织要把意识形态工作作为党的建设的重要内容，融入管党治党的全过程和各方面、融入党委日常业务工作和干部队伍建设。

---

① 习近平.论党的宣传思想工作[M].北京：中央文献出版社，2020.

对于普通高等学校,建立健全党委领导下的校长负责制,充分发挥高校党组织的政治核心作用。近年来,国家出台了系统政策文件,例如,2014年10月,中共中央办公厅印发《关于坚持和完善普通高等学校党委领导下的校长负责制的实施意见》;2017年2月,中共中央和国务院印发《关于加强和改进新形势下高校思想政治工作的意见》;2018年3月,中共中央组织部和中共教育部党组印发《高校党建工作重点任务》;等等。这些文件回答了如何加强和改善党在高校的领导,细化了相关规定,明确了各级党组织在高校意识形态话语权建设中的职责,使党在高校的全面领导地位予以贯彻落实。

2. 实施高校意识形态工作培育工程

2019年3月18日,习近平总书记在学校思想政治理论课教师座谈会上指出,"学校是意识形态工作的前沿阵地","要把立德树人作为教育的根本任务",应筑牢高校意识形态阵地,不断创新意识形态工作方法途径,构建青年学生理想信念教育齐抓共管机制。党的十八大以来,习近平总书记创造性地提出了系列加强高校意识形态建设的重要思想。并指出,要充分发挥思想政治理论课堂的意识形态教育主渠道、主阵地的作用,积极推动思政理论课改革创新,深入开展"课程思政"建设,积极推进"思政课程"向"课程思政"转化,发挥学科专业课程的育人功能;要建好一支高素质专兼职结合的思想政治工作队伍,为青年学生成长成才扣好人生的扣子;要持续加强师德师风建设,努力成为党和人民满意的"四有好老师",争做"经师"与"人师"相统一的"大先生";要加快构建学校思想政治工作"三全育人"的工作体系;等等。一系列关于高校意识形态工作的重要论述,为新时代高校意识形态话语权建设提供了重要方法论指导。

3. 创新新形势下意识形态话语传播体系

党的十八大以来,习近平总书记多次强调创新社会主义意识形态话语表达的重要性,在回应时代发展课题中科学设置话语主题内容、注重优化和创新话语表达方式、积极利用和拓展话语传播载体、加强国际传播能力等,形成独具中国特色的意识形态话语传播体系。

一是推进意识形态政治性话语大众化表达,增强话语的吸引力和亲和力。习近平指出,要善于运用通俗易懂、朴实的话语来表述党的理论和路线方针政策。由中共中央宣传部、中央广播电视总台联合创作的《百家讲坛》特别节目《平"语"近人——习近平总书记用典》,记录了习近平总书记一系列重要讲话、文章、谈话中所引用的古代典籍和经典名句,生动阐释了习近平新时代中国特色社会主义思想。

二是拓展意识形态话语传播载体,提高话语的传播力和辐射力。随着互联网等信息技术的发展,自媒体平台等新型传播媒介出现,网络空间已成为人们信息交流和资源共享的大众平台,这为党的意识形态话语传播拓展了渠道和载体,同时也带来了多元社会思潮渗透的挑战。中国共产党人采取网上和网下相结合的策略,既保持原有线下宣传载体,又充分运用好网站、微博、微信、QQ、抖音、微视频等新兴媒体和传播平台,占领网络宣传阵地,弘扬主旋律,将深奥的政治话语转化为网络生活话语,融入人民群众的日常生活中。近年来,在对外国际宣传中,充分运用文艺、体育等交流方式让世界了解中国,如小说、诗歌、散文、绘画、体育赛事等载体给外国人提供一个独特的视角了解中国精神和中国文化,着力建设具有中国特色、中国风格、中国气派的意识形态话语传播体系。

三是科学设置意识形态传播主题内容,凸显话语的实践性和发展性。中国共产党在不同的历史发展时期基于时代主题与使命的变化不断转换意识形态话语主题与内容,以回应时代课题,把握时代脉络,以意识形态引领时代变革和发展,在解答时代课题中创新发展马克思主义意识形态话语体系。对话语主题内容,坚持马克思主义意识形态话语一元主导的多样性,坚决对错误思潮话语进行批判,但并不完全排斥思想文化领域的多元性,尊重差异性和包容多样性,既正面回应多元化社会思潮的挑战与质疑,又有力抵制各种错误和腐朽思想的干扰。

党的十八大以来,思想文化领域的交流交融更加突出,竞争也更加激烈,无论是西方资产阶级意识形态价值观的渗透,还是新自由主义、历史虚无主义等错误思潮的兴起,面对各种错误社会思潮和话语,习近平总书记告诫全党要敢于亮剑、敢于发声,同时又以开放包容的姿态构建人类命运共同体。这些为新形势下高校意识形态话语权话语体系构建提供了重要思路与根本遵循。

二、现阶段高校主流意识形态话语权建设取得主要成效

党的十八大以来,高校意识形态工作的重要地位日益凸显,主流意识形态话语权建设已逐渐成为高校落实立德树人根本任务的行动自觉,在建设实践过程中取得了一定的突破和明显的成效。

(一)新媒体领域高校意识形态话语权建设重视度不断加大

人们的活动空间延伸到哪里,思想观念就会在哪里生成传播,意识形态工作重点就应该扩展到哪里。网络新媒体已成为各类信息的主要集散地和社会重要舆论场,新媒体网络空间在拓展高校意识形态话语传播新阵地的同时,也成为各种舆情形成发酵的起源地和西方意识形态渗透传播的新渠道。党的十八大以来,在党和国家对新媒体领域主流意识形态宣传教育高度重视的背景下,高校意识形态话语权在新媒体网络空间的开辟和建设力度也在不断加大,目前已初见良好局面。

1. 加强新媒体传播平台建设,扩大主流意识形态话语传播覆盖面

进入新时代以来,国家相关部委纷纷印发文件强调,各高校要加强并巩固意识形态工作,建设网络新媒体阵地,强化网络育人,牢牢掌握网络主流意识形态主导

权和话语权。高校要建立意识形态主题教育网站、加强"三微一端"等网络思想政治工作载体建设,辅导员及思政课教师要重视学生社交平台互动社区建设,提升校园新媒体网络平台的服务力、吸引力和黏合度。中华人民共和国教育部主导并建立了"中国大学生在线"网站,网站以"建设中国特色社会主义网上思想文化阵地,打造社会主义核心价值体系教育传播平台"为宗旨,高扬社会主义和爱国主义的主旋律,成为引领中国大学生舆论方向的新坐标平台。网站设置了"高校共建""活动和社区"等版块,拓展了高校意识形态工作宣传教育渠道。

近年来,各高校在教育部的指导规划下,高校党委顺应时代发展需要,积极开辟意识形态工作的网络新阵地。建立了意识形态主题教育站点,栏目版块鲜明。开设了社会主义核心价值观等网络思想政治教育课程,学生需修满规定学分。高校依托微信、微博等新媒体平台,建立高校官方微博、校园微信公众号、高校共青团公众号、高校思政类公众号等,定期推送文章。随着抖音短视频的兴起,很多高校注册抖音官方账号,"中国大学生在线"网站还推出"全国高校抖音综合影响力排行榜"等品牌活动。中共中央宣传部、中央网络安全和信息化委员会办公室、教育部、共青团中央委员会等部门联合部署重点建设高校思政类公众号,充分发挥新媒体平台对高校思想政治工作的促进作用,2021年5月,首批200个高校思政类公众号重点建设名单公布。

目前,各高校充分发挥各自优势,整合网络媒介资源,努力探索高校网络意识形态宣传教育新方法,积极开发新媒体宣教平台意识形态教育功能与价值,以主流意识形态占领新媒体网络高地,扩大主流意识形态话语传播覆盖面。

2. 建设精品新媒体传播内容,宣传主流优秀网络文化

习近平总书记在全国网络安全和信息化工作座谈会上指出,要"加强网络内容建设,做强网上正面宣传,培育积极健康、向上向善的网络文化"。[①] 网络文化作品的创作要以人民为中心,代表人民利益,反映人民心声,体现出社会主义核心价值体系精髓,应为广大人民群众喜闻乐见的符合时代精神要求的优秀作品。抓好新媒体网络文化内容的创作、生产和宣传是提高社会主义文化软实力、增强文化自信的重要举措。党的十八大以来提出的一系列新思想、新论断、新举措作为高校网络新媒体内容建设的重要指南,已贯穿于高校新媒体网络文化内容建设的全过程,并针对高校师生的阅读习惯与心理特征用形象直观、通俗易懂的形式推送合适的阅读内容,便于青年学生对社会主义主流意识形态思想和内容的理解与接受。2013年11月,教育部办公厅印发了《关于开展高校校园网络文化建设专项试点工作的通知》,确定了清华大学等7所属高校作为试点单位,开展高校校园网络文化建设专项试点工作,并制定了《高校校园网络文化建设专项试点工作方案》。

---

① 习近平.论党的宣传思想工作[M].北京:中央文献出版社,2020.

目前,大多数高校结合区域特点和学校办学特色,开展具有显著优势、能够发挥示范和思想引领作用的校园新媒体网络文化内容宣传教育系列活动。例如,通过校园综合性门户网站、主题性教育网站、专业性学术网站、网络互动社区等,着力办好专题教育栏目;在重要的时间节点,围绕重大事件、关键主题等,采用微动漫、微视频、微电影、微课堂、微公益、微广告等"微作品"形式,以契合青年大学生偏爱新奇、注重体验的心理特点,利用5G+VR、全息投影、多点触摸屏、人景物声光色逼真场景等网络信息传播技术,创作融入红色资源的红色精品内容,生动传播中华优秀传统文化、革命文化和社会主义先进文化;有的学校打造思想政治理论课"精品课程"网站栏目,录制课程视频上传,更新理论学习文章、时事热点内容等。高校打造新媒体网络文化育人的系列品牌,增强网络文化内容的吸引力和感染力,给予青年学生正确的价值导引,使其在学思践悟中深化爱国情怀,汲取奋进力量。

3. 强化新媒体空间舆情监管,营造良好的网络生态环境

随着网络信息传播技术的发展,媒介传播方式正深刻改变着网络舆论格局,影响着网上生态环境。要确保互联网可管可控,管得住是硬道理,用得好是真本事,要唱响网上主旋律,传播社会正能量,"使互联网这个最大变量变成事业发展的最大增量"。高校是网络意识形态的重要阵地,高校师生是各种势力进行意识形态渗透的重点对象。敌对势力对我国高校师生进行西方思想文化、价值观念的意识形态渗透的手段越来越多样化、形式越来越隐蔽化,他们往往凭借网络技术的优势,在网络空间以学术研讨、学者讲座等文化交流为名,以科研项目合作商谈、资金扶持等资本输出手段进行"思想战""文化战",宣扬所谓的"普世价值""新自由主义"等进行"颜色革命",企图瓦解高校师生的理想信念,冲击中国特色社会主义的办学性质。所以,要加强网络新媒体的管理运用,打好高校网络意识形态攻坚战。

首先,目前各高校已承担由党委部门负责牵头夯实网络信息传播和舆情管控的主体责任。各级党团组织严格审核网站、官方"微媒体"平台、社团自媒体以及社交平台等发布内容的真实性、表述的规范性;党委宣传部门不断强化网络媒体管理,明确分级管理职责,实行谁审核谁负责制;学生思想政治辅导员等学生管理部门人员关注学生"微传播"媒介的舆情动态,了解并掌握学生的思想动向,倾听学生的诉求,及时化解舆情。同时,各高校发挥官方媒体、网站的主导和引导作用,特别是在重要的特殊时间节点做好正面宣传和舆情引导工作,这在一定程度上促进了校园网络媒体健康发展。

其次,不断完善高校网络新媒体的监管制度,推进网络新媒体建设。党的十八大以来,党和国家高度重视网络新媒体阵地的建设管理,国家部委相关部门相继出台了一系列法律法规维护网络媒体意识形态工作,主动占领网络新媒体思想政治教育新阵地。例如,《互联网用户公众账号信息服务管理规定》《网络音视频信息服务管理规定》《中华人民共和国个人信息保护法》等法规制度,对网络新媒体的信息发布和传播都具有较强的约束力和影响力;《关于进一步加强和改进新形势下高校宣传思想工作的意见》《关于加快构建高校思想政治工作体系的意见》《关于新时代加强和改进思想政治工作的意见》等指导性文件,为充分发挥网络新媒体在新形势下高校思想政治工作中的作用,牢牢掌握网络新媒体思政工作主动权,促进高校新媒体领域意识形态工作的顺利开展提供了保障和制度支持。

最后,加强新媒体网络信息正面宣传,将对网络新媒体的信息传播监管与正面宣传引导相统一。一方面,高校通过完善的新媒体网络信息服务与管理制度,着力形成党委部门统一领导,各相关部门协调配合、共同参与的格局。另一方面,高校在网络新媒体空间用先进的思想文化教育人,用身边先进典型事迹影响人,坚持正确的价值取向和舆论导向,营造风清气正的网络环境。

(二) 社会主义意识形态在高校新媒体领域思想引领力不断提升

习近平总书记指出,"建设具有强大凝聚力和引领力的社会主义意识形态","是新时代坚持和发展中国特色社会主义的一个重大命题",也是全党特别是宣传思想战线必须担负起的战略任务。① 历史和现实警示我们,一个政权的解体,往往是从思想领域开始的,思想防线一旦松动,其他防线就很难坚守住,将会很快被攻破。

当前,高校新媒体领域意识形态工作总体呈现积极健康向上的良好发展态势,绝大部分高校对网络新媒体领域意识形态工作的紧迫感、使命感和责任感不断增强,政治判断力、政治领悟力、政治执行力不断提高,基本形成了"大思政"育人理念工作格局和主动改进创新意识形态工作开展的良好氛围,以适应新时代的发展要求。近年来,高校不断涌现助人为乐不留名、见义勇为、乐于奉献、身残志坚、自强不息等许多可歌可泣的先进人物和典型事迹,充分展示了新时代青年的良好精神风貌,也很好地诠释了社会主义意识形态话语的影响力和教育效果。这些主要体现如下:

1. 强化科学理论武装

习近平总书记指出,"理论创新每前进一步,理论武装就要跟进一步。""要把学习贯彻党的创新理论作为思想武装的重中之重"。①高校是社会主义意识形态建设和维护的主战场,肩负着培养合格的社会主义建设者和接班人的使命,高校意识形态建设如何,事关社会主义办学方向和全面贯彻党的教育方针。

面对风险挑战与机遇并存的意识形态工作新形势,高校党的领导集体审时度势,始终坚持不断巩固和加强马克思主义在高校意识形态工作中的指导地位,坚持不懈地用习近平新时代中国特色社会主义思想凝心铸魂,教育引导广大党员、干部

---

① 习近平.论党的宣传思想工作[M].北京:中央文献出版社,2020.

从思想上正本清源、固本培元;创新马克思主义理论的学科体系、学术体系和话语体系,教育引导青年学生掌握马克思主义;用党的创新理论引领青年,增强青年学生同各种非马克思主义、反马克思主义思潮的斗争精神,提升对党的创新理论的政治认同、价值认同和情感认同。同时,充分运用新媒体技术建立融合发展的现代传播方式,形成立体多样的传播途径和手段,广泛宣传党的创新理论,形成统一思想认识,筑牢思想防线,树立社会主义主流意识形态权威。

2. 突出主流价值思想引领

习近平总书记强调,意识形态工作"是为国家立心、为民族立魂的工作"。面对各种思想文化相互激荡,不同文明交流、交融、交锋更加频繁的新形势,扩大主流价值观念的影响力、提高整合社会思想文化和价值观念的能力具有必要性和紧迫性。我们要用中国特色社会主义理论体系引导舆论,把培育和弘扬社会主义核心价值观作为凝魂聚气、强基固本的基础工程和一项根本任务抓紧抓好[①];要传承和弘扬党在百年奋斗中构建起的中国共产党人的伟大精神谱系,展现我们党强大的思想优势;要用马克思主义中国化最新成果统一思想、统一意志、统一行动[①];等等。在新的时代背景下,这为高校做好意识形态领域工作的思想统领、凝聚力量提供了重要行动指导和遵循。

各高校顺应时代发展,紧跟当前新媒体网络意识形态领域工作的新形势、新特征和新要求,深入学习贯彻落实党和国家的路线方针政策,统筹做好理论学习与思想引领、正面舆论引导与错误思潮抵制,采用网上与网下相融通、课内与课外相结合、理论研究与实践探索相并进等多种途径与渠道,唱响习近平新时代中国特色社会主义思想主旋律,凝聚奋进正能量。将做好高校师生的主流思想引领与解决实际问题密切结合,力戒意识形态工作宣传的形式化;将党的理论宣讲和阐明与理性看待当前社会发展中还存在的一系列困难和问题相结合,引导师生运用历史唯物主义的观点和思维方式分析看待问题,帮助师生澄清模糊认识,增强师生对主流意识形态价值思想理论的认知和认同,讲好中国故事,展示好社会进步的主流;将对先进典型事迹的正面宣传与对负面错误思潮的鲜明反对和深刻批判相结合,有理、有利、有节地开展思想和舆论斗争,帮助划清是非界限、明辨理论是非,抢占舆论先机,在嘈杂的声音中引领主流思想。

近年来,高校围绕弘扬伟大建党精神、中国梦、社会主义核心价值观等主题思想的学习宣传教育,采取多样的形式,多措并举,开展卓有成效的系列活动。例如,将社会主义核心价值观、中国梦的基本内容和要求进教材、进课堂,融入学校的日常管理和校园文化活动中,形成课堂教学、社会实践、校园文化、课题研究、网络宣传等多位一体的育人格局,使青年学生在理论学习和实践活动中领悟它、感知它、

---

① 习近平.论党的宣传思想工作[M].北京:中央文献出版社,2020.

让社会主义核心价值观成为学生学习生活中的基本遵循,在实现中华民族伟大复兴中国梦的生动实践中放飞青春梦想,强化使命担当,努力成为筑梦人、追梦人和圆梦人,坚定信心跟着党走,激发对社会主义主流意识形态的拥护,不断促进高校意识形态话语权构建。高校用学生喜闻乐见的形式弘扬和传播伟大建党精神,利用网络新媒体创作富有吸引力、生动灵活的系列网络作品,讲好伟大建党精神蕴含的故事;在第二课堂开展实践教学活动,组织学生到红色胜地、革命老区、历史纪念馆参观感悟革命先辈的丰功伟绩,坚守革命理想,学习不怕牺牲、英勇斗争的精神;组织青年骨干参加党史学习教育培训班,举办系列专题宣讲报告会,理解和掌握伟大建党精神的实质,以伟大建党精神激励青年学生践行初心、担当使命,以史为鉴、开创未来,掌握社会主义意识形态主流思想的主动权、主导权和话语权。

3. 增强抵制西方错误思潮的能力

习近平总书记在党的二十大报告中指出,"拜金主义、享乐主义、极端个人主义和历史虚无主义等错误思潮不时出现,网络舆论乱象丛生","严重影响人们思想和社会舆论环境"。并强调,要对错误思想观点进行有力批驳,甄别要害,揭露本质,"帮助干部群众划清是非界限,澄清模糊认识"。高校是人才培养和思想文化交流碰撞的重要场域,要高度警惕各种错误思潮可能产生的负面影响。例如,一些错误思潮通过论坛讲座、报告会、学术访问、文化产品、项目资助等形式进行隐蔽性渗透,西方一些资本主义国家利用技术优势在网络空间通过各种方式宣扬西方所谓的"普世价值"等多样化错误思潮,影响高校师生的价值取向。面对新形势新挑战,高校应积极应对,化解冲击,减少碰撞,主动争夺意识形态话语权,旗帜鲜明地引导师生反对和抵制一切错误思想,有效维护高校社会主义意识形态安全。

一是不断增强对错误思潮的防御能力。近年来,高校党委严格落实意识形态工作主体责任,加强对意识形态领域重大问题的分析研判,有效防控校园错误言论的传播和舆情的发生,极力减少危险区域,压缩"黑色地带"。发挥思政理论课主渠道的重要作用,改进教学方式,提高学生课堂的主体性,采用优质的教学资源,积极推进习近平新时代中国特色社会主义思想"三进"教育,不断增强青年学生的道路自信、理论自信、制度自信、文化自信。发挥课程思政的作用,让青年学生在专业知识的学习过程中感受社会主义主流价值观的科学性与真理性。建设并管理好校园网站和"官微平台",用学生喜闻乐见的形式和话语阐释、传播马克思主义意识形态内容,积极培育健康向上的校园氛围和文化生态,运用大数据技术监测,及时发现有害信息和舆情动向,切断传播途径和渠道,决不让各种错误思潮在高校"抢滩登陆"和扩散。

二是有效提升对错误思潮的鉴别能力。网络空间已成为人们生产生活的重要空间,也成为意识形态交锋的主战场与主阵地。习近平总书记指出,"网络是一把双刃剑,一张图、一段视频经由全媒体几个小时就能形成爆发式传播,对舆论场造成很大影响。"对于不同的社会思潮,高校牢牢把握网络舆论引导主动权,引导高校师生坚持用马克思主义的立场、观点和方法予以分析辨别,揭露各种错误思潮的本质,看清其真实企图和阴谋,即意欲否定马克思主义的指导地位、否定中国共产党的领导、颠覆中国特色社会主义制度。同时,把社会主义主流意识形态全方位地贯穿到青年学生的日常学习、生活和实践中,让学生在亲身体验中辩证思考、甄别信息,透过事物现象看本质,辨明是非,深刻认识到中国特色社会主义取得今天举世瞩目的伟大成就来之不易,厚植爱党、爱国、爱社会主义的情感,积极推动形成网络空间正面舆论导向。

三是有效化解错误思潮负面影响的能力。党的十八大以来,以习近平同志为核心的党中央充分认识到当今世界各国在意识形态领域的交流、交融、交锋是我们党面临的共同时代课题并且更加频繁,以美国为首的西方资本主义国家时刻不忘通过网络媒体等手段对我国进行意识形态侵袭,传播错误思想。强调高校要坚持马克思主义指导地位,坚持社会主义办学方向,始终坚守意识形态工作的底线思维和阵地意识,增强对社会主义主流意识形态的认同,筑牢高校意识形态主阵地。一方面,以广阔的国际视野积极主动回应各种质疑的声音,用马克思主义理论以及马克思主义中国化的最新成果进行阐释解惑,对歪曲我国历史事实的言论、颠倒是非黑白的思潮,用习近平总书记在十九届中央政治局第 14 次集体学习时提出的"四个讲清楚"及时予以澄清,让西方意识形态思潮对中国现实的"建构"不攻自破。另一方面,在坚持"四个自信"的基础上,用中国特色的对外话语体系讲好中国故事,传播好中国声音,"引导人们更加全面客观地认识当代中国、看待外部世界",主动出击,加强国际话语传播,而不是仅从西方媒体的片面报道来了解中国,形成同我国综合国力和国际地位相匹配的国际话语权,以正视听。同时,通过与其他国家或国外高校合作办学、进行学术交流等,增加与世界间的相互了解,不断提升我国意识形态的国际影响力。

(三) 高校意识形态工作队伍建设力度不断加强

党的十八大以来,习近平总书记多次就意识形态工作队伍建设发表重要讲话,对新时代为什么要加强意识形态工作队伍建设、建设什么样的意识形态工作队伍、怎样建设意识形态工作队伍等一系列重大理论和实践问题进行了论述。并强调指出,要加快培养造就一支"政治坚定、业务精湛、作风优良、党和人民放心的新闻舆论工作队伍"。[①] 要建设"政治素质过硬、业务能力精湛、育人水平高超的高素质专业化教师队伍"。要求学校把教师队伍建设作为教育事业发展最重要的基础工作来抓,把师德师风作为评价教师队伍素质的第一标准。2018 年 1 月,中共中央、国

---

① 习近平.习近平谈治国理政[M].北京:外文出版社,2014.

务院印发《关于全面深化新时代教师队伍建设改革的意见》,这是新中国成立以来党中央出台的第一个专门面向教师队伍建设的里程碑式的政策文件。各高校深入贯彻落实党中央和教育部的政策指示与精神要求,坚持党委全面领导,不断加强意识形态工作队伍建设,配齐建强意识形态工作队伍。

1. 人员专兼结合逐渐配齐配足

近年来,国家部委相关部门出台了一系列关于高校意识形态工作队伍配备具体细化落实的政策文件,要求高校不折不扣地贯彻执行。例如,2000年7月,教育部党组印发的《关于进一步加强高等学校学生思想政治工作队伍建设的若干意见》中对高等学校学生思想政治工作人员的构成和比例提出了明确要求,指出原则上按1∶120至1∶150的比例配备专职学生思想政治工作人员。2020年3月,教育部印发《新时代高等学校思想政治理论课教师队伍建设规定》,要求高等学校应当根据全日制在校生总数,严格按照师生比不低于1∶350的比例核定专职思政课教师岗位。2020年4月,教育部等八部门联合发布的《关于加快构建高校思想政治工作体系的意见》中再次强调,高校要配齐配足思想政治工作以及党务工作队伍的数量,并提出按师生比不低于1∶4000的比例配备专业心理健康教师等。

目前,绝大多数高校都严格落实党中央关于高校思想政治工作队伍配备的各项指标性要求,公办高等学校在编制内逐步配足负责意识形态工作的专职人员。同时,选聘思想政治素质高、业务能力强的专家学者和管理干部、科研人员来充实学生思想政治辅导员队伍。能胜任思政课教学的辅导员、相近学科的教师、相关学科的专家学者等可转任为思政课教师或参与思政课教学,逐步扩大或丰富高校意识形态工作队伍的配备与构成。

2. 队伍理论修养与能力不断提升

习近平总书记对教师队伍建设高度重视,特别是就做好意识形态工作应具有的理论修养与能力素质,多次提出明确要求,指出教师要引导学生扣好人生第一粒扣子。2018年5月习近平总书记同北京大学师生代表座谈时以及2018年9月在全国教育大会上讲话时均提出,做"四有好老师"的要求,即有"理想信念、道德情操、扎实学识、仁爱之心"。2019年3月,习近平总书记在学校思想政治理论课教师座谈会上指出一个优秀思政课教师要做到"六要",即"政治要强、情怀要深、思维要新、视野要广、自律要严、人格要正"。2022年4月,习近平总书记在中国人民大学考察调研时又指出,努力做"经师"与"人师"相统一的"大先生"。这些既充分表达了习近平总书记对教师的殷切希冀,也为打造高校优秀教师队伍或意识形态工作队伍指明正确方向。

各高校为不断提升意识形态工作队伍的能力与素质,将他们培养成工作开展的"行家里手",采取了有效举措,目前已成为富有经验的做法。一是利用国家级、省级网络课程平台的红色教育资源,对党团干部、学生工作管理人员、哲学社会科学课教师等意识形态工作队伍开展专题培训计划,加强队伍政治理论学习和业务培训,增强运用马克思主义立场、观点和方法开展意识形态工作的本领。二是培养和选拔具有较高政治素养和业务水平、较深专业理论基础的教师担任思政课教师,并且对年轻教师实施"青马工程",注重培养青年马克思主义者的力度,充实意识形态工作队伍,优化队伍结构。三是实施教师党支部书记"双带头人"培育工程,有效提高教师党支部书记队伍的整体素质,发挥教师党支部书记的"头雁效应"。四是采取"走出去"和"请进来"相结合的方式,提高研究生导师开展思想政治教育的意识和能力。通过挂职实践锻炼、外出学习交流、专家报告讲座等多种形式,增强研究生导师将立德树人的责任感转化为自己的理论水平和专业能力的自觉意识,全面落实导师是研究生培养第一责任人的要求。五是开展意识形态领域专门课题研究,每年设置一定数量的课题,对意识形态领域的重大理论和现实问题、热点问题进行课题申报,通过课题研究不断创新和掌握新形势下做好意识形态工作的规律与方法,全力提升意识形态工作队伍的能力和水平,增强高校意识形态工作队伍的理论定力、政治定力和实践定力。

3. 队伍建设保障制度逐步完善

近年来,绝大多数高校按照中央对意识形态工作队伍建设的指示精神和要求,建立健全相关管理制度,保障队伍的稳定性和发展性,不断推进队伍专业化、职业化建设,切实落实"守土有责、守土负责、守土尽责"。一是高校将意识形态工作队伍建设纳入学校人才队伍建设总体规划。例如,将专职辅导员、专职思政课教师、学生心理健康教育专职教师等按师生比给予一定的编制数,制定学校意识形态工作及其队伍建设的整体发展规划和年度工作计划,建立多元化、多层次的考核方式和工作督导机制。二是完善队伍的选拔、培养、激励机制。通过公开、公平、公正的选拔考核程序配齐配强队伍,把师德师风作为评价考核队伍素质的首要标准,并体现奖优罚劣。每年进行优秀教育工作者、优秀思政课教师、优秀辅导员等先进个人评比,树立先进典型示范,并给予一定的奖励。对师德失范、学术不端、失信等行为加大惩戒力度,实行"一票否决制",推进师德师风建设常态化。把从事学生思想政治教育工作的经历作为职称评审的重要依据,单列学生思想政治工作专职辅导员的职级、职称的晋升办法。三是高校对意识形态工作每年划拨专项建设经费。按照规定,以每生每年不低于20元的标准配足思想政治工作和党务工作队伍建设的专项经费,以每生每年不低于30元的标准设立网络思政工作专项经费等。通过设立一系列专项经费,保障高校意识形态队伍建设工作正常开展,增强高校意识形态工作队伍的定力和动力。

(四)高校意识形态话语阵地建设不断拓展巩固

党的十八大以来,以习近平同志为核心的党中央,在国内外意识形态领域斗争的复杂形势、时代信息传播技术的大变革以及国际传媒竞争的激烈态势中,紧紧把握时代脉搏,坚持马克思主义宣传观,加强意识形态阵地建设,巩固和掌控主流意识形态话语权和主导权,对在新时代条件下党的思想宣传阵地建设提出了系列新论断。各高校结合学校特色和自身发展实际,充分利用新媒体的力量,整合话语平台,拓展巩固思想宣传阵地,营造了整体积极向上的舆论场。

1. 全媒体传播格局加速推进

习近平总书记对推动传统媒体和新兴媒体的融合发展、建立新型主流媒体的话语传播阵地、构建全媒体传播格局高度重视,多次作出深刻阐述,在不同场合专门强调要利用新技术、新应用创新主流媒体传播方式,建立健全现代话语传播体系,推动意识形态话语的传统传播优势与信息技术深度融合,巩固宣传思想文化阵地,壮大主流思想舆论,不断提高主流媒体话语传播的时代感、引导力、影响力和公信力。对新形势下推动传统媒体和新兴媒体融合的认识,即为什么要融合?对融合发展趋势和规律的把握,即如何进行融合?以及怎样推动媒体融合向纵深发展等问题,提出了重要方法论指导。在党的新闻舆论工作座谈会重要讲话中,习近平总书记提出,尽快从相"加"阶段迈向相"融"阶段,从"你是你、我是我"变成"你中有我、我中有你",进而变成"你就是我、我就是你",着力打造一批新型主流媒体和传播载体,塑造主流舆论新格局。① 并强调,媒体融合发展的关键在于构建融为一体、合而为一的全媒体传播格局。②

随着传统主流媒体对融合发展的认识不断深化,并自觉贯彻落实中央指示精神,媒体融合深度发展在积极推动。目前,绝大多数中央和地方主流媒体,建立了融媒体中心,积极探索,扎实推进媒体融合。例如,人民网、新华网、央视网等主流媒体已经成为传播和弘扬我国主流文化和社会主义意识形态的重要阵地,《中国日报》《人民日报》《环球时报》等传统主流媒体也均建立了新闻网站,有的开通了微信公众号、短视频账号等,在公众中引起广泛关注,产生了很大的影响力。

中央媒体对融合发展的推动与成功做法对地方媒体的融合起到了重要的引领和示范作用。现阶段,大部分高校党委在巩固校园意识形态领域传统宣传阵地的同时,积极推进传统话语平台与新媒体话语平台的整合联动。例如,加强哲学社会科学期刊、报纸等网站的建设,加强"学习通""雨课堂"App等思想政治理论课程教学资源库建设,加强"学习强国"理论学习平台的利用,加强学校公众号、直播、短视频等官方"微传播"媒体的开发和利用等,主动占领网络宣传舆论阵地。同时,注重对推送的主流思想内容进行生成和创新。目前,大多数高校正推动本校媒体融合阵地朝着正确的方向有序发展。

---

① 中共中央宣传部. 习近平总书记系列重要讲话读本[M]. 北京:学习出版社,2016.
② 习近平. 论党的宣传思想工作[M]. 北京:中央文献出版社,2020.

2. 校园宣传文化阵地建设有力

校园宣传文化阵地既是弘扬主旋律、传播正能量的重要平台，也是高校服务师生、对外宣传的有效载体。各高校不断加强校园宣传文化阵地建设和日常规范管理，有意识地打造体现自身特色的校园文化品牌，充分发挥阵地育人作用，营造文明、健康、向上的校园文化氛围。

除了校园网络自媒体平台、网站、论坛等线上思想宣传阵地外（前文已阐述，在此不赘述），各高校无论是校名、校徽、校歌、校训、校风、学校精神、教风、学风等，还是校园设施（如校史馆、宣传栏、文化长廊、文化广场、楼宇命名等），都体现出校园文化气息和学校特质，有的还是师生日常主要关注的信息传播媒介和舆论阵地，如校园广播电台、公告栏、橱窗、电子显示屏、展板、文化走廊等。这些都构成了一所高校富有自身特色的宣传文化阵地，各高校都充分认识到校园宣传文化阵地的重要意义，注重展现其内涵意蕴。例如，校风是一所高校在发展过程中积淀下来的独特风格，体现了学校的精神品质，是学校发展所需秉承的理念。再如，宣传栏是校园文化宣传的重要阵地，既是学校宣传和发布信息的重要窗口、联系和凝聚广大同学的桥梁和纽带，也是做好党的宣传舆论工作的重要载体，特别是在重要时间节点对重大事件进行发布，譬如对党的二十大精神进行专题图片宣传、对全国"两会"精神进行宣传报道、对社会主义核心价值观进行内容宣传等，这些都起着进一步强化政治引领和社会主义主流价值思想的宣传作用，可有力引导正面舆论走向。目前，各高校统筹抓好学校宣传文化阵地建设，高质量打造舆论宣传阵地，既保持内容形式丰富又创设富有凝聚力的校园宣传文化特色。

3. 课堂主阵地作用成效明显

课堂是落实立德树人根本任务的主阵地、主渠道。近年来，无论是思政理论课，还是其他专业课或公共课，抑或第二课堂，均在对高校师生主流意识形态价值引领上发挥着积极作用。目前，思政课建设成效显著，课程思政建设深入推进，教师队伍素质稳步提升，教学方法和手段不断创新，大中小学思政课一体化建设初显成效。

第一，思政课作为落实立德树人根本任务的关键课程，坚持守正创新。党的十八大以来，习近平总书记多次强调办好思想政治理论课的重大意义，先后在全国高校思想政治工作会议、全国教育大会、学校思想政治理论课教师座谈会上对如何办好思政课，充分发挥思政课在解决好"培养什么人、怎样培养人、为谁培养人"这个根本问题中的作用进行了深刻阐释，为高校深入推进思想政治理论课的教学改革创新，不断增强思政课堂的思想性、理论性、亲和力、针对性，指明了前进方向，提供了根本遵循。学校党委把思政课建设摆上重要议程，将思政课建设情况纳入学校发展总体规划和学校各相关单位的党建工作年度考核中，打通育人"最先一公里"。校领导带头走进课堂，讲思政课，听思政课，一对一联系思政课教师，指导教师认真讲好思政课，发挥好思政课的政治引导功能。紧紧抓住教师队伍主力军和课程建设主战场的作用，按照思政课教师修养"六要"要求，配齐建强思政课专职教师队伍，打造建设一支以"专职为主、专兼结合、数量充足、素质优良"的思政课教师队伍；坚持"八个相统一"，推进思政课教改；完善思政课教材体系，大力推进中国特色社会主义学科体系建设。实施大中小学思政课一体化建设工程，循序渐进、螺旋上升式地做好课程教学内容的衔接。此外，继续发扬和总结长期以来各校在思政课建设中形成的一系列规律性认识和成功经验做法，始终坚持马克思主义指导地位，积极将思政课打造成为有温度的课堂。

第二，其他各类课程的课程思政与思政课程同向同行，形成协同效应。2020年6月，教育部为深入贯彻落实习近平总书记关于教育的重要论述和全国教育大会精神，印发了《高等学校课程思政建设指导纲要》（以下简称《纲要》），对高校课程思政建设作出了一系列工作部署。《纲要》指出，要发挥好每门课程的育人作用，其他各门课程都要守好育人的"一段渠"，种好自身的"责任田"，将课程思政融入课堂教学建设的全过程。并要求，遵照教育教学规律和人才培养规律，结合学科专业建设特点，对课程思政教学体系进行有针对性的设计。目前，各高校课程思政的教育教学理念已达成广泛共识，就如何有效开展课程思政工作在进行不同程度的探索和实践。大多数高校基本都建立起由党委统一领导，教务部门牵头，相关部门配合，院系具体落实的工作机制，按不同学科的专业特点分类推进课程思政建设。各学科教研组（室）或教学团队根据本学科的专业特点，以"课程思政"为目标积极推进课堂教学改革，科学设计好课程思政教学方案，充分挖掘其他课程内容和教学方式中蕴含的思政教育资源和教学元素，积极推动思想政治教育与知识体系教育的有机统一。部分高校还邀请在国家级教学比赛中获奖的专业课教学名师作课程思政建设辅导报告，充分发挥示范带动作用，引导高校解决好各类课程和思政课程相融合的问题，实现融入式、嵌入式、渗入式的立德树人协同效应。随着思政课程建设逐步体系化，课程思政建设深入推进，各类课程的课堂已成为高校开展意识形态工作的重要抓手。

第三，统筹推进课程建设和教学实践活动创新性开展，提升课堂效果。为充分发挥教师在课堂教学质量和教学效果提升中的主体作用，让所有教师、所有课程都承担好育人责任，守好"一段渠"，种好"责任田"，各高校党政以抓国家级"一流本科课程"建设为目标，树立课程建设新理念，推进课程改革创新，重视教学实践活动的创新性开展。坚持以教学为中心的发展观，结合学校办学定位，不断探索推进人才培养模式改革，极力增强教师的积极性、主动性和创造性。一是举办或参加区域教师教学创新大赛。深入落实立德树人根本任务，促进教学交流，不断激发教师更新教育理念，改革教学模式，创新教学方法，提高教学技能。例如，开展青年教师教学赛，旨在进一步提高高校青年教师的业务技能与素质，助推教师教学改革和课程建设;开展长三角师范院校教师智慧教学大赛,以强化信息技术在课堂教学中的应用,提升教师线上教学能力与水平,打造一支"互联网+教育"的高素质专业化创新型教师队伍;开展课程思政示范案例大赛,使各类课程与思政课程同向同行,将显性教育和隐性教育相统一,加快构建"三全育人"的大格局;等等。二是开展教师教学培训。例如,举办教师教学能力提升研修营活动,采取专家报告讲座和现场教学观摩相结合的方式,进一步提升教师的课堂教学能力。三是让思政课教师与专业课教师进行合作教学教研。根据课程教学内容和专业人才培养特点,分专题由专业课教师和思政课教师共同完成教学任务,科学设计教学环节,研讨教学实施方案,提高教学质量,增强课程育人效果。四是设立课程思政类质量工程项目。例如,课程思政示范课程建设项目、课程思政建设研究选题项目等。实施课程思政示范课程建设与引领,促进教师在课程思政建设过程中对重点、难点和前瞻性问题进行思考与研究,加大对课程思政建设优秀成果的支持力度,树立课程思政教学标杆。五是完善对教师教学效果的考评机制。学校把教师参与课程思政的建设情况和教学效果作为教师教学绩效考核、岗位聘用、职级晋升、评优奖励等重要参考指标,发挥好考评的指挥棒作用。系列教学教研活动的开展和举措的实施,使课堂教学质量与效果有明显提升,主渠道作用发挥较为明显。

三、高校主流意识形态话语权建设成就的经验启示

党的十八大以来,党和国家对新形势下的意识形态领域工作高度重视,高校主流意识形态话语权在建设过程中取得了显著成效,积累了丰富的宝贵经验,如在科学理论武装、思想价值引领、新媒体空间掌控、思政队伍建设、意识形态阵地巩固等方面探索出了很多创新性做法,值得深入总结,这对当前高校深入贯彻落实立德树人根本任务,紧紧围绕教育的"三个根本问题"对"微传播"时代高校主流意识形态话语权的构建提供了重要的理论指导和实践引导,具有深刻的启示意义。

(一)关键:坚持巩固马克思主义意识形态话语权在高校的主导地位

始终坚持马克思主义意识形态理论在我国意识形态领域的指导地位,并将其与我国的具体实际情况相结合,不断丰富创新发展马克思主义理论,用发展着的马克思主义理论对社会主义革命建设和发展进行全面指导,这是我党一百多年来一贯坚持的传统和作风,高校意识形态话语权建设正在紧紧围绕马克思主义意识形态理论不断改进和深化而向前发展。在"微传播"时代,我们必须继续坚持和巩固马克思主义意识形态理论在高校意识形态话语权建设中的主导地位,以有效应对西方国家一直极力宣扬的"普世价值观"和社会思潮对高校师生的侵蚀,不断壮大"红色地带"、压缩"黑色地带"、转化"灰色地带",引导广大师生成为社会主义核心

价值观的坚定信仰者、积极传播者和模范践行者,着力解决好高等教育"培养什么人"的根本问题。

习近平总书记在全国教育大会上指出,"培养什么样的人"的问题是教育的首要问题。"办好我们的高校,必须坚持以马克思主义为指导,全面贯彻党的教育方针"。"坚持不懈地传播马克思主义科学理论,抓好马克思主义理论教育,为学生一生的成长奠定科学的思想基础"。① 实践证明,只有始终以不断丰富发展的中国化马克思主义为指导,加强符合时代特征的社会主义意识形态话语体系建设,才能真正实现"两个巩固"。

第一,始终坚持并用发展中的马克思主义意识形态理论强化正面宣传。牢牢掌握思想领导,用发展中的马克思主义理论指导社会主义主流思想引领,是我党一贯的做法。党的十八大以来,高校主流意识形态话语权建设能取得根本性胜利,关键在于坚持马克思主义意识形态理论的指导地位不动摇,并不断推进马克思主义中国化、时代化、大众化,使其指导地位得到不断巩固和发展;用与时俱进的马克思主义意识形态理论教育引导高校师生同各种低级错误思想进行较量,并旗帜鲜明地对其进行抵制和批判。在这个斗争过程中,用马克思主义的立场、观点和方法判断多元价值思想的合理性,整合统领多样的社会意识形态,弘扬社会主义主流价值思想。

目前,我国高校意识形态领域发展局面总体态势良好,但潜在的斗争和较量一直存在,并且在一定范围内和一定程度上还有愈演愈烈的风险。以美国为首的西方资本主义国家利用技术优势通过网络媒体等手段时刻不忘对我国进行意识形态侵蚀,一些思想意志力不坚定、意识形态安全观念淡薄的师生极易被其拉拢渗透;历史虚无主义、极端个人主义、意识形态终结论等西方社会思潮在少数师生思想观念中还没有完全根除;少数教师在思想政治理论课上有去意识形态性倾向,这些非马克思主义思想的存在与蔓延,必然会对我国"一元"主导的马克思主义意识形态话语造成冲击和影响。历史和现实都警示我们,绝不能允许马克思主义被异化、泛化、边缘化,否则就可能造成无法挽回的局面。东欧剧变、苏联解体等发生的"颜色革命",都是因为思想领域失去了马克思主义意识形态的主导,致使红灰黑"三色地带"带宽失调,"红色地带"主流话语空间压缩,"灰色地带"非主流话语及"黑色地带"反主流话语的传播空间扩张。在新形势下必须用中国化的马克思主义最新理论成果来教育引导师生,启迪其思想,净化其灵魂,使之成为高校师生固守"红色地带"的有力思想武器。要继续做大做强主流思想舆论在高校的正面宣传,用党百年来坚持以马克思主义意识形态话语为指导所取得的伟大成就,来展示我们的底气和理论自信,唱响社会主义意识形态话语主旋律,统一思想,凝聚共识。

---

① 张玲玉.习近平在全国高校思想政治工作会议上发表重要讲话[EB/OL].(2016-12-09)[2024-02-06].https://m.cnr.cn/jdt/20161209/t20161209_523313249.html.

第二,加强马克思主义意识形态话语权网络新媒体阵地建设。网络新媒体空间已经成为社会主义和资本主义两种意识形态斗争的主阵地、主战场和最前沿,敌对势力企图利用网络新媒体进行渗透、破坏、颠覆活动来"扳倒中国"。习近平总书记强调,"互联网是我们面临的最大变量,在互联网这个战场上,我们能否顶得住、打得赢,直接关系国家政治安全"。① 所以,能否打赢这场没有硝烟的战争,牢牢掌握马克思主义意识形态网络新媒体阵地的话语权和领导权,事关旗帜、道路、党和国家安全。对于在信息化时代成长的新时代年轻人——"网络原住民"来说,网络新媒体已成为他们社会生活的基础设施,在面对网络空间纷繁复杂难以甄别的各种信息时,有的年轻人对社会主流思想尚未形成坚定意志且反思批判能力又不强,极易受到西方意识形态话语思想的渗透和蛊惑。习近平总书记指出,对于一些模糊性的思想认识,要靠"马克思主义真理的力量",做好做强马克思主义思想的宣传教育,"用真理揭露谎言,让科学战胜谬误",从而让各种非马克思主义的错误言论失去话语市场。近年来,高校对新兴媒体阵地舆情管控高度重视,极力宣传引导正面舆论,但面对国内外发展新形势,新的情况不断涌现,围绕话语权的意识形态斗争更为激烈和复杂,需要继续对这个如今成为思想交流、信息获取和价值观念传播重要渠道的网络新媒体阵地进行社会主义意识形态主流思想教育,筑牢这个重要阵地意识形态的思想理论基础,掌握其话语传播的领导权。

第三,推动新时代马克思主义理论学科建设。教育领域要成为马克思主义理论学习、研究、宣传的重要阵地。高校要发挥自身优势,建设好马克思主义理论学科。① 党的十八大以来,马克思主义理论学科经历了从"起航"到"领航"的发展阶段,在新时代新征程上,要聚焦"继续发展21世纪马克思主义、当代中国马克思主义"的重大任务,找准推动马克思主义理论学科建设的现实着力点,把马克思主义理论学科建设为哲学社会科学优势学科。一是着重抓好马克思主义理论教育,马克思主义理论是系统的知识体系。要深化高校师生对马克思主义理论的科学真理性、理论价值和现实意义的认识,教育引导他们学会运用马克思主义的立场、观点、方法观察世界和分析世界,理解面临的时代发展课题,从而感悟马克思主义真理的力量,并善用鲜活丰富的当代中国实践推动马克思主义不断发展。① 习近平新时代中国特色社会主义思想是马克思主义理论中国化的最新成果,是社会主义意识形态语境的思想引领,要在学懂弄通、贯彻执行上下足功夫,并将其转化为清醒的理论自觉和科学的思维方法。二是抓好马克思主义话语体系学理研究,话语体系是学科发展成熟的重要标志。高校要围绕马克思主义话语体系构建进行研究,坚持问题导向,着重在主体角色站位、语境传导把握、客体特征需求等关键点进行提高,把解决思想问题同解决师生现实困惑相结合,切实提高马克思主义理论教育教学

---

① 龙明洁.习近平出席全国网络安全和信息化工作会议并发表重要讲话[EB/OL].(2018-04-21)[2022-11-10]. https://www.gov.cn/xinwen/2018-04/21/content_5284783.htm.

效果。三是抓好马克思主义理论队伍建设,人才队伍是推进学科建设的关键。高校要下决心培养一批政治立场坚定、学术功底扎实、教学经验丰富的马克思主义学科带头人,特别是要着重对青年马克思主义者进行带动和培养。高校要紧紧围绕"全国重点马克思主义学院"建设目标,努力形成专兼结合、结构合理的高水平马克思主义学科人才体系。

(二)核心:始终加强党委对高校意识形态领域工作开展的全面领导

党的百年历程充分表明,中国共产党的执政地位得到不断巩固,其中一个重要因素就是坚持党管意识形态,党牢牢掌握意识形态工作的领导权、管理权和话语权。进入新时代以来,以习近平同志为核心的党中央继承和发扬党在长期实践中形成的党管意识形态的优良传统和重要原则,将党对意识形态工作领导权的牢牢掌握作为巩固党的领导的重要基础。在当前新形势下,特别是在网络新媒体空间新的话语传播格局中,高校是不同意识形态话语的必争之地,我国教育承担着为中国特色社会主义事业培养建设者和接班人的根本任务,一以贯之地加强党对高校意识形态工作开展的绝对领导,实现教育为党育人、为国育才,着力解决好高等教育"为谁培养人"的基本问题。

党的十八大以来,党中央对高校如何加强党的全面领导高度重视,先后召开了全国教育大会、高校党建工作会议、思想政治工作会议、学校思想政治理论课教师座谈会等教育工作系列重要会议。习近平总书记指出,"加强党对教育工作的全面领导,是办好教育的根本保证。"

西方国家凭借舆论优势在互联网空间进行思想文化侵略,企图破坏我国经济社会安全稳定的局面,甚至图谋颠覆政权。要取得网络新媒体空间意识形态斗争的决定性胜利,高校党委必须牢牢把握校园网络平台建设和管理的主导权和发展权,跟踪分析自媒体空间舆情动态,及时消除错误观念,纠正思想意识,特别是贬损英雄、歪曲事实的杂音;以社会局部还存在的问题或现象否定社会主义制度的言论;追逐个人利己主义的观点;不崇拜英雄、盲目追星的现象等在自媒体平台传播的错误思想倾向,要理直气壮地予以批判与抵制。高校要通过传统媒体与新媒体的融合,提高校园媒体的舆论引导力,用社会主义主流意识形态引导青年学生的思维方式和行为模式,充分发挥校园文化的意识形态载体作用,不断创新话语表达形式,讲好中国精神、中国历史、中国文化和师生身边的典型故事,提升青年学生对社会主义意识形态的认同感。同时,完善校园网络媒体监管机制,构建信息畅通的途径与渠道,提高舆情信息监测的深度和广度,筑牢网上意识形态阵地。总之,只有始终坚持党对高校意识形态工作的全面领导,才能将我们的特色和优势有效转化为培养社会主义建设者和接班人的能力。

(三) 保障：与时俱进地创新高校牢牢把握意识形态话语权的培养机制

进入新时代，以习近平同志为核心的党中央坚持把教育摆在优先发展的战略地位，对教育工作作出了一系列重大决策部署，就教育改革发展提出了一系列新理念、新思想、新观点，推动高校意识形态领域发生全局性、根本性转变。现如今，在意识形态环境特征、受众需求、空间范围等发生重大变化的新形势下，高校要继续巩固和发展意识形态工作的领导权和话语权，与时俱进地创新工作机制。要突出对高校师生正确思想的引领，持续推进意识形态工作理念、途径、方法、手段等创新，把握好意识形态工作开展的时、度、效，立足实际，探索适应新形势下高校意识形态话语权建设现状的运行机制，着力解决好高等教育"怎样培养人"的问题。

第一，强化正确舆论思想引领。习近平总书记指出，"历史和现实都告诉我们，舆论的力量绝不能小觑。"我们要把社会主义主流思想宣传教育置于高校教育教学工作的首要位置。青年是人生观、价值观形成的关键时期，青年群体是社会各种力量抢夺的目标，我们必须不断创新理念与方法，深入开展理想信念教育，积极培育和践行社会主义核心价值观，不断提高社会主义意识形态的凝聚力和引领力，帮助青年学生形成主流思想共识，增强明辨是非的能力，筑牢思想观念高地，自觉抵制、防范和旗帜鲜明地反对各种非主流意识形态话语在高校的渗透和各种诱惑。

第二，加强话语平台载体建设。高校学科建设、课程教学、教材建设、校园文化活动等是创新意识形态工作开展的重要手段，特别是马克思主义学院、党团部门等是主要抓手。马克思主义学院要带头加强马克思主义理论一级学科建设，逐步构建重点突出、载体丰富、协同创新的思想政治理论课建设体系，扎实推进中国特色社会主义理论体系进教材、进课堂、进头脑，不断改进课程教学方法，增强课堂意识形态教育主阵地的教学效果，同时其他课程也要发挥好育人作用，与思想政治理论课同向发力。高校党委宣传部门、团委、学生管理部门要充分利用好、建设好校园意识形态话语工作平台，开展集思想性与理论性于一体、具有亲和力与针对性的主题宣传教育活动，丰富校园文化生活，实现以文化人，营造健康向上的育人环境。同时，利用好新兴媒体，针对青年学生手机网络生活特点，积极传输正面信息，促进对主流思想的认同，持续筑牢共同的思想基础。

第三，掌握媒体阵地主战场。随着信息传播技术的飞速发展，新兴媒体阵地是高校意识形态工作的主战场，高校要推动媒体深度融合发展，实行线上和线下相融合，建设全媒体信息传播体系，并根据青年学生的需求特点进行信息生产供给侧结构性改革，增强主流意识形态话语传播的效果，抵制非主流的各种杂音，唱响媒体阵地主旋律，同时加强网络媒体空间的管理与监控，使新兴媒体这个意识形态工作面临的最大变量变为最大增量。要坚持以内容生产供给为王的原则，创新话语传播体系和表达方式,准确把握语境和规律,提高宣传的科学性、契合度和可接受性。高校要利用科研的优势,积极推动网络媒体核心技术研究成果转化,加强信息传播和媒体管控能力建设,打造形式多样的移动传播矩阵,广泛汇聚向上向善力量。

第四,把握好工作开展的时、度、效。任何事情或问题的解决都要把握时、度、效,改变或提高人们思想观念认识的意识形态工作更是如此,抓住时机、把握好节奏、讲究策略,人们对话语主体宣传的思想内容接受度和认同度自然就会提高。对于自我意识表现强、信息接收渠道来源广的高校新生代青年学生来说,只有把握好理论传输、舆论引导的时、度、效,不断创新改进宣传方式,运用好话语传播和接受规律,才会增强主流思想的吸引力和感染力。"时"就是选择恰当的时机,无论是理论宣传还是网上舆情引导,都要掌握好时间节点,在合适的时机推出合适的思想宣传内容,引导受众对相关理论概念进行进一步思考或进行思想上的转变。"度"就是针对话语对象的需求或特性、宣传的思想内容的特点采取适度的形式,把握好分寸和尺度。在进行思想理论宣传时,考虑话语对象的接受程度,采取受众喜闻乐见的形式,才使其易于接受。在解决思想问题或舆情时,不夸大事实,不过度反应,掌控火候,恰如其分地处理。"效"就是取得功效、实效,达到话语主体的预期效果。主流思想理论宣传要拓宽宣传渠道,扩大话语覆盖面,实现传播效果的最大化;结合自媒体用户的强互动性,通过设置合适的话语主题,找准受众思想认识共同点、情感交流共鸣点和利用关系交汇点,引导他们积极通过留言、跟帖、点赞、转发等多种形式进行互动交流,使理论宣传能够飞入更多"寻常百姓家"。

第五,发挥思政教师队伍关键作用。高校思政课改革创新的推动、思政课堂教学状况的改善、教学效果的提高关键在教师。习近平总书记指出,"讲好思政课不容易,因为这个课要求高",需要充分发挥教师的"积极性、主动性、创造性"。近年来,各地和各类学校贯彻落实习近平总书记在学校思想政治理论教师座谈会上的重要讲话精神,对思政课的重视程度明显提升,思政课课堂教学质量和水平也不断提高。但面对新形势、新任务、新挑战,受主客观因素影响,有的学校依然还存在对思政课重要性认识不到位、师资配备存在短板、少数思政课教师教改积极性不够高的情况,严重制约了思政课落实立德树人根本任务。调动和提高思政课教师教学的积极性,地方和学校需要建立健全和完善有效的保障机制,如改进评价标准、突出身份地位、明确发展空间等,增强思政课教师的职业归属感、认同感、荣誉感。思政课教师教书育人主动性的积极发挥,可以内生对教学、科研的动力,探索深化思政课教学改革和对学科前沿问题、难点问题研究的行动自觉,从而增强其创新创造力,不断提高其理论水平和教学技能,带动思政课教师队伍整体素养的提升。

第二节　"微传播"时代高校主流意识形态话语权建设存在的主要问题

在"微传播"时代，随着信息技术的迅猛发展，特别是大数据、云计算、智能化、5G技术等推广应用，使高校主流意识形态话语权构建的"微传播"资源、面临的环境、话语体系要素等发生了深刻变化，呈现出新的特征，这既给新时代高校主流意识形态话语权构建带来新的发展机遇，也带来了新的问题和挑战，目前在实际工作中高校主流意识形态话语权建设还存在一些不容忽视的问题。本节拟结合开展的调查以及官方公布和相关公开的调研数据，从高校主流意识形态话语权要素结构角度全面分析制约其构建有效性的问题以及面临的新考验，为提出科学合理的构建策略提供事实依据。

调查数据显示，高校学生超九成以上为"00后"，他们成长于网络时代，随着信息传播媒介的应用与发展，成为使用信息传播媒介的主要群体。被调查者中超八成以上关注了学校官微，并通过官微了解学校及其发布的信息、通知或公告，平均每天查看或阅读3~4篇学校官微文章的占比89.3%，每天查看时长超半小时及以上的占比75.1%。以微信公众号、微博、视频号等为代表的"微传播"社交媒体，已走进高校青年学生的日常学习和生活，成为他们获取信息和交流的重要平台。目前，各高校都很重视加强网络新媒体宣传阵地建设，绝大多数高校均开通了官微企业号，建立以微信公众号平台为主的高校全媒体微矩阵，发挥其在资讯传递、正面宣传、舆论引导、价值引领等方面的功能和作用。同时，高校官微也成为对外宣传和提升影响力的重要窗口以及塑造形象的重要平台。

《中国青年报》公众号发布的中国普通高校微信公众号排行榜，反映了全国高校公众号的影响力及相应的文章阅读量，此排行榜分为周榜和月榜并连续多年发布年榜。该榜单统计分析全国高校官方微信公众号的运营数据，以微信传播指数（WCI[①]）反映高校微信整体热度和公众号的发展走势。清博指数越大，说明传播力和影响力越强，活跃度和知名度越高，传播效果越好。例如，2023年7月，在全国普通高校微信公众号综合影响力百强排行榜中，WCI达1000以上的有50所高校，其中北京大学的WCI以1407.67位居第一。2023年8月，在高校官方微信公众号文章排行榜中，有32篇文章的阅读量超过10万，其中"点赞"和"在看"第一的

[①] WCI（Wechat communication index）意为微信传播指数，它以微信公众号推送文章的传播度、覆盖度、认同度及微信公众号的影响力作为排名依据。目前，WCI在各类微信公众号排行中应用广泛，具有较高的可信度、权威性。

文章为中国海洋大学微信公众号的《我们不能失去海洋》，该文章针对日本核污染水排海，寻找落点并发声，引发刷屏，成为社会热点。①

2021年5月，中共中央宣传部、中共中央网络安全和信息化委员会办公室、教育部、共青团中央委员会等四部门联合部署重点建设一批高校思政类公众号。首批高校思政类公众号重点建设名单包括清华大学、北大青年、中国大学生在线、首都教育等在内的高校公众号、高校共青团公众号、知识服务类机构公众号共12个类型、200个公众号。②充分发挥高校公众号等新媒体平台对思想政治教育工作的载体作用，聚焦高校思政工作时代特点和高校师生现实需求。

目前，基于高校"官微平台"，在系列建设举措的推动下，其本身表现出的强关系性、实时互动性、意见表达的隐秘性等特性契合青年学生的个性化需求，有部分高校"微媒体"基本实现了较高的用户黏性，为高校通过"官微平台"进行意识形态话语权建设奠定了良好基础。但从整体上看，调查数据显示，还有不少高校的"微传播"平台在主流意识形态话语议题设置、版块设计以及平台本身的开发与管理等方面尚需持续加强，平台主流思想的话语表达感染力还欠缺，"微传播"主体意识形态话语传播能动性还不够强。

一、高校"官微平台"意识形态主题内容推送供求失衡

绝大多数高校充分利用"微传播"平台的意识形态传播属性和其特有的话语传播特征，结合自身办学特点和校园文化特色，着力加强"官微媒介"推文内容建设，注重价值引领，紧扣时代脉搏和师生思想动态与需求，选取身边典型和先进人物，讲好学校故事，营造积极向上的校园文化氛围，不断扩大传播内容覆盖面和更新率，增强内容的感染力和影响力，将高校"微传播"平台打造成主流意识形态话语建设的重要阵地。人民网自2018年以来每年开展高校优秀校园新闻作品的推选活动，以发挥其示范作用，推动"官微媒介"唱响主旋律，传播正能量。在2022年高校优秀校园新闻作品评选中有40所高校的作品入选，如文字类优秀作品有《上海交大自主设计研发滑雪机器人助力"科技冬奥"》，新媒体类优秀作品有《青春向党、不负人民！中国人民大学2022年毕业典礼举行》等。

但目前还有部分高校的"官微平台"仍主要发布校园新闻资讯类、活动类、服务类信息，平台缺乏多元化发展方向，与师生的实际需求还存在不对称的情况。"官微平台"在应对互联网多元价值思想影响和挑战下意识形态主流价值观引领与认同、权威声音发出等方面的凸显作用，还存在缺失。

---

① 资料源自《中国青年报》的微信公众号。
② 张爽.重磅多！5月传媒大事一起看[EB/OL].(2021-06-04)[2023-02-06]. http://www.zgjx.cn/2021-06/04/c_139989379.htm.

第一,从学生日常通过学校"官微平台"接收到的主要信息类型和学生倾向于关注的信息类型来看(图5.1),绝大多数学生对"官微媒介"的微话题等研讨类信息(占比56.31%)以及对党和国家大政方针等国家要闻类信息(占比45.09%)需求较大,但与"微媒介"实际推送的内容间存在供求失衡,实际提供的这两类信息的占比为20.42%和27.62%。调查结果显示,大多数学生关注学校"官微平台",在肯定学校"官微平台"为自己的学习生活、校园新闻资讯等方面带来信息服务的同时,也期待学校"官微平台"能提供更多层面的知识内容和信息。大多数学生都有关心学校和国家时事新闻事件与话题的主观意愿,这在一定程度上为高校通过"官微平台"进行主流价值思想传播提供了可能,但目前部分高校的"官微平台"的主题内容推送尚未满足学生多方面的需求,高校"官微平台"的意识形态导向作用发挥还不突出。

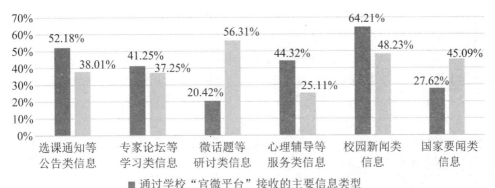

图5.1 学生通过学校"官微平台"接收的主要信息类型与倾向于关注的信息类型

第二,从"官微平台"推文内容深度与表现形式上看,部分高校过于注重推文呈现形式,忽略校园观点和深度评论类文章的推送,而青年大学生却对推文内涵的关注度高于其形式。学者祁雪晶、方增泉和贾麟选取北京地区十所高校微信公众号的每日推送内容进行调查,结果表明(图5.2),极少数高校(占比5%)在每日发文中有观点评论类内容传播,85%以上的高校在每日发文中涉及校园活动新闻资讯。

学者罗淑宇[①]指出,内涵建设是高校"微传播"媒介发挥意识形态话语影响力的重要因素。调查发现,部分高校"官微平台"的推文为博取受众眼球而倾向于娱乐化,内涵缺失,导致学生取消对学校"官微平台"的关注。高校"微传播"媒介要将推文内容建设放在首位,把对青年学生的价值观塑造与校园生活服务类信息传播相结合,以发挥高校"官微平台"引导学生怎么想和想什么的导向作用。

---

① 罗淑宇.运用微信公众号增强高校意识形态工作话语权问题初探[J].理论导刊,2017(9):5.

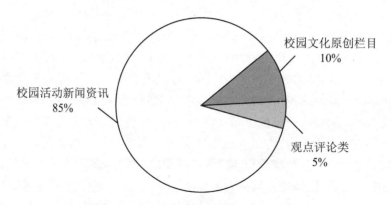

图 5.2　学校官方微信公众号推送内容类型[1]

第三,从高校"微传播"媒介应对突发热点事件舆情和回应师生诉求上看,部分高校未能及时抓住时机因势利导,甚至存在滞后或缺席现象,这反映出部分高校"官微平台"的意识形态引领观念还不强。学者刘星彤和陈燕[2]调查指出,高校"官微平台"能在针对热点事件及时发声,正确引导校内舆论走向的只占27.51%,针对学生的诉求能及时回复的也只占21.67%。在自媒体话语信息迅速传播的复杂环境下,学生本身往往难以辨别是非,极易受到网络多元价值观念的影响。而事实上,青年学生非常希望通过学校"官微平台"获得正向的思想引导,去伪存真。在对学校"官微平台"设置意识形态方面的内容进行调查时,大学生对此的观点和看法就是很好的说明(图5.3)。

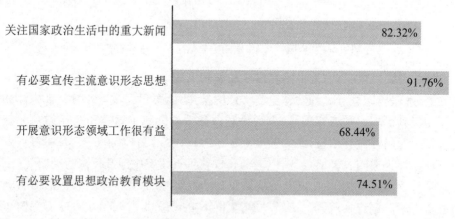

图 5.3　大学生对学校"官微平台"设置意识形态内容的看法[2]

---

[1] 祁雪晶,方增泉,贾麟.高校官方微信公众平台运营状况、问题与对策:基于北京十所高校的调查分析[J].北京教育(高教版),2020(10):40.

[2] 刘星彤,陈燕.高校官方微信意识形态话语权提升策略[J].出版广角,2018(6):3.

二、高校主流意识形态话语"微主体"信息素养需提升

意识形态话语"微主体"包括"微媒介"信息传播主体和接收主体。"微信息"传播主体是意识形态内容传播行为的发起者,对信息接收者的价值观塑造和构建以及思想行为往往产生重要影响。"微信息"接收主体是"微传播"主体的作用对象。在"微传播"空间中,同一个体或团体,往往既是信息的传播主体又是信息的接收主体。高校主流意识形态话语传播"微主体"一般包括辅导员等负责学生管理工作的教师、党团部门的工作人员以及学生自身。意识形态话语"微主体"的主体观念意识强弱、思想政治素质高低、"微媒介"技术把控能力大小等媒介信息素养状况直接影响主流意识形态话语传播效果。调查显示,当前还依然存在着部分"微主体"的媒介信息素养不高、主体意识不强等现象,导致主流意识形态话语宣传引导力和影响力不明显。

从图5.4可以看出,虽然青年学生有使用微信、微博等"微传播"媒介的强烈意愿,但是在"微空间",主动参与辅导员等"微主体"发布的带有思想价值引导倾向的意识形态微话题互动的学生不多,总体参与互动意识不强,互动交流频率较低。数据显示,在"微空间",学生偶尔参与互动的只占40.37%,而进行高频、经常性互动的也只占10.12%。在"微传播"活动过程中,"微主体"有限的介入与关注,不利于交互价值作用的形成,对学生通过"微媒介"提出的需求或意见反馈不及时、缺乏关注,在一定程度上影响了学生主动参与"微传播"活动的积极性。同时,当学生主体面对海量的"微信息"时,真伪难辨,尤其是出现敏感的微热点话题时,缺乏积极的思想引导,极易产生舆情,也易造成其思想认知的极端化倾向。

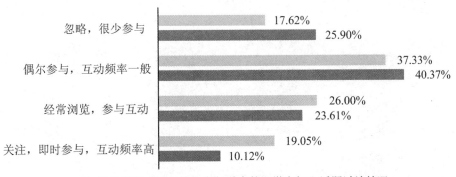

图5.4 学生与辅导员等"微主体"在"微空间"中的参与互动情况

事实上,通过学生对"微空间"热点事件或话题的反应调查来看,82.78%的学生会"参与讨论",74.69%的学生会"转发",65.32%的学生会"持续关注",这表明

随着"微话语"主题讨论的升级和多数意见的聚集,汇集形成"微空间"意见气候,就会掀起轩然大波,产生蝴蝶效应。在自媒体时代,面对"微传播"的这一突出特性,如何有效发挥其在主流意识形态话语传播中的正能量作用是一个十分重要的问题。此外,从部分高校"微传播"平台的推文质量来看,作为引领和传播意识形态主流价值思想的官微运营团队,表现出思想政治素养不高的现象,意识形态内容宣传的切入点缺乏创新性和吸引力,甚至对消极信息有时还不能准确识别,一味追求娱乐化,这往往会导致主流价值观解构。

三、高校主流意识形态话语微表达形式吸引力不强

随着网络"微空间"海量的各种类型信息的及时广泛传播,高校主流意识形态话语受众主体的信息视野逐渐广阔,对传播的意识形态话语从内容到形式、从数量到质量都有了更高的要求,意识形态话语表达既要适应"微传播"时代受众主体短平快的阅读习惯和碎片化的阅读需求,又要有一定的思想性,但又不能像一般网络文章那样理论性过强、内容过于冗长,这样才会使学生产生思想认同和接受。

在对高校"官微平台"意识形态主题内容呈现形式的评价调查中(图5.5),以5分为最优,调查结果显示,内容表现形式无论是生活化的趣味性程度(均分2.94)、精简化的可读性程度(均分3.11),还是话语内容表达方式的多样性程度(均分3.56)、思想性的可适度上(均分3.27),各项平均得分均未超过4分,存在难以调动学生的兴趣和吸引力、激发情感共鸣的问题。高校"官微平台"发布原创性文章占比较少,大多是直接转载或简单叙述,形式单一,内容相似,有过多的政治性文本式话语,宏大叙事,理论性过强,趣味性不够,抑或内容过于通俗化,思想性不强,难以引起学生重视。

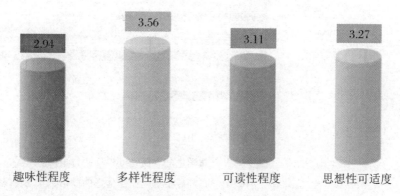

图5.5 对高校"官微平台"意识形态主题内容呈现形式的评价

2022年10月,广东高校官方微信公众号排行榜中,公布的本科院校微信热文榜前50名的文章,只有23篇文章是原创的,转载率为54%,阅读量最少为23035,

对应点赞数只有54。① 笔者在2023年10月4日对安徽省普通本科高校的"官微平台"建设运营情况进行了调查,该省有13所省属本科大学,其微信公众号原创内容篇数、官方微博粉丝数和关注数见表5.1。

表5.1 安徽省部分高校"官微平台"原创内容和关注情况统计表

高　校	公众号原创内容篇数(篇)	官方微博粉丝数(万人)	官方微博关注数(人)
安徽大学	894	83.5	233
安徽师范大学	362	16.8	264
安庆师范大学	1146	3.3	420
阜阳师范大学	774	6.6	392
淮北师范大学	112	0.06	3
安徽财经大学	215	3.2	329
安徽理工大学	593	5.3	517
安徽医科大学	53	0.7	6
安徽中医大学	657	2.8	441
安徽建筑大学	14	3.6	300
安徽农业大学	849	5.4	317
安徽工业大学	112	5.4	165
安徽工程大学	603	5.5	159

注:统计时间截至2023年10月4日。

从表5.1可以看出,有4所高校的微信公众号原创内容不足120篇,60篇以下的有2所高校,原创内容最少的只有14篇。安徽省各高校官方微博影响力和吸引力差别明显,最多的粉丝量有83.5万人,有2所高校官方微博关注人数分别只有3人和6人。

四、高校"官微平台"主流意识形态话语传播功能需进一步研发

微信公众号、微博、视频号、抖音等"微传播"平台是做好网络意识形态重大主

---

① 资料源自2022年10月广东高校官微排行榜。

题内容宣传、开展大学生思想政治教育的重要阵地,部分高校意识形态主题思想的内容表达形式吸引力不强,不能契合青年学生的思想和实际需求,很难使其产生思想共鸣,导致关注、浏览量等有限。

自2012年8月25日华中科技大学作为第一个开通官方微信公众号的高校以来,国内各高校相继开通了官方微信公众号。截至2019年,教育部直属高校全部都有各自的官方微信公众号,据统计,国内共有1634所大学开通官方微信公众号。有超过八成的学生关注3个以上高校官方微信公众号,关注3~5个的占比42%,6~10个的占比36%。① 2022年1月5日发布的《2021抖音数据报告》显示,92%的"双一流"高校已入驻抖音,高校直播场次达14463场,公开课观看时长超过145小时。高校校园生活已真正进入了"微传播"时代。但是,各高校对"官微平台"建设运营重视程度存在差异,部分高校"官微平台"栏目设置不全面、学校的特色品牌不够凸显、推文质量参差不齐、平台运营管理机制不健全等,导致高校"官微平台"在主流意识形态话语传播效果上差异较大,影响了其作为意识形态话语传播重要载体的功能发挥。

第一,平台版块栏目设计存在功能性欠缺,影响议程设置的有效性。高校"官微平台"除了普遍具有的通知信息发布、办事服务指南、校园新闻速览等功能外,还应有思想宣传教育、意识形态微活动、学校办学特色等栏目,体现出平台作用发挥的全面性。另外,推文内容应图文并茂,具有音频、短视频、微电影等多种形式,以增强对师生的吸引力,强化与师生的关系,提高师生的体验感与黏度,从而进一步提高高校"官微平台"议程设置的有效性。据调查,目前部分高校"官微平台"功能开发利用在效度上还有很大空间。从安徽省属本科13所大学的官方微信公众号栏目设置来看,只有安徽师范大学公众号设有"微思想"模块,包含学习强国、主题教育、学校党代会等专题,安徽医科大学公众号在"微校园"模块中含有党的二十大专题、医大新闻、校歌等内容,安徽中医药大学公众号在"校园热点"模块中含有党史学习教育专题。

在对高校利用"微平台"开展意识形态教育活动情况的调查中(图5.6),超过半数的被调查者(占比51.22%)认为,学校未曾在"官微平台"专门开展过意识形态主题内容教育活动,或许学校开展过类似的微活动但被调查者未参加过,抑或"微平台"更多举办的是其他类型的微活动(占比58.97%),认为开展过意识形态内容教育微活动的被调查者,如红色教育微视频拍摄、思想教育微主题直播分别占比29.91%和30.79%。在"微传播"时代,各类宣传阵地、空间是意识形态领域争夺话语权的主战场,主流意识形态不去占领,其他社会思潮就会占领。面对当前错综复杂的舆论环境,高校官微应突出议程设置的有效性,强化主流意识形态话语权

---

① 李艳馨,郝玥.高校微信公众号的思想政治教育优化策略研究:基于SWOT分析法[J].中北大学学报(社会科学版),2023,39(3):82-87.

地位。

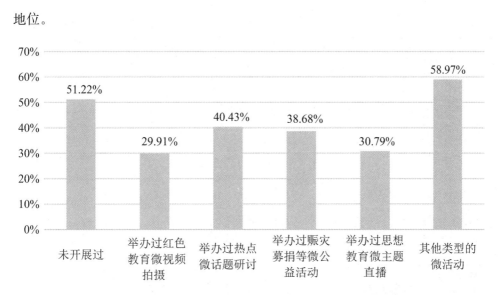

图 5.6　高校利用"微平台"开展意识形态教育活动的情况

第二，对平台功能认知存在错位，思想引导力发挥不强。高校"官微平台"议程设置要使学校对外宣传自身办学特色，通过关注和互动引领舆情动向，传播社会正能量，营造积极健康向上的校园氛围。例如，从目前高校微信公众号综合影响力最权威的大数据统计榜单来看，每月排名靠前的高校微信公众号均能抓住学校自身特色，讲好自身故事，传播好声音，开展意识形态教育活动，育人作用充分彰显。而排名靠后的高校微信公众号在推文中缺乏思想引领和内涵深度，将"官微平台"仅作为校园资讯传达的工具，或集中于日常服务类信息和娱乐化内容的发布，对"官微平台"的认知和定位存在一定错误，发布的内容对师生吸引力不强，关注点分散，很难实现平台的主流意识形态话语引导功能。例如，2023 年 8 月 14 日，《中国青年报》发布的 2023 年 7 月全国普通高校微信公众号综合影响力百强排行榜中（表5.2），安徽高校有 3 所，安徽理工大学微信公众号位居第 48 名，在安徽高校中排第一，中国科学技术大学微信公众号居于第 75 名，合肥工业大学微信公众号居于第 77 名。当期 WCI 高于 800 的安徽高校微信公众号只有 4 个，百强榜中的第 100 位是中国人民解放军陆军工程大学微信公众号，其 WCI 为 909.75。

表 5.2　2023 年 7 月安徽高校官方微信公众号综合影响力在中国大学百强榜单情况

公众号	发文	阅读	头条	平均	在看	点赞	WCI	安徽排名	百强排名
安徽理工大学	30	43 万	43 万	14437	988	3186	1006.68	1	48
中国科学技术大学	27	30 万	28 万	11329	907	4349	950.56	2	75

续表

公众号	发文	阅读	头条	平均	在看	点赞	WCI	安徽排名	百强排名
合肥工业大学	25	27万	25万	10870	1216	3807	944.29	3	77
安徽大学	32	19万	17万	5993	300	2419	839.77	4	—
安徽师范大学	18	13万	12万	7556	186	1384	790.85	5	—
安徽农业大学	16	13万	13万	8473	137	1085	789.86	6	—

注：统计时间为2023年7月1日至2023年7月31日，因篇幅有限，仅列出部分高校。

第三，平台运行机制待健全，运营团队管理水平待提高。当前高校"官微平台"的运营模式，大多为党委宣传部门和学工部门的教师负责指导，由学生具体运行操作。就官方微信公众号而言，多数高校的运营团队为10~30人（占比40%），10人以下的团队占比也较大，为35%。① 调查显示，"官微平台"虽由教师负责指导管理，在推文的立场性、权威性和质量上起到把关作用，在一定程度上可以弥补学生理论知识不足的问题，但由于其本身日常主要工作任务较为繁重，当与平台建设时间相冲突、精力不足时，对推文的再加工就无暇顾及，多由学生团队独立完成。并且，通常情况下指导教师是通过微信、QQ等发布信息并与团队学生进行工作沟通的，当学生课业多或积极性不高时，则会因学生反馈不及时而导致无法促进工作有效落实，平台工作机制的局限影响了其本身功能的发挥。此外，学者祁雪晶、方增泉和贾麟①通过对北京地区10所高校的官方微信公众平台运营情况进行调查，结果显示，在微信公众号运营中，困扰指导教师的最大问题是团队的建设问题，主要体现如下：一是团队成员的工作积极性难以调动（占比66%）；二是团队成员一般都没有受过专业新媒体技能的培训，运营的相关知识和经验缺乏（占比65%），虽然有些高校也经常召开推文选题及发布结果的分析会，定期组织开展相关业务技能培训，但培训的频率大多不高，一般一个月内不足2次；三是团队成员不稳定，流动性较大（占比63%），微信公众号团队人数较少的高校，其日常运营和业务拓展都受到很大影响。①

五、高校主流意识形态话语传播融媒体合力尚待形成

在全媒体时代，加快推进意识形态话语传播载体的融合，形成传统媒体与新兴媒体、官方媒体与大众媒体、线上与线下、第一课堂与第二课堂、学校与学校官媒之

---

① 祁雪晶,方增泉,贾麟. 高校官方微信公众平台运营状况、问题与对策：基于北京十所高校的调查分析[J]. 北京教育（高教版）,2020(10):40.

间以及新媒体平台之间的融合发展,构建全程媒体、全息媒体、全员媒体、全效媒体的传播格局,主动占领意识形态话语传播的制高点,是高校巩固和建设主流意识形态话语权的必然要求。调查显示,目前大多数高校意识形态话语传播载体间融合度还不够,合力还未完全凸显。当前高校官方微信公众号在媒体传播平台中处于中心地位,从安徽省属本科13所大学的官方微信公众号来看(表5.3),各校微信公众号基本都与校园官网链接,对发布的内容进行推广联动,以吸引更广泛的用户关注,扩大学校宣传。学校微信公众号与官方微博相链接的只有3所高校,与抖音和校园广播台相链接的各只有1所高校,与学校电子学报相链接的有2所高校。面对多样化的媒体平台,已初步形成融媒体矩阵的仅有2所高校,安徽理工大学微信公众号设有"融媒体"版块,将官方微信公众号与校园官网、校报、微博、抖音相链接;安徽工程大学公众号设有"新媒体联盟"栏目,将学校官方新媒体、机关部门新媒体、学院新媒体、校园文化新媒体链接在一起。

表5.3　安徽省属13所大学微信公众号传播媒介间链接融合情况

学校公众号	学校官网	官方微博	电子校报	抖音	校园广播台	电子学报
安徽大学	相链接					
安徽师范大学	相链接		相链接			
安庆师范大学	相链接		相链接			
阜阳师范大学	相链接					
淮北师范大学	相链接					
安徽财经大学	相链接	相链接				
安徽理工大学	相链接	相链接	相链接	相链接		
安徽医科大学	相链接		相链接			
安徽中医大学	相链接					相链接
安徽建筑大学	相链接		相链接			
安徽农业大学	相链接				相链接	相链接
安徽工业大学	相链接					
安徽工程大学	相链接	相链接	相链接			

注:统计时间截至2023年10月4日。

学者祁雪晶、方增泉和贾麟[①]通过对北京地区10所高校的官方微信公众平台运营情况进行调查,结果显示,以官方微信为核心平台构成的高校融媒体矩阵,目前绝大多数高校都尚未完全采取一次采编、多个平台分发的"中央厨房"式融媒体

---

① 祁雪晶,方增泉,贾麟.高校官方微信公众平台运营状况、问题与对策:基于北京十所高校的调查分析[J].北京教育(高教版),2020(10):40.

采编流程，各个平台上传播内容的同质化程度比较高，只有少数高校采取了一些分众化、垂直化的传播形式。

第三节 "微传播"时代高校主流意识形态话语权建设面临的新考验

习近平总书记指出，"现在国际舆论格局总体上是西强我弱，别人就是信口雌黄，我们也往往有理说不出，或者说了传不开，一个重要原因是我们的话语体系还没有建立起来，不少方面还没有话语权，甚至处于'无语'或'失语'状态"。①"微空间"成为信息时代全新的话语场域，给高校主流意识形态话语权发展带来新的考验。本节将从话语主体、话语内容、话语表达和话语载体等角度进行分析。

一、"把关人"角色弱化冲击了主流意识形态话语权威性②

"微空间"话语主体大众化，信息传受一体，人人可以表达、参与、分享，这种非线性网状话语传播结构，突破了话语传播的"中间关口"，打破了传统媒体由中心向边缘扩散、话语权威垄断的传播格局，在一定程度上弱化了"把关人"角色，导致"微空间"非主流价值观的扩散和西方国家意识形态的渗透。根据"沉默的螺旋"理论，占优势地位的话语，得到支持的力度会越来越大，影响力也会越强。这样网络"大V"或"意见领袖"可以自由地驾驭舆论导向，其影响力往往超过了"官微"的传播力。西方发达资本主义国家利用信息技术上的绝对优势，不断强化"微空间"中的话语霸权地位，企图挤压和削弱我国主流意识形态话语权，并且在我国本土培植他们的"意见领袖"，在网上造谣生事，意欲诋毁马克思主义意识形态，这无疑会冲击我国主流意识形态的核心地位和话语的权威性。具体表现如下：

第一，"微平台"话语权存在去中心化风险。"微传播"独特的传播特点使信息传播速度快、话语主体自由度高。人人都是自媒体，人人皆是"把关人"，信息的生产、加工、转发等皆根据自己的喜好或心情，虽然在一定程度上会受到社会价值观的影响，但信息把关的价值判断标准不一，尺度更加多元。一旦出现爆炸性社会新闻或事件，在未经证实的情况下就会在"微传播"平台中被盲目、非理性围观，甚至被随意转发，在裂变式传播下使得信息的真实性更加不确定。一些别有用心者正

---

① 中共中央宣传部. 习近平总书记系列重要讲话读本[M]. 北京：学习出版社，2016.
② 徐礼堂. 高校掌控"微空间"主流意识形态话语权方略[J]. 吉林师范大学学报（人文社会科学版），2020(4)：109-115.

是借助"微传播"技术平台向民众发布虚假信息或网络垃圾，以煽动舆情，破坏网络传播的正常秩序，甚至危害社会和谐稳定，一些"微民"在他们的鼓动下，极易成为散播谣言的帮凶和幕后的推手，使"微空间"成为不良乃至有害信息的集散地，同马克思主义主流意识形态话语进行激烈的博弈，这在一定程度上严重影响了马克思主义意识形态在"微空间"话语权的中心地位。

第二，部分话语主体的主体责任意识不强。"微空间"意识形态话语主体是多元要素的综合体，既有单个个体要素，也有组织或群体要素。"微空间"高校主流意识形态话语权主体要素，主要包括高校意识形态话语管理者和教育者。话语管理者主要是指高校党委行政管理部门，是高校意识形态工作的建设者、组织者和发动者，对"微空间"高校主流意识形态话语权建设负主体责任。高校意识形态话语教育者，主要承担高校意识形态话语权建设的实施和话语传播的任务，包括思政理论课教师、思想政治辅导员、党群工作者、专业课教师以及管理和服务工作人员。此外，还包括在师生中具有话语影响力的"意见领袖"。强化"微空间"高校主流意识形态话语权系统建设，必须在充分发挥各主体要素作用的同时，重视不同主体要素之间的协同性。而有些话语主体的责任感不强，面对新形势，对高校意识形态话语权发展和构建的重要性认识不到位，意识形态话语管理者为建设"双一流"学校而重科研、教学等，对意识形态工作建设流于形式；有的意识形态话语教育者对课堂主阵地站位不牢，甚至还有西方价值观念与思想的引导和灌输。此外，不同话语主体间也存在缺乏沟通的情况，没有共同担负起各自在高校意识形态话语权建构中应负的责任。

第三，部分话语主体综合素养不高。话语主体要素在高校意识形态话语权建设系统中居于关键位置，这是唯一具有能动性的因素。话语主体要素所具有的思想政治素养、理论创新能力、意识形态整合能力以及网络媒介素养等将直接决定"微空间"高校主流意识形态话语权建设的成效。但是在高校意识形态工作队伍中，一些话语主体存在政治信仰迷失，马克思主义理论素养不高，运用马克思主义的立场、观点与方法解决实际问题的能力不强等问题，有的党政领导干部受西方资产阶级拜金主义、享乐主义、个人主义等消极思想文化的影响，陷入贪污腐败的泥沼，成为典型的"两面人"，这在一定程度上削弱了意识形态话语主体的权威性、主导性和高校主流意识形态话语的影响力。也有些话语主体的信息素养较低，对新媒体技术的运用驾驭能力有限，面对"微平台"海量的复杂信息不能及时、正确地分析处理和应对，有的对"微空间"中的信息敏感度不高，往往会出现在关键时刻失声、失踪等现象。

二、多元化社会思潮蔓延消解了主流意识形态话语认同感①

"微空间"是全新的话语场域,话语环境错综纷乱,多元信息共存。信息多样性和文化多元化使利益主体的价值观念和社会思想日趋复杂,导致主流意识形态与各种社会思潮的激荡、碰撞和冲突更加直接和激烈。在传统的现实空间中,主流意识形态话语传播环境相对来说比较单一,且主流媒体具有绝对的话语主导权和优先权。但在"微空间"中,话语主客体以虚拟的符号形式存在,身份、行为表现出极大的隐蔽性和不确定性;话语地位平等,言论自由、开放,可不受外界任何束缚与压力,信息多元且缺少主导性,各种意识形态话语都在"微空间"中众声喧哗,并竞相争先,话语环境极其错综纷乱。并且,"微民"对信息的选择也有着充分的自由权,对信息内容是否关注可自由决定,这给主流意识形态话语的传播效果带来很大影响。

一是"微平台"的信息传播特性加大了舆论引导难度。"微空间"话语生产平民化、话语内容碎片化、话语传播群聚化等特性很大程度上解构了传统的话语交往模式和话语权力结构,以主流声音引领社会舆论的难度越来越大。一方面,网络信息更新速度快、传播速度快,内容良莠不齐,影响网民的价值辨识和价值判断。另一方面,网络碎片化、快餐化的阅读方式,在一定程度上弱化了网民的理性思维,这种思维方式不利于网络主流意识形态话语权的发展和巩固,给主流意识形态话语的理性传播带来挑战。

二是"微空间"中西方意识形态渗透不断加剧。随着政治多极化、经济全球化、社会信息化、文化多元化的深入发展,近年来,西方国家对我国意识形态领域的侵占越来越严重,国际领域意识形态话语权的斗争形式变得更加隐蔽与复杂,和平发展大趋势的背后仍隐藏着不和谐的"噪声"与"阴霾",不同社会制度和发展道路间的博弈日益加剧。以美国为首的西方资本主义国家凭借网络技术、信息上的优势地位,采取各种手段不断对高校进行强大的思想渗透,极力宣扬"意识形态终结论""中国威胁论""中国崩溃论",把他们的意识形态价值观看作价值准则,到处"兜售"鼓吹所谓的普世价值、历史虚无主义等。并且,他们通过中西方影视文化作品比较、新闻内容解读以及西方精英演说等多种方式影响高校师生的价值判断。他们通过对我国社会突发事件的歪曲报道、评论和指责中国人权、诋毁和污蔑我国国际形象等,企图动摇我国马克思主义意识形态的主导地位,以达到"和平演变"之目的。再加上,在国际舆论的交锋上,我们有时还处于有理说不出或说了也传不开的境地,不少领域还处于"无语"或"失语"的状态。西方国家在意识形态上进行的"颜

---

① 徐礼堂.高校掌控"微空间"主流意识形态话语权方略[J].吉林师范大学学报(人文社会科学版),2020(4):109-115.

色革命",对高校意识形态话语权构建带来一定冲击。

三是国内经济社会发展过程中存在的负面影响。当前中国特色社会主义建设进入新的发展阶段,但仍面临着各种长期、复杂和严峻的考验,特别是各种社会矛盾相互叠加、集中呈现,意识形态领域斗争依然复杂。① 社会阶层不断分化,不同阶层与群体的利益诉求更加多元;社会关系复杂多变,市场经济条件下功利主义、实用主义思想倾向明显;一些社会成员理想信念不坚定,思想道德滑坡,腐朽落后的文化思想涌动,这些先进与落后的思想矛盾在"微空间"中时常被放大。马克思指出:"人们奋斗所争取的一切,都同他们的利益相关。"对于高校师生来说,他们的价值标准和价值取向趋于务实化,以追求是否能满足自身的实际利益需要和自我价值标准来衡量对传播的意识形态话语的认同态度,这在一定程度上弱化了高校意识形态话语权的公信力。

因此,多种社会思潮挤占高校意识形态话语空间,对于辨别能力还不够强的大学生"微民"来说,极易导致主流价值观的偏离和对马克思主义信仰的淡化。

三、"泛娱乐化"话语倾向削弱了主流意识形态话语引领性②

"微叙事""形象叙事""娱乐叙事"虽符合"微平台"信息高速生产、受众快速浏览以及青年"微民"的心理特征,但冲击了"意识形态的认知体系和理性思维"。③ 主流意识形态话语、官方规范性话语和表述被"泛娱乐化"的话语方式解构。零碎的只言片语之间缺乏逻辑性和关联性,割裂了话语的整体性,不能形成话语体系,很难构建整体性认知,削弱了主流意识形态话语的整合力与引领性。此外,"泛娱乐化"话语倾向异化了网络文化,使网络文化失去了原有的思想引领与意识形态教育功能,弱化了"微民"理性思维的判断能力,进而影响其价值取向。

一方面,太过通俗化、大众化的意识形态"微话语"内容,缺乏一定的理论性,其解释力和说服力下降,对现实问题的指导性和回应力度不强,而任何真正的理论只有在立足实践对现实问题的解答中才能得到人们的认同和信服。另一方面,片面追求"泛娱乐化"的话语内容,忽略了对受众利益的关切和诉求,自然造成意识形态话语针对性不强和吸引力不够的情况。一种话语理论能否被人们接受,关键看它是否符合话语对象的切身利益和反映其利益诉求。学生是高校意识形态教育的主要话语对象,如果高校意识形态话语内容没有很强的针对性,不能很好地把握学

---

① 新华通讯社课题组.习近平新闻舆论思想要论[M].北京:新华出版社,2017.
② 徐礼堂.高校掌控"微空间"主流意识形态话语权方略[J].吉林师范大学学报(人文社会科学版),2020(4):109-115.
③ 张志丹.新媒体时代我国网络意识形态建设:危局、误读与突围[J].河海大学学报(哲学社会科学版),2017,19(1):7.

生的思想困惑和利益诉求,结合不同话语对象的身心发展特点、面临的具体实际问题开展有针对性的解疑释惑和意识形态引导与教育,就难以使其内心接受和认同所宣扬的意识形态价值观,也就会大大降低高校主流意识形态话语的引领作用。

四、"微平台"建设力度不强降低了主流意识形态话语传播力[①]

高校"微平台"媒介已成为发布消息、传播正能量、凝聚共识的重要渠道,其影响力不可小觑。但目前不少高校对"微平台"作用的认识和定位还存在一定的偏差,甚至出现"说起来重视,做起来忽视"的现象,建设力度有待加强。

一是网络媒体间的资源整合力度不够。随着信息技术和传播媒介的发展,目前除了传统的各大门户网站等网络新闻媒体外,常见的还有公众号、视频号、微博、抖音等网络新媒体社交平台,不同的媒体类型表现形式多样,呈现各自的优势,发挥着不同的功能。高校要有效实现传统网络媒体和新媒体的资源整合,发挥各类网络媒体的信息传播合力,扩大社会主义主流意识形态话语的覆盖面。当前,绝大多数高校在对网络媒体的资源整合优化和融媒体的发展上提出了实施推进方案和举措,但在真正落实和取得成效上还有很大的空间。

二是平台版块内容议程设置与受众需求契合不紧。在"微传播"时代,利用"微平台"开展"微教育",通过"微对话"进行"微引导"是高校意识形态工作开展的重要途径和方式。当前,绝大多数高校都注重"微传播"平台的主流意识形态话语主题内容的议程设置,并取得了一定的成效,但是在对平台内容的更新和维护以及契合青年学生特征需求的原创性意识形态主题内容设置上,做得还不够,有些内容不能完全满足受众主体的需求,导致内容吸引力不强,"微主体"关注度不高,在一定程度上影响其传播力。

三是"微平台"的建设与管理尚未形成一套比较成熟的保障机制。维护"微平台"的正常运营,需要加强平台管理人员队伍建设、注重技术研发、保障经费投入、健全管理制度等一系列举措,以充分发挥"微平台"的意识形态教育功能。但从目前来看,有部分高校的"微平台"建设与管理的运行队伍人员配备不足,保障平台日常运行的采编、审稿、回帖、舆情关注等专业人员不全,并且人员流动性比较大,队伍不稳定,工作时长也不能正常保证;平台技术更新升级、人员培训、奖励激励等方面经费投入力度有限,难以调动并激发这些高校意识形态话语主体的热情。此外,对平台的舆情监管、反馈、引导等管理制度也不健全和完善,在一定程度上降低了主流意识形态话语在高校师生中的影响力和传播力,增加了"微空间"高校意识形态话语权的构建难度。

---

① 徐礼堂.高校掌控"微空间"主流意识形态话语权方略[J].吉林师范大学学报(人文社会科学版),2020(4):109-115.

第六章 "微传播"时代高校主流意识形态话语权构建理路

本章在准确把握相关核心概念与基本理论的基础上,立足目前"微空间"高校主流意识形态话语权建设存在的问题及面临的新考验,根据"微空间"高校主流意识形态话语权生成机理和其话语体系传播规律及生成效果考量维度,继承既有社会主义意识形态领域建设的优良传统与宝贵经验,特别是党的十八大以来高校主流意识形态话语权建设取得的成就,确立"微传播"时代高校主流意识形态话语权构建应遵循的原则,合理规划其构建机制,科学制定其构建策略。

第一节 "微传播"时代高校主流意识形态话语权构建原则

"微空间"高校主流意识形态话语权构建既是一个系统的理论问题,也是一个急需解决的现实问题。结合"微空间"意识形态话语体系传播新特点和新规律,以及新形势下高校意识形态话语权建构的特征和要求,在多元化需求驱动下提出"微传播"时代高校主流意识形态话语权构建需要遵循的原则。

一、总构建原则:坚持"两点论"与"重点论"相统一

前文已经论述,"微空间"意识形态话语权生成的有机系统包含内部矛盾系统和外部矛盾系统。其中,内部矛盾系统由话语主体要素、话语客体要素、话语主题要素、话语载体要素、话语形式要素、话语效果要素等相互联系和相互作用而构成,外部矛盾系统由内部的结构元素与外界社会环境发生联系和作用而构成。"微空间"高校主流意识形态话语权实现过程,是其系统结构的内部各要素之间、内部要素与外部环境之间相互作用的复杂运动过程,是在处于支配地位和起着决定作用的主要矛盾与处于从属地位的次要矛盾系统的相互作用下共同完成的。该系统结构的内外矛盾系统中各要素分别以一定的功能和相对稳定的组织秩序组成了高校

主流意识形态话语权结构系统,每个要素的存在及其作用的发挥相互依存,某个要素发生变化,必然会引起其他要素随之改变,并引起系统整体的变化。

"微空间"高校主流意识形态话语权构建要始终围绕话语权生成的系统各要素和谐整体推进,同时又要抓住这个矛盾系统中的主要矛盾,即坚持"两点论"与"重点论"相统一。坚持"两点论"原则,就是要注重该有机系统构成的各要素的水平,努力达到各要素既协调统一,又共同发展。坚持"重点论"原则,就是要重点解决系统要素运行中的主要矛盾问题,注重协调处理内部系统中的话语主体要素和话语客体要素间对立统一的关系,促进"微空间"高校主流意识形态话语体系设置科学合理,共同发力。

马克思曾指出,"思想要得到实现,就要有使用实践力量的人。"意识形态话语权建设关键在"人",已取得的话语权建设的成功经验表明,"微传播"时代高校主流意识形态话语权构建既要注重打造一支高素质的马克思主义意识形态话语生产和传播队伍,全面发挥话语主体的主观能动性,形成高度话语自觉和理论自信,又要紧密结合话语场域与语境,广泛关注受众群体的思想特点、现实需要和诉求表达,采取合适的话语途径与方式,形成良好的意识形态话语传播生态,促进高校意识形态话语主客体间的有效对话和积极互动,从而达成"微传播"时代高校主流意识形态话语传播效果。

二、基本遵循原则:坚持党性与人本性

坚持党管意识形态,党牢牢掌握意识形态工作的领导权、管理权和话语权,是百年来中国共产党在长期革命和建设实践中形成的优良传统和重要原则,也是巩固党的领导的重要基础。而党性和人民性从来是相一致的,坚持以人民为中心,彰显人民主体地位,充分体现以人为本的思想,时刻关注民众心声,体现人民群众的根本利益和诉求,是中国共产党赢得意识形态话语权的根本保证。在"微传播"时代意识形态话语权构建过程中必须将党性和人本性作为基本遵循,否则将会使意识形态话语权构建失去正确的立场与方向以及坚实的群众根基。

首先,充分彰显意识形态的党性原则,始终突出党委对高校意识形态话语权构建的全面领导。习近平总书记指出,"加强党对教育工作的全面领导,是办好教育的根本保证。"在当前新形势下,特别是面对网络新媒体空间新的意识形态话语传播格局,我国教育承担着为中国特色社会主义事业培养建设者和接班人的根本任务,必须一以贯之地加强党对高校意识形态领域工作开展的绝对领导,实现教育为党育人、为国育才,着力解决好高等教育"为谁培养人"的根本问题。高校意识形态话语主体要旗帜鲜明地坚持党性原则,严格落实意识形态工作责任制,切实使党员领导干部做到守土有责、守土尽责、守土负责,着力解决党在高校意识形态工作中

存在的"宽、松、软"问题;牢牢把握校园网络平台建设和管理的主导权和发展权;提高校园媒体的舆论引导力,用社会主义主流意识形态主导青年学生的思维方式和行为模式,充分发挥校园文化的意识形态载体作用;创新话语表达形式,提升青年学生对社会主义意识形态的认同感;加强校园网络媒体监管机制,构建信息畅通途径与渠道,筑牢网上意识形态阵地等。

其次,坚持人本性原则,新时代意识形态话语权构建要充分体现"为谁而建""为谁的利益的实现而建"的明确目的。只有强调人民群众的主体地位,时刻关注民众的心声,从高校师生的实际需求出发,构建符合时代特征,满足师生切身利益与诉求的意识形态话语,才能得到人民群众的信服和拥护,才能树立起主流话语的威信,发挥引领与指导作用。"微传播"时代高校意识形态话语权构建要始终将师生利益和诉求作为实现意识形态话语效果的出发点与落脚点。积极搭建话语平台,丰富话语内容,建立多样的话语传播途径,畅通师生合理化诉求和反馈渠道,及时帮助其解决实际困难,科学预测研判舆情动态,采取有力举措,不断优化意识形态话语传播环境,使马克思主义意识形态话语在"微空间"得到有效传播。

事实上,坚持人本性,坚持以人民群众为中心也就是坚持党性,没有脱离党性的人本性。主流意识形态话语权要得到绝大多数人的认同和接受,就必须代表和反映占统治地位的社会主体的阶级利益。高校意识形态话语权构建,要全面贯彻党的教育方针,将新时代党的创新理论同高校师生的思想教育和利益需求相结合,并落实为其自觉的实际行动,从而为高校主流意识形态话语权构建提供坚实的群众根基。

三、具体构建原则

(一) 原则一:以主导性引领多样性

在"微传播"时代,话语传播过程中"微传播"主体呈现多元化、"微信息"内容呈现碎片化和巨量性、"微传播"渠道和媒介呈现多样性,对"微传播"活动中话语信息的取舍与甄别、话语主体的影响力与选择、传播媒介的筛选和建设等提出了新情况与新挑战,主流意识形态话语权构建必须坚持一元或主流主导性原则,体现出其在"微传播"活动过程中的支配地位和作用,其本质上是引领多样性,形成兼容而非排他的唯一性,建成多元共存、一元主导发展的格局,以增强其自身的生命力和权威性。

1. 用一元化指导思想主导多样性社会思潮

中国革命建设和改革发展的实践是在承认思想多样性的基础上坚持马克思主义理论思想的指导地位,并在实践中不断丰富和创新发展其意识形态内涵,在一元主导、包容多样中最大限度地形成社会统一的思想共识。在"微空间"虚拟社会中存在着多元复杂的微文化和社会思潮,呈现交锋、交流、交融的态势,不同的利益诉求或阶级立场表现出不同的思想观念和价值追求,必须始终坚定马克思主义在意识形态领域的一元主导地位,用马克思主义科学思想体系引领和统摄多样化社会思潮,指导和推进高校意识形态话语权构建,牢牢把握马克思主义意识形态的领导权、管理权和话语权。当然,坚持马克思主义思想在意识形态领域的指导地位,并不是否定和排斥打压其他一切非主流社会意识和社会思潮,主导是在多样性下的主导,多样性强调的是在主导统领下的多样。事实上,马克思主义意识形态理论是一个开放的理论体系,尊重差异,在吸收借鉴各种社会思潮积极的思想内容中不断丰富和发展理论,引领整合其他社会思潮;在发展多元文化的过程中,确立自己的主导地位。"微空间"高校意识形态话语权构建,需要把握好马克思主义与其他社会思潮的关系,坚持一元化主导与求同存异相结合的原则,在尊重差异中扩大社会认同,在包容多样中形成思想共识。

2. 建设意识形态主流话语队伍主导话语传播方向

"微传播"彻底改变了传统的信息传播模式,话语主体多元,信息传播多向,传播过程更为分散,党政机关、思想政治工作者失去了话语传播垄断权,话语信息传受一体,使"微传播"者更为自由地表达意见和建议、参与话题讨论并表达观点,以及接收"微传播"媒介平台的各种信息。面对"微空间"多元传播者的生成,高校意识形态话语权构建的"微传播"话语主体,即高校思想政治教育工作者要在"微传播"价值关系的生成中发挥主导作用,全面了解和统筹掌握"微空间"意识形态话语传播规律和话语权生成规律,提高媒介素养,科学设置议题,引导舆情动向,主导话语方向。

3. 打造主流媒体意识形态话语权的主导地位

在信息化时代,话语传播平台多样,受众接收信息的渠道众多,话语传播从原来的单向传播转为多向传播,传播形式也是线上、线下、线上线下混合等。面对"微传播"媒介多样多元的文化传播生态,要着力打造主流传播媒介在"微传播"模式构建中的主体价值引领作用,发挥其在意识形态话语传播中的主导地位,要极力规避以资本力量和技术因素操控话语传播平台的价值导向,深入推进以主流"微传播"媒介为主体的各媒体相融合,使其整合并引领社会思潮,规范话语主题内容的生产和传播,将社会主义主流意识形态话语嵌入不同的网络社群,使其成为高校师生在各种自媒体传播平台中主动接受并乐于传播的主流话语。

(二)原则二:以继承性探索创新性

继承与创新是一个问题的两个方面,两者之间紧密联系,形成对应统一的辩证关系。继承是指对原有事物中的积极因素和合理部分继续保留,是否定中的肯定;

创新是指新事物的产生或转变,是扬弃。继承是创新的基础,创新是继承的发展。在"微传播"时代,高校主流意识形态话语权构建,一方面,在传统媒体与"微传播"新媒体的关系上,传统媒体长期以来在高校主流意识形态话语权构建上已形成比较成熟的话语传播机制,积累并取得了比较丰富的传播经验。"微传播"作为新兴话语传播形式,要立足于传统媒体,积极汲取其合理的、优秀的传播机理,不断完善和发展自身,同时又要与时俱进,适应时代发展的要求,创新话语传播机制,弥补传统媒体在传播发展中的不足。此外,还要深入推进传统媒体与新兴媒体的深度融合,合力打造立体多样的高校主流意识形态话语传播新机制。另一方面,面对新时代意识形态领域国内外出现的新情况、新问题,高校主流意识形态话语权构建要审时度势,因势利导,结合时代发展特点,在继承既有优良传统与宝贵经验的基础上,从意识形态话语权构成的系统要素出发,科学创设话语议题,注重转换话语主题,准确把握话语方向,创新话语表达方式,有效拓展话语传播载体,构建新的高校意识形态话语传播体系,以摆脱"微空间"马克思主义意识形态话语传播的困境,促进"微传播"媒体意识形态在高校的正向传播。

第二节 "微传播"时代高校主流意识形态话语权构建机制

机制是指构成事物的各个要素之间的结构关系以及其作用发挥的具体方式。建立机制就是将相互作用的元素连接为一个整体,每个部分不再是单独的个体,在整体与部分、整体与整体发挥协调作用的关系格局中形成管理运行规则、方式或程序。构建科学合理和高效的运行机制是确保事物有序正常运转和提高工作成效的重要保障。意识形态领域话语权构建的机制问题,就是回答和解决在"微传播"时代主流意识形态话语权构建及实现的方法论问题,需要紧紧围绕意识形态话语权构成要素间的作用关系,使其在"微空间"能协同运行,发挥相互促进的积极作用,保障高校意识形态话语权朝正向发展。笔者认为,坚持问题导向机制、实际诉求满足机制和系统优化协调机制应该是在"微传播"时代构建高校主流意识形态话语权的基本机制。

一、坚持问题导向机制

坚持问题导向是对马克思主义发展观和方法论的具体运用和坚持。习近平总书记指出,"要有强烈问题意识",要对"重大问题、关键问题进一步研究思考,找出答案,着力推动解决我国发展面临的一系列突出矛盾和问题"。随着经济社会的发展及"微传播"时代的到来,新情况、新问题不断涌现,层出不穷,意识形态话语权构建也面临新形势、新挑战。问题既是时代的声音,也是创新的起点和动力来源。我们应正确认识、准确把握并着眼解决当前"微空间"主流意识形态话语权构建过程中出现的问题,提出新形势下高校意识形态话语权建设的新理念、新思路、新方法,构建高校意识形态话语新体系,推动高校意识形态工作理论创新。

一是要积极应对"微传播"意识形态工作面临的"最大变量"问题。"微空间"已成为一个极其活跃的信息集散地、思想交锋舆论场、众声喧哗的大擂台,是不同意识形态博弈和较量的新战场,深刻地影响着人们的行为习惯、思维方式与价值观形成。当前"微传播"平台舆论话语方向成为影响高校主流意识形态话语权生成的"最大变量"问题,"微空间"高校意识形态话语权构建要应势而动、顺势而为,从现实问题出发,坚持党委对学校新闻舆论工作的领导,严格落实意识形态工作责任制,切实使党员领导干部做到守土有责、守土尽责、守土负责,着力解决党在意识形态工作中存在的"宽、松、软"问题,以坚定的政治立场引导"微空间"主流思想舆论,把"微传播"平台从意识形态话语权构建的"最大变量"转变为"最大正能量"的传播媒介。

二是要积极回应话语受众群体关心、关注的社会热点问题。当今世界正经历百年未有之大变局,新一轮科技革命和产业变革深入发展。在我国的思想文化领域,各种社会思潮相互激荡、相互影响;社会阶层不断分化,不同阶层与群体的利益诉求更加多元;社会关系复杂多变,市场经济条件下功利主义、实用主义思想倾向明显;一些社会成员理想信念不坚定,思想道德滑坡,腐朽落后的文化思想涌动;一些敌对势力内外勾结,借助自媒体宣扬"马克思主义过时论""意识形态淡化论"。如此,各种社会矛盾相互叠加、集中呈现,意识形态领域斗争形势复杂多变。在高校主流意识形态话语权构建过程中,对新时期我国经济社会发展中面临的或出现的各种深层次问题和矛盾不能回避,面对自媒体舆论热点和突发舆情事件不能退缩,对高校师生普遍关注的社会热点问题要深入分析并以此为着力点,开展有针对性的社会主义核心价值观宣传教育,突出思想引领,创新教育教学途径,注重理论联系实际,贴近师生的生活需求,以通俗朴实的语言作出有说服力的积极回应和解答,解疑释惑,不断增强马克思主义理论对现实问题的解释力,提升青年学生对马克思主义的价值认同。

三是要解决教育者意识形态话语体系与师生对接存在的瓶颈问题。根据当前高校主流意识形态话语权建设现状可以看出,影响和制约高校意识形态话语权构建的问题中包含高校教育者主体角色意识不强和意识形态话语教育传播体系实用性不够的问题,具体表现为教育者的话语体系与青年学生的话语体系对接不上、不相适应,甚至存在冲突,再加上话语主体对主流意识形态话语传播的自觉性不强,造成了教育者的话语主导力、影响力和作用力不明显。"微传播"时代高校主流意识形态话语权构建要针对目前存在的薄弱环节发力,需要强化、提升教育者的理论水平和媒介信息素养,树立鲜明的文化自信主体意识,坚定政治立场,增强意识形态理论传播创新力。同时,应结合受众的特点,创新高校意识形态话语权建设的话语传播体系,协调处理好意识形态话语与生活实践、与时代特征、与对象需求、与表达方式等之间的关系,"软化"政治性话语、降低理论性内容的"硬度"和"强度",将抽象的、枯燥的内容进行柔性、具体化处理,建立"接地气"的、符合"微空间"话语传播特点的高校主流意识形态话语体系,增强意识形态内容传播的针对性和有效性,实现主流意识形态话语内化于心、外化于行的传播效果。

二、实际诉求满足机制

意识形态话语权构建过程需要充分考虑话语受众的利益诉求和实际需要。事实上,意识形态话语传播内容是否为受众认同和接受,在很大程度上取决于其实际诉求是否得到实现和满足。因此,高校在构建意识形态话语权时,需要把满足师生的实际诉求作为出发点和落脚点。

马克思曾指出:"'思想'如果离开了利益关系,就一定会使自己出丑。"[1]任何思想都基于一定阶级群体的利益,并为实现其某种利益而服务。所以,思想要想掌握群众,就必须反映群众的利益,在解决其实际诉求中解决思想问题。意识形态话语作为一定阶级思想内容的呈现,与社会利益密切关联。

实际诉求满足机制要求高校在"微传播"空间构建主流意识形态话语传播体系,要以话语对象的利益需要为价值归宿,关注话语受众的利益诉求,契合其实际需要,尊重主体差异性,调动广大师生通过"微传播"平台,积极参与到主流意识形态话语权构建中。

一方面,要结合话语受众的利益诉求,寻求意识形态话语权构建突破点。"微空间"既是一个各种思想观点交汇的舆论场,也是现实社会生活中的问题在虚拟空间反映的新平台。"微空间"话语传播的特性,致使其话语主体复杂多元,关系错综复杂,每个个体的利益诉求迥异且价值取向趋于务实化,倾向于从自身的利益需求和自我价值的实现来决定其意识形态话语思想取向。高校意识形态教育者要善于捕捉"微空间"话语受众关注的热点事件和舆情背后的利益逻辑,及时洞察并分析总结出不同群体在"微空间"所关注的利益需要和价值诉求,以采取有针对性的措施解决其关注的社会热点问题并满足其个人现实利益需求来作为高校主流意识形态话语权构建的重要观测点。

---

[1] 马克思,恩格斯.马克思恩格斯文集:第1卷[M].北京:人民出版社,2009.

另一方面,要贴近话语受众的现实需要,增进"微空间"主流意识形态话语认同。美国社会学家卡茨在1974年提出"使用与满足"理论,首次站在受众的立场角度,将受众对传播媒介的使用动机和获得需求满足作为衡量传播效果的基本标准,突出了受众的主体地位和能动性,打破了传统从传播者或媒介作用于受众的思路。"微传播"时代高校主流意识形态话语权构建,应充分利用"微空间"话语传播优势和传播特点,深入分析话语受众的思想动态、思维特征和话语习惯,要贴近受众生活实际,契合现实需要,不断拓展沟通渠道,倾听其话语心声,主动设置议题,增强平台话语内容生产的针对性和有效性,促进在与受众的互动交流中产生意识形态话语共鸣,达成价值共识。

三、系统优化协同机制

"微空间"意识形态话语权构建是一个复杂的理论问题,也是急需解决的现实问题,我们需要从系统优化和整体协同的战略高度审视"微空间"意识形态话语权构建。前文已经论述,"微空间"意识形态话语权的生成和实现,是由其系统构成的内外部多种因素共同相互影响和相互作用的结果。"微传播"作为一种新型媒介传播方式,其独有的信息生产与传播属性,为"微空间"主流意识形态话语权构建营造了一个复杂的话语生态环境,这给主流意识形态自身原有的话语体系带来了不适感,也对其话语权的实现造成了一定的冲击。因此,需要建立系统优化协调机制,既要从意识形态话语权构建的外部"微空间"价值生态系统进行优化治理,又要加强其自身内部系统构成要素的协同建设。

其一,横向机制系统治理。"微传播"空间作为一个虚拟社会构成的复杂系统,其舆论生态的形成、思想观念的生产与传递、价值取向等是媒介传播技术、受众群体利益诉求、话语场域情绪氛围等多种因素作用的结果。高校意识形态话语权构建在对"微空间"场域价值生态进行治理优化时,一方面需要从宏观战略角度整体认识和把握这些因素,明确各因素的管理部门及其责任主体,统筹协调线上虚拟社会与线下现实场景的话语监管与引导,关注舆情热点问题并及时疏导解决,筛选过滤低俗及错误舆论信息,鼓励支持优质自媒体平台发展。同时,通过整合各种积极的文化内容,协调发挥各部门的话语力量,有效调和"微空间"多元价值冲突,促进主流意识形态话语合力形成。另一方面,要遵循"微媒介"话语传播的发展规律,积极为"微主体"话语生产和流通营造宽松的空间,塑造有序的舆论环境,不能过度地进行干预和强制。

其二,纵向机制系统协同。加强意识形态话语权自身话语体系各要素间的内在协同建设,在话语传播理念上,由传统的管控压制向关注引导转变,增强"微空间"主流意识形态话语的引导力;在话语传播主体之间,要树立协同意识,尤其是高校各部门之间的协同,不断提升主流意识形态话语主体在"微空间"的主动力和影响力;在话语传播主题内容上,要将宏大叙事与"微言微语"、利益导向与思想问题解决相结合,增强主流意识形态话语在"微空间"的吸引力和信服力;在话语传播平台载体的建设上,要建立线上线下协同机制、新旧媒体融合互动机制、校园各级网络教育平台实时联动机制,形成多维立体、横纵结合的媒体传播矩阵,实现各类平台资源整合共享,共建共融,同频共振,形成传播合力,及时把握青年学生的思想动态和舆情动向,并积极有效应对,增强主流意识形态话语在"微空间"的掌控力。

第三节 "微传播"时代高校主流意识形态话语权构建策略

根据当前"微空间"高校主流意识形态话语权构建面临的境遇,结合"微空间"主流意识形态话语权生成与发展的内在机理,把握"微传播"时代网络新媒体传播规律与特点,坚持"微传播"时代高校主流意识形态话语权构建的原则与机制,并围绕其话语权实现考察维度,从话语主体建设、话语主题创新、话语客体需求、话语方式转换、话语载体拓展、话语环境优化等方面提出有力举措,探求"微传播"时代高校主流意识形态话语权构建路径,巩固和建设具有强大凝聚力和引领力的社会主义意识形态,使高校牢牢掌握"微空间"意识形态领域工作的领导权、管理权和话语权。

一、话语主体建设:提高主流意识形态话语主导力

高校要在"微空间"实现主流意识形态话语权,归根到底要靠人才和队伍。要培养和造就一批具有过硬"看家本领"、拥有"守土"意识和协同意识、成为"行家里手"的高素质意识形态工作队伍,致力于帮助师生解读马克思主义理论的科学性、先进性和真理性,理解"真学、真懂、真信、真用"马克思主义意识形态话语主题内容,做到"一'马'当先",在话语实践中有效传播习近平新时代中国特色社会主义理论体系的思想内容,主动承担起社会主义主流意识形态话语内容传播的时代使命。

(一)拓展意识形态话语主体队伍构成

目前,绝大多数"微空间"高校意识形态话语主体主要包括校园官方微博、微信、微视频和客户端等"三微一端"媒体,学校党委、思想政治理论工作者、辅导员、宣传部门、学生管理工作部门等专兼结合的意识形态话语主体队伍。

毛泽东同志曾说过,"为了建成社会主义,工人阶级必须有自己的技术干部的队伍"。也就是说,所有的无产阶级知识分子都应成为社会主义主流意识形态宣传、教育和研究的工作者,主动承担起主流意识形态话语生产、传播的重任,形成主流意识形态话语广泛的供给力和影响力。为此,基于"微空间"话语传播立体多向的特性,要打造"微空间"高校主流意识形态话语广泛的传播主体,提高话语生产和供给。针对高校青年学生,要塑造一批具有较高思想政治素养的网络新媒体主流意识形态民间宣教"代言人",建设以学生骨干、学生社区、教学名师等组成的民间话语主体,推进意识形态民间智库建设。发挥学生榜样力量的"朋辈效应"和名师优秀骨干的在线引领作用,对于"微空间"中的舆论"杂音",高校各话语主体能够共同发声,旗帜鲜明地增大主流意识形态话语音量,提升"主音",引导舆论方向,达成价值共识。对于出现的重大问题,能够第一时间发出权威的声音,做到先发制人、先声夺人,从而有效解决马克思主义话语"失声"的问题。

此外,高校意识形态工作各话语主体,除了结合各自的工作职责和工作范围发挥意识形态话语权构建的功能和作用外,还应形成话语主体队伍的合力,聚合形成"1+1＞2"的运行力量,形成意识形态工作师生协作、部门协调、院校共建、校内外联动、线上线下一致的高校主流意识形态话语主体队伍建设和构成机制,及时把握青年学生的思想动态和舆情动向,以积极有效应对、巩固和筑牢青年学生的思想防线。

(二) 加强意识形态话语主体的政治性

面对"微空间"话语场域中产生的消解主流意识形态话语权威的现象和事件,高校意识形态话语主体要有政治上的话语自觉,要主动发声、敢于发声和及时发声。各级党委书记是意识形态工作第一责任人,面对各种非马克思主义思潮,要旗帜鲜明,敢于"亮剑",承担起学校意识形态话语权构建的政治责任和领导责任,做好顶层设计,主动谋划和推动"微空间"高校主流意识形态话语权构建工作的开展。

习近平总书记指出,高校党委"要掌握高校思想政治工作主导权,巩固马克思主义在高校意识形态的主导地位"[1],并指出,"善于运用网络了解民意、开展工作,是新形势下领导干部做好工作的基本功"[2]。强调指出高校党委要巩固和发展在意识形态工作中的领导核心作用,增强政治意识,把握高校意识形态话语的正确方向。要像重视学科建设、科研工作一样,加强高校意识形态工作队伍建设,以突出政治上的坚定、思想上的进步、责任上的担当,优先配齐建强高校对马克思主义中国化理论的宣传、教育和创新研究的人才队伍,并根据马克思主义理论学科的特殊

---

[1] 任青. 守好意识形态工作的前沿阵地:"全国高校意识形态工作主导权理论研讨会"述要[N]. 人民日报,2017-04-10(7).

[2] 习近平. 习近平谈治国理政:第二卷[M]. 北京:外文出版社,2017.

性,制定符合其学科建设和发展规律的政策方案。高校各级领导干部要经常通过"微平台""潜潜水、聊聊天、发发声"①,走网络群众路线,了解师生的思想动态,回应师生关切的问题。

习近平总书记在学校思想政治理论课教师座谈会上指出,"思想政治理论课是落实立德树人根本任务的关键课程。思政课作用不可替代,思政课教师队伍责任重大"。②并指出高校思政课教师要落实好"培养社会主义建设者和接班人"这一重要政治任务。

高校哲学社会科学工作者要具有洞察世界发展局势,把握时代发展潮流的政治敏锐性,如今世界处于百年未有之大变局,要真正做到"方向明""主义真",能够站在时代发展的前列创新社会主义主流意识形态话语生产和供给,以广阔的眼界审视和把握中国特色哲学社会科学的发展,推进马克思主义中国化、时代化理论创新,自觉回答"时代之问""中国之问""世界之问"。

高校学生党员、学生干部等骨干队伍要加强先进性和组织性建设,牢记并积极践行习近平总书记对青年的殷殷嘱托,坚定理想信念,旗帜鲜明、坚持不懈地弘扬社会主旋律,成为传播正能量的典型示范和引导"微空间"舆论导向的主力军,帮助广大学生树立正确的思想意识,带动身边更多的青年学生紧密团结在党中央周围,"不负时代重托,不负青春韶华"。

(三)注重意识形态话语主体的理论性

马克思、恩格斯在《德意志意识形态》一书中指出,占统治地位的阶级思想呈现即主流意识形态话语生产,是由该阶级"积极的、有概括能力的意识形态家"加工创造而成的。也就是说,意识形态话语主体必须成为知识化、专业化的理论队伍。因此,应注重加强高校意识形态话语主体的理论素养,做坚定的马克思主义信仰者,坚守社会主义意识形态理论自信。

一是高校意识形态话语主体应保持高度的理论学习自觉。要研读马克思主义经典著作,深入学习习近平新时代中国特色社会主义理论体系和习近平总书记系列重要讲话精神,不断提升自身的思想理论水平,夯实马克思主义理论基础,坚定马克思主义信仰,增强主流意识形态话语的底气和话语的自信。特别是思想政治理论课教师,要"在马懂马""在马信马""在马言马",只有话语主体自身真学、真懂、真信马克思主义,才会增强对主流意识形态的话语认同和自觉践行,才会牢牢把握"微空间"主流意识形态话语方向,才会做好"引导大学生扣好人生纽扣,走好人生

---

① 中央网络安全和信息化委员会办公室.习近平总书记关于网络强国的重要思想概论[M].北京:人民出版社,2017.

② 吴晶,胡浩.一堂特殊而难忘的思政课:习近平总书记主持召开学校思想政治理论课教师座谈会侧记[N].人民日报,2019-03-19(4).

关键一步"这一良心工程,才会当好"微空间"高校主流意识形态话语的探索者和创造者,提升主流意识形态话语的解释力。

二是高校要加大青年马克思主义者培养工程实施力度。2020年6月,共青团中央委员会、教育部等五部委共同印发了《关于深入实施青年马克思主义者培养工程的意见》,要求高校始终坚持马克思主义在意识形态领域的指导地位,巩固和扩大党执政的青年群众基础,认真贯彻落实习近平总书记关于青年工作的重要思想,为党培养具有忠诚的政治品格、浓厚的家国情怀、扎实的理论功底的青年政治骨干。2023年1月,共青团中央委员会发布了《青年马克思主义者培养工程管理办法(试行)》,指出"青马工程"学员要增进对党的政治认同、思想认同、理论认同、情感认同,努力成长为具有坚定的马克思主义信仰、德才兼备、全面发展的社会主义合格建设者和可靠接班人。笔者所在高校(阜阳师范大学)极力将"青马工程"培训班打造成为培养青年马克思主义者的摇篮,引领青年成长成才,成为马克思主义理论家和宣传员的重要平台,目前已举办了22期培训班,参加培训的青年学生累计达8000人,并不断探索创新培训模式。高校应坚持把人才成长规律与青年马克思主义者的特殊要求相结合、理论与实践相结合、组织培养与自我教育相结合、集中学习研讨与分散分类指导相结合、阶段培训与长期培养相结合的原则,以科学的理念塑造人、以先进的理论武装人、以丰富的活动锻炼人,使青年学生对习近平新时代中国特色社会主义思想有强烈的理论认同、实践认同和情感认同,使更多青年学生在理论学习中进一步坚定理想信念,提高政治涵养,做忠诚的马克思主义信仰者;在实践中进一步坚定政治立场,勇担时代使命,做自觉的马克思主义实践者和传播者。

三是高校意识形态工作队伍要着力研究全媒体话语传播规律。习近平总书记指出,随着"全媒体不断发展",已"导致舆论生态、媒体格局、传播方式发生深刻变化",要"科学认识网络传播规律","使互联网这个最大变量变成事业发展的最大增量"。高校意识形态话语主体要主动把握全媒体发展规律、话语传播规律和受众接受规律,理清逻辑理路,加强全媒体时代意识形态话语权建设理论研究,掌握全媒体话语传播的主动性和科学性,整合意识形态教育资源,研究建立立体多维的意识形态话语现代传播体系,用党的创新理论占据全媒体空间制高点,用马克思主义科学理论引导舆论导向和价值取向,成为既具有较高政治理论素养,又熟练掌握现代传播技术及规律、学识功底深厚的专家学者,引领高校牢牢掌握"微空间"意识形态话语权。

(四)突出意识形态话语主体的实践性

当今"微空间"生活已经成为人们社会化生存的基本形态,意识形态话语主体在此新型社会生活空间要想产生广泛的话语影响力,就要通过积极的人际互动和自我互动,有目的地对"微空间"话语主题进行构建和设置,成为"微空间"话语传播的主导和代言人,从而强化主流意识形态话语的实践解释力和辐射力。

一方面,增强高校意识形态话语主体对"微媒介"的驾驭力,善于运用"微表达"。在"微空间"平台,每个个体都是信息生产、传递的主宰者,传播的内容形成什么样的舆论场是由个体的综合素质决定的。意识形态话语主体既要加强自身在"微传播"活动中的自我约束力,又要提高自身的价值判断力和面对良莠不齐信息的理性分析能力。高校可通过开展形式多样的媒介素养教育活动和网络技能培训,促进意识形态话语主体掌握"微平台"的使用技巧和运用技术,切实了解"微空间"的舆论环境特点与话语风格,掌握"微媒介"意识形态话语传播规律和青年受众群体的思想行为特征,增加对"微空间"舆论与信息的敏锐性和鉴别力,提升自己对"微言微语"的引领本领,掌控"微平台"话语表达的支配权。

另一方面,培育校园"意见领袖",当好高校意识形态话语的引导者和"微行者"。"意见领袖"在"微空间"中是能左右多数人话语倾向的少数人,具有很强的人际影响力、活动力和说服力,能主动设置话语议题,引领舆论走向,其"拥有理性意识、批判意识,是先进政治、社会理论的创制者和传播者、媒体言论发展的真正推动者,社会进步的真正启蒙者"。[①] 高校要在思想政治工作者、青年教师或深受学生信赖的辅导员、有威望的专家学者中培育一批专家型"意见领袖",通过专门的媒介传播理论知识的学习和系统的业务培训,使他们具有较高的"微媒介"素养、过硬的政治素质、敏锐的社会洞察力以及良好的语言表达能力,做"微平台"的话语"把关人"、主流信息发布人、微舆论"引路人",在"微空间"场域主动发声、敢于发声和善于发声,解决马克思主义在"微空间"中常常"失语""失踪""失声"的现实困境。

高校思政课教师、党员干部等思政教育工作者要通过各自建立的"微平台"努力把自己打造成为"红色意见领袖";校园官微要建设成为师生舆论引导、网情疏导和正能量传播的主阵地;高校学生社区要充分发挥青年学生的主观能动性,整合各传播平台的资源,精准聚焦社区学生的需求,着力解决学生遇到的问题,主动设置其关注的话题,将学生社区建设成为引领社区舆论场导向的"意见领袖";高校学科带头人、名师学者、青年骨干教师等要主动担负起主流意识形态话语传播的教育责任,通过自身在学生中的影响力,吸引更多的学生"粉丝"追随,成为"微空间"传播核心价值观的动力源。

二、话语主题创新:增强主流意识形态话语信服力

话语主题是话语内容的核心,是话语思想与价值倾向的呈现,话语主题设置需

---

① 安东尼奥·葛兰西.狱中札记[M].曹雷雨,等译.北京:中国社会科学出版社,2000.

回应时代课题与现实处境。在经济全球化、信息网络化、世界局势复杂多变的时代境遇中,话语主题设置要坚持马克思主义意识形态话语一元主导、多元差异的话语生态。在传承中华优秀传统文化和党在不同历史发展时期基于时代主题与使命的变化不断转换意识形态话语主题与内容的成功经验基础上;在回答和阐释现实问题,自觉应对时代变迁,把握时代脉络,吸收借鉴其他进步社会思潮中的有益成果,有力抵制各种错误和腐朽思想的干扰,使议题设置契合话语受众需求的基础上;在展望未来,不断创新发展马克思主义意识形态话语体系的基础上,深化马克思主义意识形态话语的价值引领,加强高校在"微空间"意识形态场域的话语主导权。

(一) 守正创新议题,创设优势话语

作为意识形态核心思想的话语主题,要具有信服力也就是彻底性,只有抓住事物的根本,触及事物的内生规律,才会变成人们认识世界的思想武器和改造世界的现实力量。在当前形势下,面对国内外各种社会思潮的裹挟、多元价值观念的交叠渗透,社会主义主流意识形态话语在一定程度上在一些空间范围内有时表现出"失踪"、影响力不强的状况,其主要原因在于意识形态话语议题的创设缺乏科学性、针对性和鲜活性。高校要秉持新发展理念,坚持以习近平新时代中国特色社会主义思想为指导,审视时代变革,使主流意识形态话语与时俱进,议题设置要体现时代性、创新性和发展性等。

一是意识形态话语议题要时刻保持先进性,体现时代发展特色,把握时代脉搏,契合时代发展的语境。时代是意识形态话语永远的语境,意识形态话语发展也映现着时代的进步和困惑。高校意识形态话语议题要涵盖马克思主义中国化的最新发展成果,始终保持内容的科学性和真理性,深入结合当前社会发展主题及师生的现实诉求,用体现时代特征的话语理论内容和自信话语引领社会潮流,解读社会发展变化,进一步彰显主流意识形态话语体系的当代价值。要唱响新时代"微空间"思想文化主旋律,用主流意识形态话语主题内容引领微思潮,将客观、理性的意识形态思想融入高校师生感性、具体的实际生活中,通过设置有针对性的话语主题内容,帮助其解疑释惑,抵制错误思潮的侵蚀,坚定"四个自信",讲好中国故事,实现话语议题与教育目标的一致性。

二是意识形态话语议题要包含我国优秀传统文化精髓。习近平总书记指出,"中华优秀传统文化是中华民族的突出优势,是我们最深厚的文化软实力"。唯有根植于中华优秀传统文化的沃土并从中汲取智慧,才能为构建和完善中国特色社会主义话语体系奠定深厚的文化底蕴,赋予优秀传统文化话语崭新的时代内涵和价值意蕴。创设蕴含中华优秀传统文化的马克思主义话语议题内容,以符合时代特征与需求的方式予以呈现,促进主流意识形态话语在传承传统文化的基础上创新发展,提升"微空间"文化品质,实现以文化人,增强青年学生的文化自信,提升民族自豪感。

三是意识形态话语议题要彰显社会主义主流意识形态的包容性。在"微空间"社会主义意识形态话语体系的构建中,话语议题设置需要从"一元独白"向"多元对话"转变,我们要主动参与全球话语整合,积极吸收借鉴人类文明的一切有益成果,进行话语资源创造性转化。马克思主义与时俱进的理论品质已体现出它是开放的、包容的、不断创新发展的理论体系。正如列宁指出的,马克思主义作为具有世界性历史意义的无产阶级的意识形态,"它并没有抛弃资产阶级时代最宝贵的成就",也从不排斥和打压其他社会思潮,"相反却吸收和改造了两千多年来人类思想和文化发展中一切有价值的东西"。① 事实上,马克思主义意识形态要想有效引领社会思潮,就必须直面客观存在的多样化社会思潮,在与不同意识形态话语的交流、交锋和碰撞中以世界眼光批判地吸收借鉴其他进步的优秀文化理论成果和思想方法,深入研究这些社会思潮的意识形态话语表达特征,有鉴别地拿来为我所用,在创新发展中增强马克思主义意识形态的生命力,主动融入国际话语体系,提升我国话语国际传播能力,对外讲好中国故事、传播好中国声音。同时,议题创设要坚守好意识形态话语包容性的底线,科学处理好马克思主义意识形态与各种非马克思主义思潮的关系,运用马克思主义的立场、观点和方法理性审视各种非主流意识形态话语思想,让高校师生在比较和鉴别中发现马克思主义意识形态理论的科学性和真理性,在尊重差异中扩大社会认同,在包容多样中形成思想共识。

(二) 丰富话语内涵,引领"微语"方向

优质内容是王道,"没有剧本何来舞台"。没有创新的话语内容,再好的话语表达形式和平台载体也无法抢占"微空间"意识形态话语权的制高点。内容为王,受众为大。高校应结合"微传播"的特质丰富马克思主义意识形态话语供给,在解决矛盾和现实问题中赋予马克思主义以新的时代内涵;整合"微资源",创新话语内容形式,体现内容的权威性,突出话语的亲和力,增强受众对话语的接受度和感染力。

1. 创新发展马克思主义理论话语

列宁指出:"没有革命的理论,就不会有革命的运动。"理论创新是实践创新的先导,实践发展需要理论创新。理论话语越反映现实、贴近实际,就越显示其真理性和科学性,就越具有强大的生命力,对实践的指导作用就越强。马克思主义理论话语的创新与发展为社会主义主流意识形态话语体系建设提供了学理支撑。高校既是马克思主义理论学习、宣传、研究的重要阵地,也是推进马克思主义话语体系发展的践行者。

高校马克思主义理论工作者"要原原本本学习和研读经典著作",加强马克思

---

① 列宁.列宁选集:第4卷[M].北京:人民出版社,2012.

主义理论话语研究和创新发展,立足时代发展和我国国情,将原创性、抽象性的理论逻辑转化为实践性、时代性、大众化的话语体系,用马克思主义中国化的理论成果和话语体系来阐释和解读中国社会的发展实际,在对重大理论问题的解释、对发展中矛盾问题的解决中凸显马克思主义的实践性,增强马克思主义意识形态话语的理论阐释力和现实说服力,以广泛凝聚师生的思想共识和价值认同。

高校要着力加强马克思主义理论学科规范化建设,将马克思主义理论学科设为重点建设学科,筑牢马克思主义理论话语创新的实践根基。高校应以全国重点马克思主义学院建设工程为契机,建设一支高水平的马克思主义理论教师队伍,出版一批集思想性、科学性、可读性于一体的精品教材,产出一批高质量研究成果,将马克思主义理论学科建设成为哲学社会科学优势学科,推进马克思主义理论学科话语建设和内涵式发展,彻底改变理论话语在青年学生理想信念教育、价值观塑造上影响力不大、感染力不强、说服力不够的情况,用马克思主义中国化、时代化的实践创新成果来增强高校主流意识形态话语的凝聚力和向心力。

思政课教师要主动进行马克思主义理论话语创新,彰显理论自信,把马克思主义理论特别是习近平新时代中国特色社会主义理论的最新成果讲深、讲透、讲活,使教材话语向教学话语转化,理论话语向生活话语转化,用网络话语对教材话语进行升级,"以透彻的学理分析回应学生,以彻底的思想理论说服学生,用真理的强大力量引导学生"和用厚重的文化底蕴涵养学生[①],将思政课打造为"金课",提升思政课话语体系的亲和力、吸引力和解释力。

2. 整合"微资源",融合大众话语

"微空间"海量的信息为增强意识形态话语内容的生动性和感染力提供了丰富的"微资源",高校要善于选择和合理利用这些"微资源",整合并储备丰富的意识形态话语素材,做好主流意识形态话语内容资源的开发,将宏大叙事向大众话语转换,引领"微空间"多元话语。一方面,充分吸收和借鉴网络空间平台发布的蕴含意识形态教育内容的观点、资讯、图片、短视频、音频、文献等资料信息,研究分析其话语类型与传播特点,合理地对其内容进行编码和重组,将理论话语、政治话语、教材话语同青年学生熟悉的生活话语、网络话语等大众话语结合起来,让意识形态教育内容通俗化、具体化、日常化,使青年学生听得懂、弄得清、易接受,形成富有感染力和说服力的意识形态话语风格。另一方面,加强主流意识形态话语对"微空间"多元话语的引领,研究甄别和分析判断"热搜"网络话语背后折射的价值取向与立场态度,以符合青年学生思维习惯的叙述方式创新主流意识形态话语表达,引导学生明辨是非,自觉抵制低俗话语和错误思潮,引领"微空间"话语方向,纠正话语偏差,构建"微空间"主流意识形态话语"同心圆"。

---

① 习近平.思政课是落实立德树人根本任务的关键课程[M].北京:人民出版社,2020.

(三) 回应现实问题,凝聚思想共识

"微空间"是一个折射现实社会问题和汇集各种思想观点的舆论场,意识形态话语要以问题为导向、以现实为依据、以受众普遍关注的社会热点问题为主要抓手,在回应时代问题、应对思想挑战和实现教育目标中做到先声夺人,以理服人。高校主流意识形态话语内容要融入师生话语生活,关注其话语心声,①抓准其话语兴趣与热情,讲出让学生想听、听得懂、用得上的话语。同时,根据师生的舆论热点走向,主动设置议题,抢占话语先机,引领社会思潮,增强师生对主流意识形态话语内容的认同,产生话语共鸣。①

第一,敢于直面发展中出现的问题,阐释澄清认识。随着我国经济社会发展和在现代化进程中长期积累的深层次矛盾加速显现,很多新情况、新问题不断涌现,多重问题和挑战交织叠加,要正视问题,不遮掩,不回避;对舆论中的热点话题、现实社会问题的聚焦和突发事件产生的舆情,要主动关注,不退缩,摒弃堵和说教。主流意识形态话语能否在"微空间"有效回应受众关切的理论与现实问题,解答受众的思想困惑,疏解人们的情绪诉求,澄清模糊认识,直接关系到主流意识形态话语的权威性和信服力。习近平总书记指出:"各级党政机关和领导干部都要学会通过网络走群众路线,经常上网看看,潜潜水、聊聊天、发发声,了解群众所思所愿,收集好想法好建议,积极回应网民关切、解疑释惑。"②"微空间"高校主流意识形态话语权构建要直面现实,通过科学设置话语议题引导师生客观公正地理性审视我国社会发展中出现的问题,创新话语艺术,以通俗的语言对师生提出的各种疑问和普遍关注的现实问题作出有说服力的应答,"对建设性意见要及时吸纳,对困难要及时帮助,对不了解情况的人要及时宣介,对模糊认识要及时廓清,对怨气怨言要及时化解,对错误看法要及时引导和纠正"。②通过对现实问题的科学阐释和回应,凝聚民心民意。

第二,坚决抵制错误思潮干扰,引导舆论走向。"微空间"已是意识形态斗争的前沿阵地和主战场,能否牢牢掌握意识形态工作的主导权和话语权,关键要看新兴媒体传播阵地的建设情况和掌握程度。思想宣传文化阵地,社会主义主流意识形态价值思想不去占领,就会使各种非马克思主义思潮来抢占。"微空间"主流意识形态是积极向上的,但也掺杂着许多杂音、噪音,对于鱼龙混杂的各种信息、错误的言论和主张、西方普世价值观的渗透等各种非马克思主义的错误思潮,我们必须敢于亮剑,进行伟大斗争,旗帜鲜明地予以抵制和批判、揭露和驳斥。习近平总书记强调,"坚持正面宣传为主,决不意味着放弃舆论斗争","在事关大是大非和政治原

---

① 徐礼堂.高校掌控"微空间"主流意识形态话语权方略[J].吉林师范大学学报(人文社会科学版),2020(4):109-115.
② 习近平.论党的宣传思想工作[M].北京:中央文献出版社,2020.

则问题上,必须增强主动性、掌握主动权、打好主动仗"。[①] 要巩固拓展"红色地带",加快转化"灰色地带",极力缩小"黑色地带"。正面回应和有效化解多元化社会思潮的挑战与质疑,厘清青年学生的思想迷雾,消除认识误区和盲区,合理引导"微空间"舆论走向。

第三,结合受众水平与需求,引领价值认同。意识形态话语传播的主题思想内容具有明显的阶级性和意识形态属性,在包含海量信息且信息阅读选择自由的"微空间"中,意识形态内容的价值思想供给,要结合不同话语受众的思想认知水平、接受程度和理解能力,采取适合其思维特点和满足其需求的传播内容,科学合理地做好议程设置,有目的地提升话语受众的思想境界,帮助其主动、自觉地进行思想认同与价值观念构建。高校意识形态教育内容要坚持以学生为中心的发展理念,倡导人文精神,紧贴大学生成长和发展的实际,在畅通与师生思想交流和沟通渠道的基础上了解和掌握师生的思想动态,回应其关心的问题,让师生体会到主流意识形态话语的温度,实施以文化人、以理服人,增强师生对主流意识形态话语的内心认同感。

三、话语客体需求:凸显主流意识形态话语主体性

主流意识形态话语权构建必须尊重话语客体的主体性地位。在"微传播"环境下,话语传播者与接受者是一种主体间的交往关系,一方面他们作为话语主体在"微空间"中形成地位平等的"主体—主体"关系,另一方面又以"微信息"内容为客体,在"微空间"中形成"主体—客体"的关系。意识形态教育者要重视受教育者存在的差异性,尊重其对"微信息"的选择权和话语表达权,善于倾听受教育者的意见与利益诉求,并引导其提升对"微信息"的分析研判能力,理性进行信息选择和话语表达,使其认同和接纳教育者的意识形态话语内容。近年来,部分高校意识形态工作存在边缘化、空洞化的现象,除了受社会大环境等客观因素影响外,在很大程度上忽视了话语客体的主体性地位。

(一)尊重个性化主体特征,增强"微语"针对性

美国传播学学者卡尔·霍夫兰于1946年最早提出个体差异理论,这是关于大众传播媒介信息与受众接受效果的影响因素方面的理论。该理论认为,受众对大众媒介传播的信息会因个体的兴趣、价值观、信仰等差异,对接收的同一信息作出不同的认识和理解,采取不同的态度和行为,产生不同的传播效果。个体差异理论的"选择性和注意性理解"观点,对今天意识形态话语权构建要了解和掌握受众的

---

① 习近平.论党的宣传思想工作[M].北京:中央文献出版社,2020.

特点和需求,从尊重受众的角度进行话语传播活动,仍具有指导意义。面对差异化的受众主体,在意识形态话语传受过程中要重视话语接受主体间的差异,从其个性倾向、心理特征等出发,关注话语传受间的互动关系,采取分层、分类、分重点的话语策略,以增强"微空间"意识形态话语传播的针对性与实效性。

一方面,深入分析各类受众群体的话语接受习惯。在"微传播"时代,网络信息获取渠道畅通便捷,人们思想活动的多样性、独特性、差异性日益增强,青年学生作为"网络原住民",思维活跃、思想开放、价值需求多元、个性化心理特质明显,个人需求、偏好也呈现多样性。高校思想政治工作者要不断健全学校与师生间的思想沟通渠道,通过调研、座谈、走访等多种形式了解和掌握师生的思想动态与实际需求,主动倾听其意见与建议,把准青年学生的认知水平、兴趣爱好、表达习惯等个性特征,根据受众的话语接受规律与接受方式采取因材施教的策略。

另一方面,主流意识形态话语传播满足话语受众差异化的需求。根据话语受众不同思想行为的特点及需求,突出分众性,个性化定制和推送意识形态话语内容。话语传播内容在系统分析话语受众的专业背景、接受能力、成长环境等差异性前提下,用适时的话语场景、能接受的话语表达,有针对性地推送话语主题思想;话语形式结合受众的信息需求特点和利益诉求背后的实质缘由,用富有生活气息和易于话语客体理解的大众话语,促进话语受众真正感受话语主体的思想温度,并引导其理性表达个人意愿。同时,"微传播"是一种受众精准化传播。例如,个性鲜明的微信公众号,能够针对特定群体实施"点对点""点对面""面对面"的信息推送,可结合不同话语受众的多样化需求,推送个性化、有针对性的信息内容,并且信息更新迅速,话语传者的活跃度和"微民"的关注度都很高,既能很好地与话语受众在互动交流中达成思想价值共识,也能极大地提高话语受众的满意度,实现主流意识形态话语内化于心、外化于行的传播效果。

(二) 关注话语客体利益诉求,增加话语实效性

主流意识形态话语只有掌握了受众对象才有说服力。利益是思想理论的基础,追求利益是一切行动的动因。意识形态作为价值观念的思想表达,反映着利益关系的现实状况。马克思指出:"人们为之奋斗的一切,都同他们的利益有关。""'思想'一旦离开利益,就一定会使自己出丑。"[1]这深刻揭示了思想问题解决和利益诉求实现之间的逻辑关系。快节奏的生活方式使人们的价值取向趋于务实化,"微传播"媒介技术的运用为不同阶层表达利益诉求提供了新的渠道,现实生活中的物质需要满足程度和实际问题解决情况直接影响人们在"微空间"中价值观念的呈现、信奉信仰的追求和行为方式的表达。也就是说,如果高校意识形态工作者传

---

[1] 马克思,恩格斯.马克思恩格斯文集:第1卷[M].北京:人民出版社,2009.

递的话语思想和政治主张契合师生的现实需要和价值观念,能充分考虑到或能最大限度地实现师生的利益诉求,那么所传递的意识形态话语才能被师生认同和接受,才会产生话语效力。如果忽视话语接受者的利益,与其需求相脱节,那么必然会导致思想传递受阻,话语传播失效。因此,需要在解决利益诉求中解决思想问题,提高主流意识形态话语传播的实效性。

高校意识形态工作者要深入师生日常生活中,全面了解和掌握不同年龄、不同学科专业、不同区域群体的思想动态、成长需求和利益主张,洞察"微空间"热点事件与敏感话题背后的利益逻辑,分析支配其行为的价值追求,关注其利益诉求与话语心声,积极回应其现实关切的问题和发展新期待,帮助解决其生活中的实际问题。将马克思主义理论话语宣传同青年学生的认知水平、成长需求和解决其实际困难相结合,主流意识形态话语传播同青年学生的多元利益满足、话语接受规律和缓解其思想困惑相统一,能够切实维护意识形态话语客体的主体立场,真正最大限度地满足其现实需要,在与师生的交往实践与利益满足中提高高校意识形态话语的针对性与有效性。

此外,高校意识形态教育者要结合青年学生的成长需求特点和学校、学院、学科专业特色,整合汇聚优质教育"微资源",开展服务于学生学习、生活和成长需要的形式多样的教育实践活动,全方位多维度地服务青年学生成长成才。近年来,笔者所在高校(阜阳师范大学)围绕"三全育人"的目标,组织开展青年学生喜爱的校园"微文化"活动,满足学生的精神需求。例如,通过"遇见·我的大学"新生入学教育系列微视频征集评选活动,发掘、宣传和推广学校独具特色的校园文化,增强学生爱校荣校的意识;开展"学生资助诚信教育"优秀微视频大赛,积极培育和践行社会主义核心价值观,不断增强学生的诚信意识和责任担当;组织爱国主义精神理论宣讲微视频大赛,进一步加强新时代爱国主义教育,增强全体师生的爱国主义情怀;征集法治主题的漫画、故事、微视频作品,深入推进社会主义法治文化建设向纵深发展;等等。通过一系列不同主题的活动,实现社会主义主流价值思想观念从宣教型向熏陶感染型转变,使学生在实践参与中潜移默化地得到价值引领。

(三)加强媒介素养教育,提升"微语"研判力

"媒介素养"一词最早由英国学者利维斯和他的学生丹尼斯·桑普森提出,20世纪初美国媒介素养研究中心对"媒介素养"的概念进行了界定,其强调的是受众对接收到的来自各种媒介的信息所表现出的处理方法和态度以及内在的素质和修养。在"微传播"时代,"微媒介"素养指的是除了熟悉"微媒介"技术的运用和了解"微媒介"的信息传播特点外,面对日益复杂的"微媒介"生态,个体在"微媒介"信息接收和传播过程中所表现出的信息理解能力、辨别能力、选择能力、表达能力以及

创造和使用能力等。① 现代社会每个个体都是"微媒介"公民即"微民",并且既是信息接收者也是信息传播者。加强"微民"的媒介素养教育,提升其对信息的分析研判能力,特别是对网络空间不良思想文化或意识形态话语信息的抵御、批判和正确识别能力,增强免疫力,是高校意识形态话语权构建的重要环节。

作为"微信息"的接收者,应具有对接收的媒介信息进行分析与理解的能力,以及积极有效地利用媒介信息的基本素养。一是具有对媒介信息的基本认识力。网络空间形成的虚拟社会生态,有时其话语信息内容不一定完全是对客观世界的真实反映,而是受现实社会的政治、经济、文化和价值观等多种因素的影响,通过对信息进行加工、刻意筛选再传播而达到某种目的。为此,作为青年"微民"首先要有对接收的媒介信息基本的认识判断素养。二是具有对媒介信息的理性辨识力。受众要学会运用自己的知识、经验和阅历对接收的媒介信息内容的是非曲直、特征意义等进行理性分析,表达自己的观点见解与评价意见,表现明确的或接受或抑制的态度,而不是人云亦云,盲目跟从。三是具有对不良媒介信息的免疫力。网络媒介空间信息泥沙俱下、良莠不齐,受众要有对低级庸俗、色情暴力、消极思想等不良媒介信息的免疫力,认清其危害性。这需要青年"微民"不断丰富自己的理论知识,提升自身的信息处理能力,从而对接收的媒介信息进行正确解析,并有效运用"微媒介"来完善和发展自我。

"微信息"的传播者可能是职业媒体人,也可能是普通大众。互联网时代,已打破传统媒体人的话语垄断权,人人皆可成为信息传播者。所以,要建立良好的"微空间"话语生态,需要提高"微信息"传播者的媒介素养,自觉接受"微媒介"素养教育,遵守网络空间制度规范,充分认识互联网空间也不是法外之地,不触碰道德底线,了解和掌握媒介传播的实质与意义,成为真正意义上的"微信息"传播者。

"微民"个体可成为信息传受一体者。"微传播"时代,以个体为单位的传播力量被充分激活,并成为重构媒介生态的重要力量。人人皆可成为"微空间"话语议程的设置者,进行信息的生产、加工、分享和传播。特别是作为"拇指族"的青年群体正是"微传播"的主力军,他们不仅要提高自身对各种媒介信息的解读和运用能力,还要强化自身的传媒职业素养,积极创建和谐的媒介环境。

为此,高校可通过开设专门的媒介素养教育通识课程,进行专题讲座或报告,开展媒介素养实践教育活动,引导青年学生在信息接收解码的过程中提高其对媒介信息的真伪辨别能力,养成批判性思维,维护正确的价值导向;在信息传播编码的过程中,强化自律意识,提升社会责任感,传播正能量内容。同时,应提高媒体人的从业道德和职业素养,坚决杜绝传播错误思想信息,及时屏蔽虚假信息传播。此外,高校宣传部门、学生工作者要有较高的媒介素养,发挥媒介的"把关人"作用,时

---

① 徐礼堂.高校掌控"微空间"主流意识形态话语权方略[J].吉林师范大学学报(人文社会科学版),2020(4):109-115.

刻关注"微媒介"平台讨论区信息,积极引导舆情,运用技术手段有效地选择和过滤终端信息,净化网络空间,提升"微文化"产品内涵。通过一系列的媒介素养教育和引导,增强"微民"的媒体自觉,规范信息传播行为,抵御不良信息和错误思潮的影响,将"微传播"作为提升自身的有效载体,促进对高校主流意识形态话语的认同与接纳。

四、话语方式转换:彰显主流意识形态话语时代感

理论要想发挥指导作用,为人们所掌握并变成强大的思想武器,就必须改变晦涩难懂,缺乏影响力、吸引力和时代感的呈现形式。意识形态话语权的实现,在一定程度上取决于意识形态话语表达的力度。采取为受众所认同和接受的话语表达方式,是意识形态话语达到预期宣传效果的必要路径。马克思主义认为,内容必须通过形式表现,形式要为内容服务。马克思主义意识形态内容的科学性要通过合理的话语表达,才能更加彰显其科学性和真理性。针对当前高校马克思主义意识形态话语尚存在难听进、说不服、传不开等困境,关键在于话语表达方式大多"唱着空洞抽象的调头",缺少"新鲜活泼"和"老百姓喜闻乐见"[①]的话语形式,官方的学理性话语较多,传统的说教形式常见。习近平总书记曾指出,要想让党的创新理论"飞入寻常百姓家",就要加强传播手段和话语方式的创新和转变。"微空间"多种话语体系并存,高校意识形态工作者要准确把握新时代青年学生的认知规律和接受习惯,关注其现实生活实际,将马克思主义话语向个性化、通俗化和大众化的生活叙事表达方式转换,使之更好地适应时代发展的需求,更广泛地为受众所关注。

(一) 传统式表达向"微话语"转变,提升话语的新颖力

"微空间"信息流动性强、更新也很快,信息的高速流动性催生了碎片化话语的产生。碎片化话语语境的形成,在一定程度上反映出了现代社会碎片化特征和价值体系多元化的时代背景,同时又迎合了差异化的多变受众的需求,体现出信息传播模式的变革。简洁精悍的话语呈现出形式多样的表达,使"微空间"话语形式立体多样,富有感染力。德国社会学家卡尔·曼海姆指出,"人们并不是根据各种陈述和命题认知话语体系,而是根据现实的人的生活情景去感知它。"高校要把握"微空间"话语传播新特质和新规律,运用好"微手段",做好主流意识形态话语的"微传播",话语表达要契合"微空间"话语传播特点,遵循"微空间"信息生产、传输和消费规律,避免传统语境的宏大叙事和严肃的知识逻辑。

一是运用"微民"喜闻乐见的"微方式",说些"微民"喜欢听、愿意听、听得懂的

---

① 毛泽东.毛泽东选集:第3卷[M].北京:人民出版社,1991.

意识形态话语。以故事化和通俗化的形式表达党的主张和要求,将习近平新时代中国特色社会主义思想的学习、宣传、教育全面融入"微民"的日常生活中,打造形式多样的"微精品",并通过微博、微信、抖音等"微传播"途径进行广泛传播。用习近平新时代中国特色社会主义思想来阐释对重大敏感事件的正确认识,回答"微民"关心的问题,使主流意识形态话语既有理论深度又具情感温度,更易为"微民"所理解、认同和接受,让"微民"在思想观点沟通和碰撞中自觉提高政治觉悟,形成正确的价值取向。

二是综合使用微视频、微动画、微电影、微小说、漫画等"微形式"来宣传意识形态内容。例如,"三严三实"等系列漫画,"一带一路"《大道之行》动画,《中国梦》《千年之恋》等歌曲。丰富多彩、幽默诙谐的文体风格和生动形象的"微言微语",尤其符合青年"微民"的兴趣,极大地丰富了社会主义主流意识形态传播的多样性和生动性、话语形式具体化和生活化,增强了主流意识形态话语的吸引力和亲和力。①

三是吸收自媒体用户的网络流行语来表达和传播意识形态的政治性话语。①"微空间"话语表达要迎合青年"微民"的阅读习惯,符合其认知特征与规律,使话语体系"微"语化。深度挖掘和研究网络流行语,融合网络话语资源,改变传统的"言必希腊""语必马列"的话语风格,用音频、视频、图片等,把理性、抽象的意识形态理论蕴含于感性、具体的表现形式之中①,将知识性与趣味性和生活化相结合,提高与学生实际生活的黏合度,以此激发学生的话语热情,拉近与青年学生的心理距离,使社会主义意识形态与其思想同频共振,不断增强"微民"对主流意识形态话语的认同度。

(二)理论性话语向大众化转变,提升话语的感染力

"微空间"的话语传播,通常以生活化、通俗化的话语表达方式,表现出简洁明了、平实质朴的语言风格。主流意识形态作为一种科学的核心价值观念体系,具有一定的政治性、理论性和学术性,通常需要采用宏大叙事的传播模式,但与生活化的大众叙事方式并不完全对立。事实上,宏大叙事与生活化的大众叙事可以相互结合、相互补充。"微传播"贴近民众生活实际,其富有感染力和吸引力的话语形式,为推进马克思主义意识形态理论大众化传播搭建了平台。习近平总书记强调要提高社会主义主流意识形态话语的质量和水平,"让群众爱听爱看、产生共鸣"。这就要打通官方与民间两个舆论场,改变长期以来主流意识形态话语偏重理性、宏大叙事的表达方式,促进政治话语、学术话语与大众生活化话语有机融合,重塑主流意识形态话语传播体系,实现主流意识形态话语风格的学理逻辑与生活逻辑的双重统一。

---

① 徐礼堂.高校掌控"微空间"主流意识形态话语权方略[J].吉林师范大学学报(人文社会科学版),2020(4):109-115.

高校意识形态话语权构建要高度重视意识形态话语的通俗化和生活化。高校意识形态工作者要将学理性、抽象性主流话语内容通过包括艺术形式在内的多种"微叙事"方式,更加贴近"微民",运用"微语言"形象化表达,使"硬"道理"软化",变为"微民"听得懂、记得牢、喜欢听的感性话语与大众话语,使政治话语与生活话语相贯通,以潜移默化的方式增进对主流意识形态话语的理解、接受与认同。

习近平总书记倡导并善于运用生动形象的话语方式来表达社会主义意识形态价值观。例如,"照镜子、正衣冠、洗洗澡、治治病""拍苍蝇、打老虎""鞋子合不合脚,自己穿了才知道"等。用最通俗、平实质朴的语言表达出深邃的理论内涵,主动揭示问题、回应问题和解决问题,在提升政治语言魅力的同时提升主流意识形态话语表达效能,增强主流意识形态话语的解释力,彰显出中国特色社会主义的"四个自信"。此外,譬如"厉害了我的国""马哲有点甜"等"大白话""接地气"的网络语言既简洁、通俗易懂又使意识形态话语与时俱进。①

为此,高校意识形态话语传播者和表达者在了解和掌握青年学生思想实际、理论困惑和关心关注的现实问题的基础上,善于运用更生动、更通俗易懂的大众化语言来传达主流意识形态的核心诉求,用现实生活中的小事件阐明大道理,让习近平新时代中国特色社会主义思想的宣传教育更加接地气,促进青年大学生在学习及生活中主动认知、自觉认同、真心拥护社会主义主流意识形态。

(三) 单向灌输向互动嵌入转变,增加话语的渗透力

传统宣传理念是自上而下、单向式、居高临下的话语方式,已表现出官方与民众互动交流严重不足的局限,难以将党的主张、政府决策与民众的利益及民众关心的问题进行有效联通,形成了官民间的隔阂,极大影响了主流意识形态话语的宣传效果。在"微传播"空间里,话语传受双方均是平等的传播主体,受众已不再是被动的聆听者和接受者,互动双方的身份、地位以及学识等已不再成为话语传导的优势。相反,受众已逐渐成为有效信息的搜寻者、积极意义的阐释者和主流价值的构建者。因此,主流意识形态在话语传播模式上,应由单向式灌输向交互嵌入式转变,利用"微传播"平台积极推进官民间的互动交流,不断构建平等、自由、和谐的话语交互环境。

一是在"微互动"中使青年学生受到润物细无声的思想教育。高校意识形态教育者要高度重视"微传播"互动功能的发挥,把学校"官微平台"建设成为与师生深度交流的重要阵地,将学校新闻事件、重大决策等与师生利益相关的话题同他们进行线上"微互动",线下进行交流、接访和研讨,帮助他们解决问题,提高青年学生对学校官微媒体信息的关注度、参与度和接受度,也增加了学校"官微平台"的受众黏

---

① 徐礼堂.高校掌控"微空间"主流意识形态话语权方略[J].吉林师范大学学报(人文社会科学版),2020(4):109-115.

性。同时,高校应在同师生的交互中了解和掌握舆情动向,第一时间捕捉带有思想倾向性的问题。思想政治工作者应结合学生的思想动态和实际需求,及时客观分析、正确回应热点问题,防止不良思潮进一步扩大,将社会主义意识形态主流价值思想融入青年学生的日常生活中,破除其思想中的迷雾,提升自觉抵御和批判错误思潮的能力,这在一定程度上既保持了主流价值思想教育的权威性,又增强了影响力,让青年学生在潜移默化中接受思想启迪。

二是在平等对话中提升主流意识形态话语的引导力。高校意识形态教育者应由管控者向引导者转变,以一种平等的心态、对话的方式与师生进行主流价值思想的宣传和教育,切不可将"官微平台"当作"发号施令"的传声筒。在"微传播"空间中,强关系信息互动更明显,平民化视角交流更突出,生活化话语色彩更浓郁,这就要求意识形态教育者要改变"一元独白式"话语表达和传播,摒弃话语霸权,要摆正心态,放低姿态,进行平等对话、交流和沟通,尊重话语对象的主体性和独特性,在话语主体间的双向良好互动中,寻求主流意识形态话语表达与利益诉求的融合点,达成话语共识,用主流价值思想有效引导"微空间"舆论方向。

三是在"零距离"的话语形式中将主流价值思想嵌入青年学生的知识体系和认知框架中。因为"微空间"意识形态话语表达要有吸引力,能够让人产生平易近人的亲近感,所以需要高校意识形态话语"微传播"形式生动活泼,内容通俗易懂,体现人文关怀[①],摒弃强制灌输和呆板生硬,并且关注和尊重不同受众群体的差异性。只有这样,才会增强师生对学校宣传思想工作的关注,提升参与度,从而更好地传递党的声音,扩大高校"微空间"舆论阵地的话语权和影响力,促进高校形成良好的话语生态。因此,在"微传播"时代,高校意识形态工作教育者要认真落实"三贴近"原则。首先,要贴近话语传播对象的实际。根据不同受众群体的学识和身心特点,如不同学科专业背景、不同年级、不同家庭成长环境等,采取有针对性的适合其信息接收习惯和满足其需求的内容,从而实现主流意识形态话语精准化和合理化传播。其次,要贴近青年"微民"的话语接受形式。前文已经论述,意识形态话语传播要少采用官方叙事和说教灌输的形式,这样只会让受众感到枯燥乏味,滋生抵触情绪,难以形成对主流意识形态话语的认同和接受,要有效整合学生喜闻乐见的生活话语、大众话语和网络话语,采取"微言微语"的形式,满足学生多样化的话语需求。此外,在优化和创新话语传播形式的同时,要使其更好地服务于宣传内容,更易为青年学生理解和接受,更为生动地诠释习近平新时代中国特色社会主义理论,更进一步地增强话语感染力和穿透力。

---

① 徐礼堂.高校掌控"微空间"主流意识形态话语权方略[J].吉林师范大学学报(人文社会科学版),2020(4):109-115.

五、话语载体拓展:扩大主流意识形态话语传播力

主流意识形态话语传播离不开强有力的话语平台,话语载体连接着话语传播者和话语受众,一定程度上决定了话语主题内容的传播广度和效度。因此,哪个阶层首先掌管了意识形态话语传播的载体工具,也就意味着该阶层拥有了宣传其思想价值的话语传播优势。提升话语载体的传播力特别是加强"微传播"新媒体建设,事关主流意识形态话语传播效果和"微空间"话语权的实现。高校是意识形态工作的前沿阵地,也是各种思想文化的汇聚地和各种力量激烈较量的争夺地,马克思主义的思想理论不去占领,各种非马克思主义的错误思想就会得势。高校要提高新媒体传播技术,积极拓展传播渠道,有效汇聚、整合意识形态教育资源,形成全程、全媒体、多渠道"点、线、面"相结合的主流意识形态话语多维传播载体,进一步巩固和提升马克思主义思想理论在高校意识形态话语场域的主导地位。①

(一)着力建设课堂主阵地,打造育人话语"微模式"

课堂是落实立德树人根本任务的主阵地、主渠道。近年来,无论是思政理论课课堂,还是专业课或其他公共课课堂,抑或第二课堂和第三课堂,在高校师生主流意识形态价值引领上均发挥着积极作用。在"微传播"时代,针对青年学生作为"网络原住民"的生活习惯和行为特点,要将大数据、人工智能等数字新技术应用到课堂育人阵地建设当中,创新和优化高校"三个课堂"的话语传播途径,构建立交桥式的高校意识形态话语教育"微模式",打造体验式和互动式的学习与育人环境,将政治话语、学术话语、教材话语与生活话语、大众话语、网络话语传播相融合,让理论"活"起来,使青年学生由被动倾听到主动参与,产生情感共鸣,从而提升课堂育人的效果。

第一,占好第一课堂阵地。首先,高校教学质量管理部门要对课程教材的引入和选用进行严格审查和把关,同时也要对教师课堂教学纪律进行巡查,不定期召开班级学习委员对教师教学情况的反馈会,教研室要对教师的教案和教学课件进行政治审核,让授课教师熟悉课堂教学的基本要求,谨记"学术研究无禁区,课堂教学有纪律"的基本原则,使授课教师具有守土有责、守土负责和守土尽责的担当意识与精神。其次,课堂教学要善于结合现代教学技术,通过采用微课堂、翻转课堂、MOOC等教学方式,活跃课堂教学氛围,引导学生积极参与到对社会热点话题的讨论中,增强学生对主流价值思想的自我澄清和辨别能力。此外,教师可借助"微

---

① 徐礼堂.高校掌控"微空间"主流意识形态话语权方略[J].吉林师范大学学报(人文社会科学版),2020(4):109-115.

传播"媒介打造移动教学平台,结合教学内容及目标,科学设置话语议题,以短视频、微讨论等形式,有的放矢地开展意识形态教育,让学生在课堂内外自主地进行学习。

第二,建好第二课堂阵地。高校宣传文化阵地是弘扬主旋律、传播正能量的重要平台,也是高校服务师生、对外宣传的有效载体,高校要加强第二课堂阵地的建设和日常监管。一方面,高校要对开展的学术交流的主题内容、企业赞助进校园的宣传用语等按流程进行审批和管理,不得有错误的思想观点在校园内被大肆宣传,误导学生的价值取向,造成负面舆情新闻。另一方面,高校要有意识地打造体现自身特色的校园文化品牌,充分发挥第二课堂阵地的育人作用,营造文明、健康、向上的校园文化氛围。笔者所在高校(阜阳师范大学)近年来持续创新"三全育人"模式,在重大事件的时间节点开展一系列"微文化"活动。例如,在庆祝中华人民共和国成立74周年之际,为进一步加强新时代爱国主义教育,增强全体师生爱国主义情怀,开展"光影传递红色,倾听祖国声音"爱国主义教育电影周活动、党员教育"漫画、故事、微视频作品"征集评比活动;举办诚信教育优秀微视频大赛、爱国主义精神理论宣讲微视频征集大赛等。这些活动激发了广大青年坚定理想信念,使其厚植爱国情怀,自觉把自己的理想同祖国的前途命运紧密相连,增强师生对中国特色社会主义文化的自信。

第三,用好第三课堂阵地。网络平台是高校意识形态话语权构建要着重利用好的第三课堂。目前,绝大多数高校都与相关公司合作建立了网络课程资源教学平台、主题内容学习教育网站等。师生通过身份验证登录App,即可进行课程或专题内容学习、查看和完成课程作业或任务。第三课堂相对于第一、第二课堂来说,在时间、空间、内容以及人员的管控上难度更大,这也是高校意识形态话语权掌控最为薄弱和最应该重视的重要阵地。高校有关职能管理部门要切实做好第三课堂课程的开发和管理,建立课程内容、质量审查和运行保障制度,严把政治关、学术关、质量关,谨防西方意识形态的渗透。同时,要将马克思主义理论课程、习近平新时代中国特色社会主义理论体系、习近平总书记系列重要讲话内容等融入第三课堂[1],创建图文并茂、视频与影视资料齐全的思想政治教育学习内容,充分发挥好第三课堂在社会主义主流思想宣传教育中的重要功能。

(二)整合校园"微媒介"资源,建立话语传播"微联盟"

"微平台"的兴起给高校主流意识形态话语权构建带来了机遇,目前大部分高

---

[1] 徐礼堂.高校掌控"微空间"主流意识形态话语权方略[J].吉林师范大学学报(人文社会科学版),2020(4):109-115.

校都开始使用微信公众号、微博、抖音、短视频等大众传播媒介,并将其作为意识形态话语传播的主渠道。① 这些自媒体以其强互动性、信息供给便捷性和话语风格亲民性,深受青年学生群体的青睐,高校主流意识形态自媒体宣传建设取得了一定成效。但从总体上讲,代表主流意识形态话语传播且权威性强的高校的自媒体质量还需加强,数量还需增加,目前尚未形成各媒介平台互联互动的传播体系。高校要以官方权威媒体为主导,联合学校各级管理部门、学生社团组织、班级等各层级"微传媒"平台组成"微联盟",形成网状的高校意识形态话语传播载体矩阵。

  首先,提升高校意识形态教育者对话语"微传播"技术的掌控水平。"微传播"技术的发展创生了"微空间"意识形态的存在形式,谁先熟知和掌控"微传播"技术平台的操作,谁就能驾驭"微空间"信息生产、传播和消费的主动权。所以,对"微传播"技术平台的有效运用,能有效推进"微空间"意识形态话语权生成系统的和谐运转。这就要求高校意识形态话语传播主体既要有一定的理论知识水平,又要具备一定的信息素养,懂得新媒体技术的实践操作,这样才能在拥有多元信息的"微空间"中自由驾驭传播载体进行信息选择,做好议程设置,有效进行信息的生产和传播,适应和满足话语对象的需要,从而发挥主流价值思想引领"微空间"舆论环境正向发展的作用。同时,话语接受者也需要具有一定的对"微媒介"技术平台的运行能力,以在纷繁复杂的信息海洋中轻松获取话语传播者传递的信息或搜索到自己所需的信息,明确其主旨价值内涵,有效进行话语意义的再生产,深化自身的认识,重塑价值建构。如果意识形态话语传播主客体的新媒体技术平台操作能力较差,就会对平台信息的获取、生产和消费等方面产生严重影响,意识形态话语传播效果也会大打折扣,所以从这个角度上说,媒介载体的使用技术水平是影响"微空间"意识形态话语传播效果不可忽视的重要因素。

  其次,着力加强校园"微传播"平台建设。高校要重视主流意识形态话语"微表达"的硬件平台建设,从传播载体的类型上看,需创建话语宣传教育载体。高校除了对已建立的微博、微信、微视频等继续加强宣传主题内容建设,开展特色鲜明的文化教育"微活动"外,还应创建"微协会社团""微课堂""微论坛"等教育平台,通过多种形式的"微传播"载体可以实现高校主流价值思想宣传教育的全面化和系统化。从载体平台的建设主体上看,高校职能管理部门可依托官方新闻网络客户端,如"今日头条""学习强国"等开放主流媒体,建立学校或部门官方自媒体宣传平台,充分利用其优势资源库,传播主流价值思想与正能量,引导青年学生旗帜鲜明地抵制各类错误思潮。此外,高校还可根据意识形态话语"微传播"的特点和规律,开发

---

① 徐礼堂.高校掌控"微空间"主流意识形态话语权方略[J].吉林师范大学学报(人文社会科学版),2020(4):109-115.

新的学习教育载体,如"微课堂"学习App、校园手机报等。党员和学生干部通过在"微传播"平台上积极发表意见,可以引导"微空间"舆论的正确走向。教师可以创设课程微信公众号,通过与学生进行学习、科研以及生活上的讨论与交流,把握学生的思想动态,结合课程教学内容,实现课程思政的育人目标。

最后,构建以学校官方"微传播"平台为中心的宣传微矩阵。随着高校新媒体宣传载体的数量不断增加,需要整合各平台的教育资源,形成传播合力。高校可结合"微传播"时代的传播规律,打造以高校官微为中心的多维媒介于一体的宣传教育模式,构建层级化合力联动的"微传播"教育体系,充分发挥不同媒介的传播方式的优势,形成无"微"不至的宣传微矩阵,为师生提供全方位的信息沟通服务。在学校官方宣传媒介的引导下,以各职能管理部门、二级学院、教师、学生社团、班级和学生等创建的媒介为依托,将校园网站、微信公众号、微博、短视频、手机报、App等网络宣传阵地紧密结合,各级平台实时联动,同频共振,形成层级化、全方位的立体传播格局,实现教育资源共享共建,各传播主体发生联动效应,在形成强大传播合力中最大限度地扩大主流意识形态话语信息的覆盖面。例如,微信公众号可通过受众标签的分类进行精准传播,从校级、院级到学生会、社团组织的公众号构成了学校微信网络矩阵平台的社区,每一级社区受众群体有异、平台功能发挥各有所长,高校只要设置好议程,发挥"意见领袖"的舆论导向作用,形成信息交流互动的社区化功能。通过微教育宣传矩阵体系的建立,一方面,可以整合汇聚优质网络文化和教育教学资源,满足师生的需求,全方位、多维度地促进学生成长成才。另一方面,可以扩大学校官微的宣传力度,加强舆论引导,聚合力量,集体发声,特别是在面对网络舆情时可以及时有效地进行处理。

(三)推进各媒介融合发展,构建现代传播新格局

习近平总书记强调,全媒体不断发展,我们要"运用信息革命成果,加快构建融为一体、合而为一的全媒体传播格局"。同时提出,要适应不同媒介传播的差异化发展趋势,加强对舆论的正确引导,形成传播新格局。[①] 随着在数字技术、移动网络客户端等技术支撑下的新兴媒体不断出现,传统的电视、广播、报纸、杂志等媒介也在向新型媒体样态转型发展,高校意识形态在话语传播载体样式和传播途径不断丰富的同时,也导致舆论生态、语境主体的掌控力和主流思想的影响力等发生深刻变化。高校要有效掌控意识形态话语权构建的领导权和管理权,需进一步强化校园各媒介间的深度融合,做大做强新兴媒体主流话语舆论阵地,积极打造现代信息传播新格局。

---

① 习近平.论党的宣传思想工作[M].北京:中央文献出版社,2020.

一是线上与线下传播载体的互动融合。主流意识形态话语在传播过程中,高校师生在思想认同和内心接受上会受到线上网络空间形成的虚拟"微环境"中的因素和线下现实社会生活真实情境的双重影响,只有将线上"微空间"和线下现实社会的话语环境协调一致,相互作用,和谐发展,才会实现主流意识形态话语传播的预期效果。为此,要充分发挥各类意识形态话语传播载体的协同性,既要掌握线上虚拟社会空间的信息交互特点、话语传播规律,主动分析舆情,正确引导并回应师生关切的问题,也要在线下第一课堂、第二课堂、第三课堂阵地运用好新媒体传播技术,创新主流思想理论的教育形式,促进线上交流和线下研讨相结合,产生协同效应。

二是促进传统媒体向数字化媒体创新发展。在信息化、数字化传播时代,传统媒体在进行内容生产的同时,需要进行数字化转型。高校宣传管理部门在传播理念上要进行根本性改变,在技术方面可充分利用高校专业领域的优势,如人工智能、虚拟现实技术、网络新媒体等,加大传播技术创新。校园广播内容可以同步在师生社交媒体上;学报杂志、书籍、报纸等可以开发自己的网站和App,给师生提供便捷的阅读体验,并利用学校官微在社交账号进行宣传和互动,从而使媒介样态和传播形式由平面向立体、静态向动态、单向传输向双向互动转变,逐步建成一批形态多样、技术先进、具有强大竞争力和吸引力的校园新兴媒体。

三是推动新兴媒体与传统媒体互助提升,深度融合。习近平总书记指出:"传统媒体和新兴媒体不是取代关系,而是迭代关系;不是谁主谁次,而是此长彼长;不是谁强谁弱,而是优势互补。"[①]这说明传统媒体与新兴媒体需相互促进、共同发展。媒介融合代表的是一种文化转型,是新时代媒介发展的必由之路,也是现代信息传播的发展趋势,我国的媒介融合已从最初的简单技术相加阶段到了深度融合发展时期。高校宣传管理部门一方面要整合各部门的人力资源,提升部门间的协调性和配合度,另一方面要运用好新媒体技术开发移动智能设备,为传统媒体信息收集和传播提供新渠道与新模式。传统媒体为新兴媒体提供更高质量的资讯和资源,从而实现传统媒体与新兴媒体在人才、技术和内容上共建共享,在充分发挥各自优势中推动深度融合,开发出富有活力的、为广大师生提供更全面的服务和更具思想引导性的新型媒体。

四是持续加强新兴媒体主流阵地建设。媒体是党的喉舌,作为党的宣传工具,在新兴媒体与传统媒体共同发展的同时,新兴媒体建设应主流化,始终保持党性和人民性相统一。一方面,新兴媒体是新型主流媒体建设的新方向。随着5G、人工智能、区块链的快速发展,网民群体不断扩大,传统媒体应探索大变革、大发展,打

---

① 习近平.论党的宣传思想工作[M].北京:中央文献出版社,2020.

造新型主流媒体的发展方向,善用新兴媒体组成网络新空间,创设网络化、视频化、直播式的传播载体,构建全媒体传播平台,使主流意识形态话语传播变得更具视听冲击力和亲和力。例如,高校校园广播节目通过视频化播报构建新广播媒介生态,不仅可以给用户带来视听新体验,还可以借助网络拓展传播区域,强化社交关系,提升用户黏性。另一方面,传统媒体是新兴主流媒体坚守的底线。传统媒体在长期发展中所具有的信息权威性与真实性、强大的公信力以及坚实的受众基础等优势,在新技术的加持下通过舆情监控引导、主流思想引领、传统文化传承等手段,对营造风清气正的网络空间发挥着重要作用。

六、话语环境优化:提升主流意识形态话语竞争力

良好的话语环境是高校意识形态话语权构建的必备条件。"微空间"的开放性和话语主体的多元性形成了众声喧哗的话语市场环境,有消解主流意识形态话语主导权的风险,给高校意识形态话语权构建带来了挑战。意识形态话语传播空间一旦失序,就很容易造成错误思潮的扩散、负面舆情的发酵甚至"颜色革命"的入侵。高校要勇担马克思主义意识形态话语的传播使命,充分调动一切积极要素,采取有力措施持续优化话语环境,打造科学治理的外部和谐话语生态,提升内部话语体系要素服务于多维时空的能力,进一步增强"微空间"主流意识形态话语竞争力与公信力。

(一)完善管理机制,营造"微空间"和谐话语生态

当前高校师生群体面对复杂、多元、多变的国内外环境,各种社会思潮在线上和线下空间相互激荡,信息纷繁复杂,而意识形态话语交锋的主场域"微空间"却不同程度地存在着管理机制"缺位"或"不健全"的现象。要想构建高校意识形态话语权,必须营造和谐清朗的话语环境,这就需要加强外部话语环境的生态治理,建立健全"微空间"话语环境监管机制,维持"微空间"话语传播市场秩序,筑牢信息安全的"防火墙",以保障主流意识形态价值思想有效传播。

一是落实平台环境治理的主体责任。按照党管媒体的原则,高校各级党委应加强对舆论环境的管理,运用技术手段着重对高校网络意识形态进行安全防范,明确党委、行政管理人员、一线教师、学生工作人员等的主体职责,建立网络平台内容生产与传播立体多元的审查机制,强调平台内容的导向性和高品质,坚决抵御各种错误思潮,防止虚假信息和网络谣言广泛传播。[①] 特别是高校校园媒体管理部门

---

① 徐礼堂.高校掌控"微空间"主流意识形态话语权方略[J].吉林师范大学学报(人文社会科学版),2020(4):109-115.

要承担起对网站、微信公众号、QQ群、App、短视频直播平台等的"把关人"责任,通过专业软件对传播内容进行筛选和过滤;全体一线教师应树立"学术研究无禁区,课堂言论有纪律"的底线思维,增强政治敏锐性和信息辨识力,及时准确洞察和捕捉学生在课堂上和社交空间言论的思想动向,积极加以正确思想引导,创造良好的平台舆论环境。

二是加大对"微空间"的舆情预警监控。高校意识形态教育管理部门应科学把握网络舆情治理的时、度、效,对"微传播"空间言论进行全天候、全方位的日常监测,并运用大数据、云计算等技术建立舆情分析研判机制、舆情预警机制以及舆情高效应对机制,以消除主流意识形态话语权建设的安全隐患。① 一方面,建立学校网络信息数据库监测处理平台。高校有关职能管理部门可联合新闻与传播、计算机技术等相关领域的研究者,研发新媒体话语监测与舆情分析技术系统,通过自然语言处理、敏感词汇挖掘等途径,对"微传播"空间话语信息进行系统收集、分析研判、溯源追踪,并根据言语倾向、发布频率、受关注度等,有效掌握"微空间"场域思想舆论新动态,防止虚假信息、偏激言论、反动思潮等肆意传播,尤其对达到一定粉丝量的"微传播"媒介中的"校园网红",要进行重点监测和关注。另一方面,做好舆情回应与引导。对于"微空间"舆情发展态势,高校宣传管理部门要及时发声、敢于发声、善于发声,及时有效地回应来自师生各方面不同的意见和诉求,对"微民"关注度高的热点舆论话题,要及早发现苗头,作出前瞻性判断,积极主动地做好跟进和理性引导工作,控制舆论走向。"微平台"中的留言互动版块是官方与师生联系的桥梁与纽带,要做到及时阅读、及时反馈,发挥意识形态话语权构建部门的主动性与能动性,解决舆情反馈延迟的问题。对于负面言论要第一时间进行处理,并进行有力回击;对于无法证实的谣言,要及时予以纠正,主动占领主流话语传播的制高点。前文已论及师生的媒介素养,无论是作为信息传播者还是接收者,师生都要进行自我把关,具有"微传播"自媒体信息处理的自律意识,不断提高对媒介信息的辨析、解读和运用能力,强化自身的传媒职业素养,用正确的传播伦理规范自己的行为,做到不信谣、不制谣、不传谣,敢于主动对消极、虚假、负面舆情信息进行澄清和正面引导,防止其进一步扩散,积极创建和谐的"微空间"媒介环境。

三是着力健全相关法规和制度。目前我国高度重视网络空间秩序的治理,已取得了一定的成效,但相关法律法规还需不断健全。要使互联网不成为法外之地,需进一步完善"微空间"的管理法案,加大对恶意破坏"微空间"话语秩序的行为的惩处力度,增加违法违规成本,起到震慑作用,以真正实现"网络空间天朗气清、生

---

① 徐礼堂.高校掌控"微空间"主流意识形态话语权方略[J].吉林师范大学学报(人文社会科学版),2020(4):109-115.

态良好"。国家和政府应加快推进自媒体"微空间"的法治化建设,出台专门的法律法规,进一步解决"微传播"领域存在的法律界限不清晰的问题,强化对新兴媒介空间信息技术和安全的监管,坚决打击利用自媒体传播虚假信息、蛊惑人心的各种违法违规活动。"微媒介"技术开发者要加强对平台舆论的监控,承担起维护良好舆论生态环境的社会责任,也使"微民"牢固树立起遵法守法意识,自觉抵制各类非主流意识形态的信息传播。对为了赢得流量,制造子虚乌有的事件,博取"微民"眼球,严重影响"微空间"正常话语环境的行为,应依法依规进行严肃处理,纳入诚信"黑名单"。高校应建立健全信息安全和"微空间"环境自我净化的管理机制,成立专门的管理部门,培训专门的技术管理人员,密切关注校园"微传播"媒介的信息动态;制定校园网络宣传文化舆论阵地管理办法、舆情信息反馈处置工作规程等;定期开展师生网络信息素养学习培训活动,使青年学生养成文明上网的行为习惯,增强对不良网络信息的鉴别力和抵御力。同时,对于恶意制造谣言、传播虚假信息引发校园网络舆情的行为,要依据校规校纪进行严肃处理,决不允许将自媒体空间当作肆意放纵的自由市场。

(二) 创新话语体系,创设有利于话语传播的"微氛围"

要想优化意识形态话语环境,除了要加强外部宏观环境的治理外,还应积极推进话语内部微观环境的自我革新,遵循"微传播"的内在规律,创设有利于意识形态话语生成、传播和意义再生产的话语体系,创新自媒体话语传播的方式方法,把握好"微空间"舆论引导的时、度、效。

第一,增强话语表达的契合度。意识形态话语权的获得与否在于是否赢得网民的认同、支持和信任。因此,高校开展意识形态工作,需要在研究受众的心理特征和行为习惯上下功夫,适应自媒体传播的时代特点,不断改进工作开展的方式和途径,创新意识形态话语表达方式。可充分利用大数据、人工智能、数字化等技术手段整合相关信息,研究分析、掌握和了解青年"微民"的思想动态、关注的热点和实际需求,研发多微文化产品,如微视频、微刊物等,通过多种途径和多种形式的话语表达,提升意识形态话语的契合度和有效性,增强意识形态话语的主导权。

第二,提高话语内容的针对性。前文已论及高校宣传的意识形态话语内容能否为广大师生所接受,产生内心共鸣,达到预期的话语传播效果,很大程度上取决于话语内容是否符合师生的思想实际、其利益诉求能否得到实现和维护。也就是说,要深入了解不同话语对象的认知水平和需求,推送不同的主流价值思想教育内容,要把意识形态内容的宣传教育和思想引导同解决师生的实际困难相结合,能真正起到帮助解决其思想困惑和实际问题的针对性效果。

第三,发挥话语载体的导向功能。媒介的意识形态属性,使其本身具有对媒介空间主流价值思想进行宣传和正确引导以及对大众热议话题进行释惑排忧的心理调节功能。一方面,高校意识形态工作教育者应充分利用"微传播"媒介社交平台对新时代党的创新理论进行广泛宣传,从心理和情感上增强师生对习近平新时代中国特色社会主义的理论认同和政治自信,用我国经济社会发展取得巨大成就的事实依据有力回击西方异质意识形态和各种错误思潮,深刻揭露那些有意歪曲事实、背离社会主流、捏造"中国威胁论"和"历史虚无主义"等言论鼓吹者的险恶用心,用社会主义主流意识形态思想对"微空间"舆论进行引导,弘扬社会主旋律。另一方面,高校应依托校园网络新媒体平台对发生重大社会事件的舆论及时进行积极引导和正确阐释,掌握议题设置的主动权,防止被别有用心者利用造成网络舆情扩大和言论偏差,消除师生的疑惑,突出主流意识形态话语主导地位。同时,高校对师生提出的合理的意见建议与诉求,应通过社交媒体互动平台积极正面回应,做好舆情引导,及时排忧,让主流价值思想成为师生认同的"最大公约数"。

后　　记

寒来暑往，四度春秋，三易文稿，终于面世。欣喜之情，溢于言表，如释重负，犹如十月怀胎的母亲得以成功分娩。回首本书的撰写历程，感慨良多。

第一，四年写作过程是对既定目标的追逐时光。我的工作岗位是在高校以管理为主的教学岗，平时处理日常管理事务十分忙碌，在工作时间难以进行书稿构思和写作，只有在晚上、节假日挤出空闲时间才得以静下心来撰写。同时，我还承担两门课程的教学任务，以一贯认真严谨的工作态度，时刻牢记教书育人的教师基本职责，认真备课，不误人子弟，多年来教学考评结果都在良好以上。即使工作繁忙，在四年里，我制订书稿撰写计划，每天抽一定时间完成写作任务。我整理、收集、阅读大量最新的文献资料，特别是习近平总书记关于意识形态工作、宣传思想文化、高等教育工作、思想政治教育、融媒体建设等方面的重要论述，将其作为我写作的根本指导思想，在研究中予以深入贯彻落实，体现研究的科学性和合理性。我时刻关注自媒体平台"微媒介"空间的舆情动态、话语传播特征及热议话题，了解和掌握学者们在此领域的研究焦点等。有目标就有奋斗的方向，有方向就有实践的动力，四年的研读学习和写作时光很是充实。

第二，任何成功的取得都离不开众人的支持。本书是我的第一部著作，也是2019年安徽省哲学社会科学规划项目（项目编号：AHSKY2019D052）的最终研究成果，在写作过程中凝聚了众人的大力支持、无私帮助和辛勤付出。

首先，要感谢对意识形态话语权、自媒体科技和网络思想文化进行研究的前辈们，本书在写作过程中参考借鉴了学者们已有的研究成果，正是前人发布的自媒体发展研究的最新数据资料，提出的前沿研究观点，才推动我结合实际需求，引发新的思考，促成此项目的研究和书稿的撰写。在此，对相关学者表示衷心感谢！

其次，要特别感谢阜阳师范大学房正宏教授对书稿写作思路和写作提纲提出的宝贵的建设性指导意见，并在写作过程中不断给予我鼓励、敦促和鞭策，使我有了努力向前的勇气与动力，正是在他多方面的无私帮助、悉心指导和直接推动下，本书才得以顺利完稿。对此，深表谢意！

最后，感谢家人的支持，让我得以专注写作，特别是儿子的学习无需我费心，且他一直保持优异的成绩,这使我备感欣慰,也给我带来了非常愉悦的心情,这在一定程度上为我增添了新的写作灵感。

第三,所有的结局都将是新的起点。 本书倾注了我这些年在新媒体与意识形态话语权构建关系研究领域中的一些认识与思考,虽在研究视角上契合时代发展脉搏,但因本人水平有限,书中难免存在疏漏,可能对一些问题的剖析还不够深入,某些论点论据也许还需进一步系统提炼,等等。对此,敬请同行们和广大读者不吝赐教。

本书的完稿不是研究的结束,而是新的起点。期望专家学者们的激励催我化茧成蝶,华丽蜕变……

徐礼堂

2024 年 6 月